现代汉语语法研究丛书

丛书顾问：邢福义　陆俭明
丛书主编：匡鹏飞

☆ 教育部人文社会科学重点研究基地成果
☆ 中国语言文学国家“双一流”建设学科成果

现代汉语
唯句成分研究

曹亚敏／著

華中師範大學出版社

新出图证（鄂）字 10 号

图书在版编目（CIP）数据

现代汉语唯句成分研究 / 曹亚敏著. -- 武汉 ：华中师范大学出版社，2024.9. --（现代汉语语法研究丛书 / 匡鹏飞主编）. -- ISBN 978-7-5769-0612-7

Ⅰ. H109.4

中国国家版本馆 CIP 数据核字第 2024SM9697 号

现代汉语唯句成分研究

责任编辑：方统伟　　**责任校对：**王　胜　　**封面设计：**罗明波

编辑室：高等教育分社　　**电话：**027-67867364

出版发行：华中师范大学出版社　　**社址：**湖北省武汉市洪山区珞喻路 152 号

电话：027-67861549（发行部）

网址：http://press.ccnu.edu.cn　　**电子邮箱：**press@mail.ccnu.edu.cn

印刷：湖北恒泰印务有限公司　　**督印：**刘　敏

开本：710 mm×1000 mm　1/16　　**印张：**13.25

版次：2024 年 9 月第 1 版　　**印次：**2024 年 9 月第 1 次印刷

字数：220 千字　　**定价：**78.00 元

欢迎上网查询、购书

丛书序言

华中师范大学汉语语言学学科的形成和发展，已有70年左右的历史。改革开放以后，进入快速发展阶段。在邢福义先生的带领下，本学科逐渐形成了自己的学术主张（“研究植根于汉语泥土，理论生发于汉语事实”）、基本理论（“小句中枢说”“句管控”等）和研究方法（“两个三角”，即“表—里—值”小三角和“普—方—古”大三角）。这些理论和方法，奠定了本学科的学术根基，体现了本学科的理念和追求，也滋养了一批批桂子山语言学人。

近年来，在教育部人文社会科学重点研究基地——语言与语言教育研究中心和华中师范大学中国语言文学国家“双一流”学科汉语语言学方向的建设中，我们进一步强化和凸显了上述学术特色，确立了以“现代汉语语法”作为主攻方向、从不同角度对现代汉语语法研究进行深化拓展的建设思路。

《语言与语言教育研究中心“十三五”发展规划》明确指出：

面向国家需求，结合自身优势，本中心将以“现代汉语语法”作为科学研究的主攻方向。自信有为，创建特色，这是我们的发展理念和学术追求。因此，我们强调自强自立，立足汉语本土，弘扬朴学精神，发掘汉语特点，为世界语言学贡献中国元素。我们强调国学思路。在我国的传统学术中，语言学进入国学范畴的是文字、音韵和训诂，语法未受重视，语法学的兴起始于晚清时期《马氏文通》的问世。把语法引入国学范畴，是对国学研究的拓展和深化。我们强调引进提高。引进的目的是提高，提高的结果是创造出自己的特色。我们需要借鉴外国理论，但不盲从。借用不是照搬，需要本土化。我们既不要妄自尊大，也不要妄自菲薄。吕叔湘先生和朱德熙先生都特别强调“务实”。基于汉语事实，生发汉语理论，古为今用，洋为中用，这是我们发展学术、创建特色的基本路径。

《语言与语言教育研究中心“十四五”发展规划》进一步指出：

“十三五”期间，本中心面向国家需求，结合自身优势，确立“现代汉语语法”为科学研究的主攻方向，旨在立足汉语本土，弘扬朴学精神，发掘汉语特点，创建中国特色，为世界语言学的发展贡献中国元素。“十四五”期间，将通过现代汉语语法研究的多维拓展（口语语法、方言语法、境外华语语法等）和不断深化，进一步巩固方向，彰显特色。我们将始终不渝地践行“务实”和“创新”两大理念，以“务实”为学风导向，以“创新”为学术引领。基于汉语事实，生发汉语理论，这是我们一贯坚持的发展学术、创建特色的基本路径。

基于上述建设思路，为了反映本学科在这一领域最新的探索足迹，我们特编辑出版“现代汉语语法研究丛书”，主要收录本学科教师的相关成果和毕业研究生的相关博士学位论文。本丛书首批共推出著作10种。这些著作都是首次正式发表，研究的对象涵盖了现代汉语语法问题的各个方面，包括词类中的动词、数词、副词，句法中的主语问题、定语从句、唯句成分、特定句式、空语类、移位问题等，也包括语法与语用相结合的话语标记问题；研究的视角，以现代汉语共时平面为主，也涉及一些历时演变方面的探讨；研究的理论和方法，立足“小句中枢”和“两个三角”，同时也充分吸收借鉴认知语言学、生成语言学、语言类型学等学科的理论方法。这些研究，从不同对象、不同视角、综合运用各种理论方法对现代汉语语法问题进行了专题考察，在事实发掘和理论探讨方面都做出了一些新的努力。

本丛书为教育部人文社会科学重点研究基地成果和华中师范大学中国语言文学国家“双一流”建设学科成果。丛书的出版，有幸得到老一辈著名语法学家的悉心指导，邢福义先生和陆俭明先生欣然应允担任顾问；得到华中师范大学语言与语言教育研究中心主任汪国胜教授和文学院院长刘云教授的大力支持；得到华中师范大学出版社高教分社何军华社长和宋文静编辑的积极协助。特此一并表示最诚挚的谢意。

“路漫漫其修远兮，吾将上下而求索。”“独学而无友，则孤陋而寡闻。”我们将继续凝聚整个学科团队的智慧，继承和发扬学科的学术特色，充分吸收借鉴国内外各种具有启发性的理论和成果，不断求实创新、开拓进取、探索真知，为把现代汉语语法研究推向深入贡献绵薄之力。敬请学界同仁不吝赐教、批评指正。

匡鹏飞

2022年7月20日于武昌桂子山

前　言

本书基于对句子及句子以上的语法单位与词、短语等句子以下语法单位差别的探讨，以句子为分水岭，提出了“唯句成分”这一概念。所谓“唯句成分”，是指汉语中只出现在动态性的句子层面（或比句子更高一级的句群、语篇等动态性语法单位）中的语言成分。从短语到句子，是从语言的备用单位到使用单位的变化，属于从静态层面到动态层面的质变。唯句成分在短语以下的语法单位中不存在，只在句子及句子以上语法单位中出现，能够较好地体现这种质变的基本状态。句子是交际单位，必然会存在各种体现交际性、互动性、连接性、标记性的因素，使表达更顺畅、沟通更顺利。这些因素的有无也是句子区别于短语和词的关键所在，其表现在句子中，就形成了唯句成分。因此，对唯句成分进行研究，有助于认识词、短语与句子及句子以上语法单位的本质区别，从而为更深入地了解整个语法系统及语言系统的特点提供一个新的视角。

唯句成分的特征主要表现为：只出现在动态的句子或高于句子层面上，不出现在静态的短语层面上；不与句子中的其他句法成分组合，不参与句法成分的构造，只出现在句子外层；主要作用是体现句子的交际功能，加强表达效果，属于句子中可有的非核心表义成分或语用性成分。现代汉语的唯句成分可分为饰句性成分、连句性成分、引句性成分和标句性成分等类别，十分庞杂，为了使所讨论的问题更集中，本书从较为典型、最有代表性的唯句成分入手，以特定词类的词语为主要研究对象，重点研究饰句性、连句性、引句性这三类唯句成分。

全书共分为七章，除了第一章“引论”和第七章“结语”，主体部分是第二章至第六章。

第二章讨论了饰句语气词的饰句性，饰句语气词与其直接作用的句子的关系表现为修饰关系。采取整体和个案（语气词“也罢”）相结合的方式对饰句语气词的饰句性进行研究。汉语句末语气词以后置的形式修饰其前成分，区别于大多数前置性副词或关联连词，是具有修饰性的后置附加成分。分布在屈折层的句末语气词修饰句子的谓语，以及分布在标句层的句末语气词修饰所在句子，我们分别称之为饰谓语气词和饰句语气词。饰谓语气词和饰句语气词在演变来源、句法功能、主观性和时间性等方面都存在差异，在与饰谓语气词的比较中，能更好地体现饰句语气词的特点。汉语句末语气词的修饰性可以通过与汉语传统修饰语、语气副词及跨语言的句末语气词的对比中得到验证。关于语气词“也罢”的个案研究，本章从“也罢”的形式特征、词汇化过程、语义管控对象和分布语境四个方面对其词性进行了界定，认为“也罢”是饰句句末语气词，而非后置连词，并考察了“也罢”的各种与否定有关的语用功能及其与饰句性之间的关系，还考察了“也罢”充当话题标记的用法。

第三章研究了饰句副词的饰句性，饰句性是饰句副词最基础的句法属性。除了程度副词等少数副词类别，其他各类副词都有饰句副词。本章选取了饰句副词中占比最多的饰句语气副词和饰句时间副词为研究对象，并对饰句副词的研究现状及其与唯句成分的关系、饰句语气副词的修饰性、饰句语气副词修饰辖域的判定标准、饰句语气副词修饰辖域的大小等相关问题进行了考察。发现饰句语气副词与饰谓语气副词存在若干相同和相异之处，饰谓语气副词可以向饰句语气副词转化。饰句语气副词的修饰性来源于已有研究对“修饰”内涵的认识，但在句法和语义方面的理解又有所不同。当饰句语气副词位于句首时，判定其辖域的形式标准主要表现为阻断手段和辖域标记，前者包括带标记的句子和独立成分，后者包括句末语气词和连词。一般来说，典型饰句语气副词的修饰辖域以 1 个小句为常，也可以是大于 1 个小句的超句范围的复句或更大语篇。饰句时间副词和饰句语气副词在句法分布和修饰辖域等方面具有一定相似性，饰句时间副词可以话题化，但有时会带有一些制约条件。饰句时间副词的修饰辖域大于饰谓时间副词，原因主要是饰句时间副词分布语体具有叙事性倾向、语义具有稳定性，此外，两者修饰辖域的大小与各自强调功能的强弱具有关联性。一部分饰谓时间副词可以演变为饰句时间副词，但这种演变存在较多限制因素。

第四章讨论了连句关联词语的连句性，关联词语和句子的关系表现为连接和被连接的关系。为了兼顾连词和关联短语词、前置型和后置型这两种分类视角，本章主要对后置型关联连词“的话”和前置型“看”

类关联短语词的连句性及相关问题进行了考察。“的话”一般位于表假设的前分句末尾，其连句对象是假设复句中的前后分句，当假设复句为多重复句时，其连接对象相对复杂。作为后置型关联标记词，“的话”处于辖域终点，其前不适合出现较长、较复杂的成分，其语义管控辖域总体来看小于前置型假设连词。假设连词具有较强的主观性，“的话”的语用功能主要体现为预示否定、表达强调和标识管界等。“看”类关联短语词多连接两个或多个独立的句子，组成句群或语篇，也可以连接两个或多个小句组成复句。所关联的前后两个句子是一种推断依据和推断结果，或评论对象和评论内容的关系，后一个句子常隐含着言者主语。“看”类关联短语词管控辖域的测量手段主要包括连句关联词语、主语句和饰句副词等。“看”类关联短语词管控辖域的被制约因素主要有三：第一，“看”类关联短语词的虚化程度；第二，其后是否有后续关联词语，后续关联词语是否与其处于同一层次；第三，推论或总结评价话语内容的复杂程度。“看”类关联短语词的语用功能丰富，主要包括表达推断、表达评价、预示否定等，其语用功能与其所分布的语境密切相关。

第五章论述了叹词的引句性。叹词对其后句子的出现具有引发作用，并对句子语义具有引导作用，其与句子的关系主要体现为引句性。本章从叹词的两大类别（原生叹词和次生叹词）中分别选取个案进行专题研究。通过对原生叹词“哎哟”的考察可知，“哎哟”的各种表达功能中，最原始的层次是表达对外界物理刺激导致疼痛的生理性行为反射，当外界刺激变为心理刺激时，“哎哟”就转而表达一种对意外事件的“惊讶”感受，以及各种与“惊讶”有关的情感态度。“哎哟”如果出现于语篇或会话中，能起到衔接话语、引导听者理解话语的作用，从而成为具有多种语篇功能和人际功能的话语标记。从表达生理反应到进行话语组织，“哎哟”的演变理据在于它们都具有［意外性］这一语义特征。“哎哟”具有多元性话语功能，该功能主要是语义的同源衍生性、语境的贡献性、分布位置的交互性和语调与意义的关联性等多种因素综合作用的结果。“妈的”类次生叹词由包含“母亲”义词语的骂詈语句通过省缩的方式发展而来。其语用功能主要包括宣泄情感、表达感叹或威胁、表达呼唤和缓解尴尬等，在句子中还具有引导后续小句的语篇功能，如引导补充、引导解释、引导顺承、引导评价等。其形成的原因机制包括咒骂文化的基础、省缩与转喻、逃避禁忌的作用、语境和特定分布位置的促成等。“妈的”类次生叹词的语义管控辖域以大于1个小句为主。

第六章是与唯句成分相关理论问题思考。主要内容包括唯句成分的异同及其原因、唯句成分的系统性、汉语中其他的唯句成分，以及唯句成分的语言地位等。汉语唯句成分在形式特征、管控辖域、作用对象、与句子的关系，以及与所属上位概念的关系等方面有同有异。唯句成分具有共同点的原因主要包括唯句成分是句子的可有成分及唯句成分具有较强的主观性。唯句成分具有差异性的原因包括唯句成分的虚化程度不同、分布位置不同及韵律形式不同。唯句成分具有系统性，主要表现在三个方面，一是唯句成分的关系具有多样性，主要包括互证关系、连用关系和转化关系；二是唯句成分的发展具有动态性和相似性；三是唯句成分的功能具有丰富性。此外，汉语中的唯句成分除了本书重点研究的三大类之外，还包括象声词、介词、介词短语、助词、插入语等。唯句现象的语言地位体现为：它是句子中特有的成分，在句法位置上处于句子外围，其作用主要是增添句子的交际功能，并加强句子的互动性、连接性、标记性等。

本书为国家社会科学基金青年项目“基于‘句内—句外’双视域的汉语插入语研究”（项目批准号：22CYY034）的阶段性成果。本书的内容，代表了我们对现代汉语唯句成分的初步探索。限于时间、精力及自身的能力，尚有很多唯句成分及与之相关的问题未能涉及，书中很多观点和结论，会存在错漏，有待进一步完善，我们诚恳地期待学界前辈、同道的批评和指导。

洛阳师范学院　曹亚敏
2024年4月27日

目 录

第一章 引　　论

第一节 唯句成分概说

一、学界对句子的已有认识

在汉语的各级语法单位中，短语（有的学者也称为“词组”）和句子是一个明显的分水岭。短语以下，属于语言的备用单位；句子以上，属于语言的使用单位。朱德熙（1985：75）认为词组和句子之间“是一种实现的关系（realization）”。徐杰（2005）认为，短语和句子之间“除了‘是不是话’（也可以说是备用和使用）这一语用学意义下的差别之外，还有其他更为重要的语法学意义下的对立”。张斌（2010：268）指出：“短语这一级语法单位正好处于静态单位与动态单位的交接处。”

纵观汉语语法研究的历史，对于词、短语和句子这些语法单位重要性的认识，存在一个不断深入的过程。一方面，从早期侧重词法到逐渐重视句法及进一步将视野拓展到超句法；另一方面，基于句子不同于词和短语的特点，越来越重视与句子密切相关的语用问题，强调语法与语用的紧密结合，从而产生了“三个平面”和“两个三角”等重要理论学说。李宇明（1997）将这两种发展趋势概括为“从词法到句法到超句法”和“从结构到话语”。

在这种学术发展思潮中，我们对于句子及句子以上的语法单位与词、短语等句子以下语法单位的差别问题，非常感兴趣。已有研究从不同的角度对这一问题做过一些论述，进行了一些探讨，大致包括以下几个方面。

第一，关于什么是句子。较有代表性的观点如下。

《马氏文通》指出：“凡字相配而辞意已全者，曰句。”

吕叔湘、朱德熙（2013/1952）指出，“句子是字积累起来的”，“字是形体和声音的单位，词是意义的单位”，“构成句子的是词，不是字”。

丁声树（1961：18）指出：“句子是说话的单位。只要单独站得住，能够向对方传达一定意思的话，不论长短，都是一个句子，……无论是一个字或几个字，无论是什么结构，只要独立说起来成话，就是句子。”

赵元任（1968）认为：“句子是文法分析上一个重要的最大的语言单位。句子通常的定义是前后都以停顿为界的一段话。……所谓停顿，应是指说话人有意的停顿，而不是实际的沉默。”

哈尔滨师范学院中文系现代汉语教研室编写的《现代汉语》（1975年版）中提道：“句子是用词或词组构成的、能够表达一个完整意思的语言单位。每个句子都有一个统一全句的语调。在连续的说话中，句子和句子之间有一个较大的停顿。”

胡裕树（1979：289）认为，“句子是语言的基本运用单位”，“一个句子不仅具有一定的结构成分和结构方式，为了适应具体环境中的交际需要，它还必须有特定的语调”，“每个句子都带有特定的语调，表示某种语气；句子和句子之间有较大的停顿”，“句子的特点在于它是人们用来交流思想的语言的基本运用单位”。

朱德熙（1982：21）指出：“句子是前后都有停顿并且带着一定的句调表示相对完整的意义的语言形式。如果一个语言形式的前头或后头没有停顿，那就不是一个句子。”

邢福义（1986）认为，“句子由词、短语组成，是能够表达一个完整的意思、体现说话人的一个特定意图的语法单位。口语中的句子都有一定的语调，句子前后都有隔离性的语音停顿，书面语中，句子的末尾用句号、问号或感叹号表示语调和停顿”，“句子是语言使用单位”。

黄伯荣、廖序东（1992：5）认为：“句子是具有一个句调、能够表达一个相对完整的意思的语言单位。”

邵敬敏（2001：209）指出：“前后都有停顿，带有一定的语调，表示相对完整的意义，人们用来进行交际的基本语言单位就叫句子。”

可见，大部分学者都认为，句子的主要特点在于表达完整的意义、具有语调、前后有停顿，句子是语言运用的基本单位。

第二，关于句子与词、短语的关系。较有代表性的观点如下。

吕叔湘、朱德熙（2013/1952）指出，“构成句子的是词”，“不止一个词可又不成为一个句子的东西，我们管它叫‘短语’，短语不一定是短的，有时候可以比一个短句子长得多”，“短语里面还可以包含句子形式”。

胡裕树（1979：289）认为：“词和词组不都是句子，但是词或词组都可以成为句子。词、词组同句子的区别不在‘量’的上边，而在它们的性质不同。词和词组只能表示一个简单或复杂的概念，句子才可以表达一个完整的意思。”

朱德熙（1982：21—22）指出：“句子是由词组成的，可以很长，也可以很短。最短的句子只有一个词。”

邢欣（1995）认为：“汉语的短语并不是直接成句的，而是经过静态向动态的转变，由下位的短语上升到上位句子层次的。”

邵敬敏（2001：194）认为：“由两个或两个以上单词构成的句法结构单位叫短语。它是在语义上能逐层贯通，在结构上能逐层搭配起来的没有句调的一组词。”句子和短语的区别在于“词与短语都是语言的备用单位，句子则是语言的使用单位。词跟词可以组合成短语，从而构成‘组合关系’；词（主要是实词）和短语，如果赋予它一定的语气语调，并进行交际活动，就可以成为句子，从而形成‘实现关系’。换言之，词、短语跟句子的根本区别不在于量的多少，而在于质的飞跃。”

张斌（2010：268）指出：“短语与句子本质上的区别在于：句子具有表述性，每个句子都有特定的语调，前后都有停顿；而短语不具备表述性，没有特定的语调，没有停顿。”

邢福义（2003：19—23）认为词受控于小句，包括词性的句规约，功能的句规约。并认为短语从属于小句，包括三个方面：短语的具体组合，为造句的具体需要所决定；短语的结构类型，为小句的结构类型所包容；短语的语义内涵，为小句的结构格局所显示。

通过上述简单梳理可知，大部分学者认为句子由词或短语构成，但句子和词、短语在性质、功能等方面都存在本质区别，词和短语是语言的备用单位，句子是语言的使用单位，它们之间的关系包括构成关系、实现关系和管控关系等。

第三，关于句子区别于小于句子语法单位的特有成分。较有代表性的观点如下。

胡裕树（1981：373）指出：“句子的特殊成分，是指全句的修饰语、提示成分、独立成分而言。这三者的特点是：附丽于句，不能离句而独立，但又不是句子所由组成的直接成分，所以管它叫句子的特殊成分。”

胡裕树（1982）进一步指出，句首的名词性成分，有些是句子的外层结构成分，有些是句子的内层结构成分，外层结构成分与句子核心部分之间不属于句法关系，它们是句子中特有的成分。

邢欣（1995）认为句子往往带有一些表示语法关系的情状词，如副词、情态助词、趋向动词等，这些都是句子特有的动态标志。

邢福义（1996：31—35）认为句子特有因素包括：句子语气、复句关系词语、语用成分、成分逆置现象，以及成分共用法所造成的特殊状况。其中，独立成分包括呼语、感叹语、插入语。

邵敬敏（2001：30—34）指出，句子的特殊成分指独立成分（又称插入语）和提示成分（包括称代式提示成分和总分式提示成分）。它们有三个特点：第一，不参加句子的结构组合，所以不是句型成分，也不是短语成分；第二，附属于句子，但是不能独立成句；第三，在语义表达上有特殊作用。

张斌（2010：383）指出，从句子分析角度看，句子成分除了句法成分外，还有句子的特殊成分。从句型分析的角度看，句子的特殊成分有三种，即句首修饰语、提示成分、独立成分。它们的共同特点是附丽于句子，不能离句而独立，但又不是句子所由组成的直接成分，跟句子中其他句法成分没有直接成分关系，因而不影响句型的划分。句子的特殊成分往往有特定的表达作用，在句子中主要体现语用价值，所以也可以将它们称作语用成分。

从词、短语到句子是一种质的飞跃，很多学者已经注意到句子中存在很多不在词和短语层面出现的特有成分，并进行了一些探讨，但这些成分到底有哪些、它们是否等同于语用成分，尚未形成定论，还有进一步研究的空间。

第四，关于句子层面独有的语法现象。

与句子特有成分密切相关的另一个问题，是只在句子层面出现的语法现象。比如，学界二十世纪八九十年代探讨的“完句”“足句”问题（胡明扬、劲松，1989；王艾录，1990；孔令达，1994；贺阳，1994；黄南松，1994；竟成，1996；史有为，1997；金廷恩，1999a，1999b；等等），就是典型的句子层面独有的语法现象，小于句子的语法单位不存在这种现象。再如，邢福义（1996：31—35）所指出的“句子特有因素”中的成分逆置现象和成分共用法所造成的特殊状况，并非句子成分，实际上应属于只在句子层面才会出现的语法现象。还有不少学者在探讨某些具体语法问题时，都或隐或显地提及这类现象。比如，胡裕树（1982）认为在句首作为名词性成分的情况下，除了主语属于句子的内层结构，其余的成分都是句子的外层结构。内层结构和外层结构的区分，就只在句子层面才会出现，短语和复合词中都不存在这种区分。再如，一些学者注意到，有些语法构式作用的语法单位只能为句子层面。如石毓智（2011）把语法构式分为两类：一类是无标记的，它们组成汉语语法的核心，具有规则严密、稳定性强、使用频率高以及使用范围大等特点，可以用于复合词、词组和句子等层面上；另一类是有标记的，它们表达各种语用功能，诸如话题、焦点、强调等，其使用范围只限于独立的句子层面上。石毓智（2018）还分析了两种不能用作定语的谓词结构——动词重叠式和"形＋程度补语"，并认为此两种谓词结构只能用于句子层面且不能出现在定语位置或者被名词化。石毓智还指出："普遍认为汉语语法的重要特点之一是，词组结构和句子结构的类型是一致的，然而事实上不少语法结构却只能用于独立的句子层面上，即作话语单位，而不能作句子内部的词组。"

句子层面独有的语法现象是个非常复杂的问题，虽然已有研究在很多方面都涉及这一问题，但是如同句子特有成分一样，汉语中到底有多少句子层面独有的语法现象，目前还缺乏专门、系统的研究，这是今后值得深入挖掘的一个课题。

二、唯句成分及其特点

从上述简单梳理可知，学界对句子及句子以上的语法单位与词、短语等句子以下语法单位的差别问题，已有较多关注，并从句子的特点、句子与词和短语的关系、句子特有成分、句子独有的语法现象等多个方面进行过很多探讨。这些问题都是极其重要和复杂的研究课题，也有较为广阔的研究空间。本书拟在前人研究的基础上，尝试以句子为分水岭，提出"唯句成分"这一概念，并对其进行专题研究。

所谓唯句成分，是指只出现于动态的句子层面（也包括其他高于句子的动态性语法单位，这些单位都以句子为基础，句子最具代表性），而不在低于句子的静态性层面中出现的各种语言成分。本书重点讨论唯句成分中的下列问题：有哪些成分只能出现于句子层面而不在低于句子层面的静态单位中出现？汉语中到底有哪些唯句成分？可以分为哪些类别？它们之间有何异同和关联？它们有些什么样的特点、对句子起什么样的作用？唯句成分在汉语语法体系中的地位如何？对它们的深入研究，具有什么样的理论意义和价值？

语言从静态层面到动态层面的变化，包含两层含义或者说存在两个层次的变化：一是从短语到句子，这是从语言的备用单位到使用单位的变化，其特点是从抽象的语言符号到现实的语言交际，从非表述性到表述性。不过，句子只是语言交际的最基本单位，只包含交际中说话人这一方面，尚不能反映真实话语的全貌。二是从句子到话语或语篇，其特点是从话语的基本单位到更大的单位，包括句群、语篇或互动性的话语，其特点是从单个句子到多个句子，多个句子包含更复杂的语言因素，主要是句际关系和听说双方的互动关系。我们提出的“唯句成分”这一概念，主要只和单句或分句发生直接作用，有时也和大于单句的复句、句群等更大的单位产生直接作用关系，唯句成分的“句”包括单句和复句等。单句和复句、句群、语篇等有时很难划清界限。比如“插入语”和“话语标记”，实质上是同一个东西，但是由于对其观察的角度一个着眼于传统的句子，一个着眼于句际关系或互动关系，因此在内涵上有差异，分属于不同的研究范式和研究领域。本书在传统的句子范围内进行思考和研究，在一些情况下也涉及篇章和话语。相对而言，句子与句群、语篇等之间的共性，远远大于句子与短语。我们认为，第一个层次的变化是从静态层面到动态层面的质变，第二个层次的变化是从基本动态单位到复杂动态单位的量变。因此，第一个层次的变化，对于从语言到言语的研究来说，意义相对更重要，更具有基本性，把它研究清楚了，才能更好地研究第二个层次的变化。

唯句成分与前辈学者所提到的“句子所具有的区别于其他语法单位的特有成分”既有区别也有联系。下面以邢福义（1996：33—35）指出的“句子特有因素”为例。

第一，句子特有因素侧重从句子的角度看句子中有哪些区别于非句子的因素，其立足点在“句子”；而唯句成分的立足点在“成分”，侧重从构成句子及句子以上语法或语用的成分的角度，挖掘有哪些成分只在句子层面出现。这两种观察角度并非简单的一体两面，而是各自具有独立性，但可以互相补充。

第二，要注意区分句子层面的独有成分和句子层面的独有语法现象。上文已提到，邢福义先生提到的“句子特有因素”中，“成分逆置现象”“成分共用法所造成的特殊状况”，严格来说属于句子层面的语法现象而非句子层面的独有成分，可视作唯句结构，本书暂不作考察。

第三，要注意句子中的交际性因素，细化“语用成分”。句子是一种使用单位而非备用单位，句子要“成活”，除了添加语气之外，还需要添加一些作用于整个句子、对句子的交际功能起辅助作用的成分，“语用成分”除了邢福义先生提到的之外，还可以包括表达主观性或交互主观性的语气词和语气副词，以及表达句子时间因素的时间副词等。其中，一些只跟句子发生直接作用关系的语用成分属于本书研究的对象。

第四，要区分单句、复句、句群和语篇。和这些句级以上的语法单位发生直接作用关系的成分，都属于本书的研究对象。由于“通常提到‘句子’，往往只是指小句，特别是只指小句中的单句”（邢福义，1996：16），因此，只能出现于单句（小句）的语法成分，是最基本的研究对象。邢福义先生提到的“句子特有因素”中的“句子语气”的外化形式，其中部分语气词和语气副词及包括呼语、叹词、插入语和外位成分等在内的成分，是最基本的唯句成分。和大于复句等语法单位发生直接作用关系的唯句成分包括邢先生提到的“复句关系词语”，以及他尚未提及的各种篇章连接成分。当然，有些成分在使用中会兼跨不同级别的语言单位，如插入语，但由于插入语内部成分的复杂性，它既可以出现于句子，也可以出现于语篇；再如关联词语，也兼跨了复句和语篇两个语法单位的层级。和句级以上的语法单位发生直接作用关系的唯句成分，必要时要区分其直接作用的对象是何种语法单位，这有利于深化对句级以上语法单位的认识，本书的研究对象既涉及和句子发生直接作用关系的成分，也涉及和句子以上语法单位发生直接作用关系的成分，尽量做到研究对象的全面兼顾，以深化对唯句成分的研究。

我们将唯句成分的主要特点概括为：(1) 只出现于动态的句子层面中，不能出现在低于句子的静态性语法单位中，是句子特有的构成成分；(2) 不与句子中的其他句法成分组合，不参与句法成分的构造，只出现在句子外层；(3) 具有饰句性、连句性、引句性、标句性等性质特征，主要体现句子的交际功能，属于句子中可有而非必有的语用性成分。唯句成分的这些特点，可以称作“唯句性”。

由于唯句成分的庞杂性，同时为了使所讨论的问题更集中，本书暂时从较为典型、最有代表性的唯句成分入手，并以特定词类的词语为主要研究对象。因为汉语语法所包括的语言现象，几乎都以词语及其所构成的词类作为基础，短语、句式、语法范畴等现象常常以词语为基本的构成单位，通过词语与词语之间的组合形式来表达，都和词语具有直接或间接的关系，所以研究对象限定为词类视角的词语类唯句成分，能够从最大程度上折射出汉语唯句成分的基本概况。此外，对于有些不完全能以词类和词语作为切入点的问题，本书也会适当将研究对象扩展至跨词类性成分或近似词语的短语词。

根据唯句成分所属的语法单位层级和语义管控对象的性质，现代汉语中的唯句成分大致可分为以下三类。

第一类是作用于全句、体现句子的主观情态和交互主观性的成分，包括饰句语气词、饰句副词、饰句插入语等，其中饰句副词又包括饰句语气副词、饰句时间副词、饰句方式副词等，它们与句子的关系主要体现为“饰句性”。

第二类是连接分句以组成复句或者连接句子以组成句群及更大语篇的连接性成分，包括连句关联词语、连句关联短语词、连句插入语等，它们与句子的关系主要体现为连句性。这一类的组成成员相对较杂，本书在选取研究对象时，采取典型性和覆盖面相结合的原则。从典型性来考虑，选择连句关联词语中的连词，连词属于词类范畴，符合本书的主体特色。从覆盖面来考虑，将研究对象扩展至词类之外的连句关联短语词，以充分展示这一类唯句成分的相对完整的面貌。另外，第一类和第二类都出现了插入语，说明插入语的唯句性存在两种情况，有的具有饰句性（如“坦率地说”“说真的”），有的具有连句性（如“换言之”“如此看来”），由于插入语唯句性的复杂性，并且不属于词类范畴，本书暂时不将插入语纳入研究对象。

第三类是句子层面才有的，较为独立的语用性成分，和其后句子或大于句子的语法单位有密切关系，包括呼语、叹词、外位成分等，它们与句子的关系主要体现为引句性。这类成分中，从与词类的对应关系来看，又可分为两类：一类属于词类范畴，主要是叹词；另一类不属于词类范畴，它们没有固定的词性，甚至常常是大于词的短语性成分，其共性主要体现为该类成分与整个句子之间的特殊的结构关系，包括呼语和外位成分等。对于语用性成分，由于呼语和外位成分不属于词类范畴，本书主要以属于词类范畴的叹词作为重点研究对象。

此外，还有少量只出现于句子中的语用成分，主要是各种句子中的标记，如能充当话题标记的话题介词，充当焦点标记的成分，具有各种标记功能的句中语气词，等等。此外，在话语和篇章中出现的各种话语标记和语用标记，也都属于唯句成分，其特点可称为“标句性”。但它们基本不与词类范畴相联系，且较为庞杂，限于篇幅，本书暂不涉及这一类唯句成分，仅适当提及。

总体来看，唯句成分具有系统性和体系性。从管控的辖域看，第一大类的唯句成分管控的辖域最小，第二大类的唯句成分管控的辖域最大，第三大类唯句成分管控的辖域居中。具体到不同的词语，由于词语虚化程度等方面的原因，一些唯句成分的语义管控辖域并非完全遵循上述辖域大小分类的限制。关于不同类别唯句成分管控辖域的具体情况，在每个章节都会有相关数据统计。从不同唯句成分的性质上看，第一大类唯句成分和句子的关系表现为饰句性，第二大类唯句成分和句子的关系表现为连句性，第三大类唯句成分和句子的关系表现为引句性。三类唯句成分之间关系密切，印证了唯句成分内部具有系统性。关于唯句成分的系统性，在第六章中将会详细展开论述。

为了明确研究对象的性质，以下再从“唯句”和“成分”两个层面对唯句成分进行详细解释和界定。

“唯句”的“唯”指唯一性，所谓“唯句”，就是说只在句子中才出现的语言成分，它们属于句子独有的构成成分。当然，句子（包括单句、复句）、句群和语篇都属于动态的言语交际单位，动态的言语交际单位中，句子是最基本的单位，从构成成分的角度来看，把句子分析清楚了，其他动态语法单位也基本清楚了。动态语法单位和静态语法单位的构成成分有很多相似之处，但动态单位的结构显然更复杂，它们与静态的词和短语之间存在质的区别。有很多成分只出现在动态单位中而在静态单位中不会出现。因此，“唯句”的“句”，更准确地说，是指以句子为代表的动态语法单位，只不过在实际分析中，一般只涉及句子，以单句为主，兼顾复句。汉语中一些具有唯一性的句法成分和本书的研究对象“唯句成分”的性质相似。某些词类在充当句法成分时，具有唯一性。例如，“唯表形容词”和“唯定形容词”（何恒幸，1993）、“唯补词”（刘丹青，1994）、“唯谓动词/唯谓性谓词”（陈克炯，2001；袁毓林，2006）、“唯谓形容词”（邵霭吉，2008）、“唯补副词”（张谊生，2014：139）、“唯谓宾动词”（陈志国，2016）、“唯定词”（马晓娟，2016）等。具有唯句性的成分只出现于句子层面，“唯句成分”的命名也是受到了上述术语的启发。

“成分”（element）这一概念，《现代语言学词典》的解释为：语言学中的这个术语有时按一般涵义理解，指“组成部分”，但经常按狭义理解，特别是在语法分析中，专指一个层级中某一单位的直接成分。在汉语研究中，一般所谓“成分”，特指句子成分或称之为句法成分。实际上，一方面，不同层级的语法单位都有“成分”，比如“构词成分”“短语成分”；另一方面，即使是构成句子的单位，也可以从不同角度进行划分，除了最常见的主、谓、宾、定、状、补等句子成分之外，还可分为内层结构成分和外层结构成分（胡裕树，1982），句法成分、语义成分和语用成分（邢欣，1993），等等。所谓“唯句成分”，也属于构成句子的单位，但一般不进入句子结构，不与别的成分发生结构关系，而是具有相对的独立性，只出现在句子的外层，属于特殊的句子成分。其中，语气词和饰句语气副词、饰句时间副词等可称为“全句修饰成分”或简称为“饰句成分”，叹词等成分可称为“引句成分”，句间连词、关联短语等可称为“连句成分”。从这个角度，本书的“唯句成分”，大致对应王珏（2008，2010）、王珏和陈丽丽等（2008）提出的句子三层结构的中层和外层，即“语用成分层”和“语篇成分层”。

第二节　唯句成分相关研究综述和本书架构

一、相关研究综述

（一）句子层次

关于句子的层次，汉语有五种语法单位：语素、词、短语、句子和句群。这五种语法单位又可以分为高低不同的三个层级：第一层级由语素构成；第二层级由词和短语构成；第三层级主要包括句子和句群。在句法分析过程中，汉语界主要聚焦于第二层和第三层，分别称之为短语层和句子层，这两大层级基本上对应于 Rizzi（1997）句子分层观中的屈折层和标句层。关于句子的分层或层次性，国内外学者做了不少有益的探索。胡裕树（1982）在讨论汉语句首的名词性成分时，认为“分布在主谓结构的句首名词性成分是句子的外层结构成分，后边出现的主语和谓语是句子的内层结构成分……这种区别是句子的内层结构和句子的外层结构的区别，是句法关系和非句法关系的区别”。胡裕树（1982）

认为单句可以有外层结构，复句也可以有外层结构，要区别句型和句类，是根据句子的内层结构而不是外层结构。胡裕树还指出："确定主语、主题以及其他外层结构，应该遵循形式化（formalization）的原则。"Bybee（1985）把句子的句法结构看成"洋葱式"，由内而外分为"核心层""中心层""边缘层"三层。范晓（1992）认为语用因素属于句子的表层结构，句法和语义成分是句子的内层。Rizzi（1997）把对句子的分析分为词汇层次（lexical layer）、屈折层次（inflectional layer）、标句层次（cmplementizer layer）三大层次。王珏（2008，2010）、王珏和陈丽丽等（2008）曾提出句子三层结构假说，认为句子包含三种异质词类，并由三层异质成分构成三层结构，分别称为内层结构、中层结构和外层结构。内层是句法成分层，由句法实词（名词、动词、形容词、状态词、区别词、数量词、副词）及句法虚词（方位词、介词、连词、结构助词、体态助词）充当，构成句法结构或小句，以表达句子的命题内容。中层是句子的语用成分层，由情态词（叹词、语气副词、助动词、话语标记语、语气词）充当，与句法结构一起构成句子的情态结构，以表达言者的主观性内容。外层是句子的语篇成分层，由语篇衔接语充当，表达句子之间的关联，以构成篇章。句子三层结构在理论上是个"外层-中层-内层"结构或"外围-核心"模式。这与陆丙甫（1993）提出的"向心层次"或"轨层结构"具有相通之处。Bybee 和 Rizzi 的分层观点是以句子为基本语域，依然是停留在整个句子以内的，王珏先生把分层的语域扩大到篇章层面是一种进步。

此外，词语除了存在句子层面和非句子层面作用单位的不同之外，句子层面和非句子层面的语序也有差异性。张谊生（2013）认为汉语成分之间的线性排列语序，实际上可以分为两个大类，即句法层面的语序和句子层面的语序。二者的差异在于：一是前者是静态的，后者是动态的；二是前者具有客观性，构成的语言单位是短语，而后者具有主观性，构成的语言单位是句子。从副词状语表程度的连续统可以看出，两种语序又是互相联系的，在一定语境中句法成分都可以实现为句子成分，随着语言的演化，部分句子语序组合可以进化为句法语序构造。张谊生（2018）进一步提道，汉语单词和短语充当的成分可以分为句子成分和句法成分两个大类：句子成分用于构成各类句子，一般不能随意进入短语；句法成分主要用于构成各种短语，可以自由进入句子；部分句子成分语法化之后可以转化为句法成分，并把汉语状语分为句子状语与句法状语两个大类。可见，句子层面和非句子层面在语序和成分的功能方面都存在差异性。

从已有的研究看，句子层次的分析对于研究汉语语言现象十分重要。

（二）唯句成分

关于唯句成分，由于唯句成分包括的词类繁杂，因此，本节将从宏观的角度对唯句成分的研究现状进行梳理，后续第一章至第五章的第一节将会对每个具体的词类或短语词的研究现状进行详细分析。汉语唯句成分往往跟以下几个概念密切相关：语用成分、全句修饰语、篇章连接成分、独立成分等。

1. 语用成分

邢欣（1993）指出："语用成分实际上也完全是自成系统的独立语言使用单位，在语言运用中，语用系统不仅牵涉到单复句的内部结构，而且与语境、句群、上下文等诸多语言外因素有关。"与句法有关的一些语用成分主要包括：话题成分、陈述语、焦点成分、话题前的全句修饰成分和游离成分。

黄德玉（1996）认为，"句子的语用成分是相对于句子的句法成分而言的"，并将句子的语用成分归纳为六类十二种：发语成分（"你看""我看"）和话题成分、追加成分（包括补充式追加、说明式追加、注释式追加、复指式追加、重复式追加、复迭式追加、附加问追加）和修改成分（包括更正式修改和增色式修改）、加楔成分（包括词内的加楔成分和短语内的加楔成分）和加接成分（相同的语法成分的加合和相邻的语法成分的衔接）、关联成分和独立成分（包括呼唤语、应答语和感叹语）、语气成分（主要指语气词）和口气成分（主要包括插入语）、多余成分和杂糅成分。

黄国营（2000）考察了语用成分在汉语句法结构中的投影，并认为语用提示类型包括行为提示、时间提示、情态提示、共喻提示等，语用提示的形式则包括语调标点、语气助词、语气副词、时间副词、能愿动词、关联词语等。

赖先刚（2000）指出："插入语、语气词、叹词以及一些表祈使的词语，它们既是句中的句法成分也是语用成分，均能表示说话人的某些主观用意。"

由于语用平面是汉语研究“三个平面”中的重要方面，关于语用成分的研究一直层出不穷，就已有的研究而言，语用成分的分类包含大部分唯句成分。和语用成分相比，唯句成分的分类更加细致，主要研究只分布在句子层的成分，那些分布在静态短语层的语用成分不属于本书的研究范围。

2. 全句修饰语

学界很早就注意到汉语全句修饰语这一特殊现象，吕叔湘、朱德熙（2013/1952）首次提出“全句的附加语”的概念，指出有一些附加语是不属于一个词而属于全句的，例如“反正”“当然”“幸而”“老实说”“严格地说”“一般地说”“就……说”“以……而论”等等。丁声树（1961：70）注意到时间名词可以修饰整个句子。一些学者对全句修饰语进行了专题性的个案考察，如万世雄（1989）对古汉语的一种全句修饰语“以（象）……”进行了考察，认为“全句的修饰语是一种不从属于句中某个词语、而从属于整个句子的附加成分，在位置上只能居于句首，不能移至句子中间的任何地方”。孙剑霖（1990）从语用角度论述了全句修饰语在信息表达、视点选择、节奏变化三方面的功能。陈维昌和葛立胜（2006）讨论了全句修饰语“在＋X＋方位词”的内部结构要素、内部结构关系，同时揭示出“在＋X＋方位词”在语篇中不同层级单位的对内成活、对外衔接的动态功能。

从组成上看，全句修饰语包括词语、介词短语和介词框架结构等。从词性上看，全句修饰语包括时间名词、处所名词、介词、副词、形容词等。不同的学者对全句修饰语的分类不同，并未达成共识。胡裕树（1979：318—319）认为介词结构常常用在句首，并充当全句的修饰语。常见的全句修饰语除了“关于”“对于（对）”以及“在……以后”“在……方面”“在……时”组成的介词结构之外，还包括“在……上”“在……下”“在……中”等。表示时间的名词或词组，也常常充当全句的修饰语，如“下午”“三天之后”。副词、形容词以及表示处所的名词或词组有时也充当全句的修饰语，如“忽然”“慢慢地”“津浦路上”。伶军（1981）专门对全句修饰语进行了考察，认为全句修饰语可以由副词、介词结构和时间处所名词或词组等充当。邢欣（1993）认为全句修饰语包括在句首的介词结构和时间、处所词语。邢欣（1995）进一步对全句修饰语进行了补充，认为“所有由介词结构构成的句首名词性成分都是全句修饰语，时间、处所词语在语义上是动词的非强制性成分，表示事件外部的情境，也属于句子的外位成分，也归入全句修饰语中”。张斌（2010：383）认为从充当句首修饰语的词语的功能看，有副词、形容词和形容词性短语、名词和名词性短语，有功能上属于加词性的介词短语。从语法单位层级上看，有词也有短语。

而且，关于全句修饰语的功能的认识也不同。一些学者认为全句修饰语是语用性成分，如胡裕树（1979）认为全句修饰语和提示成分、独立成分并列都是句子的特殊成分，其特点为附丽于句，不能离句而独立，但又不是句子组成的直接成分，是语用成分。邢欣（1993）也持该观点，认为全句修饰语指句首的修饰全句的语用成分。

一些学者认为全句修饰语和状语、定语等既有区别又相互联系，而且不同学者对全句修饰语修饰对象的认识也不完全相同。伶军（1981）认为全句修饰语应该从状语中分离出来，成为和定语、状语并列的概念，既不限于时间词，也不包括独立成分，而是指出现在句首，并同时修饰主语、谓语或同时修饰几个分句的修饰语。邢欣（2005）认为全句修饰语其实也当作全句的标记处理，有提示后续部分为小句或篇章的作用，似乎也可以放到标句成分 CP 的 C 中。张斌（2010：383）认为句首修饰语也叫全句修饰语，就它跟全句的关系看，也可以称之为句首状语。句首修饰语是出现在主谓句之首起修饰限制作用的特殊成分。陈维昌（2013）指出，全句修饰语与状语是不同的范畴，既有区别又相互联系：当全句修饰语修饰一个小句时，其篇章的特性表现为零，此时的全句修饰语是有标记的超句成分；当全句修饰语修饰两个以上的小句时，其篇章的特性比较明显，此时的全句修饰语是无标记的超句成分；当全句修饰语超出小句进而修饰复句、句群乃至语段之时，全句修饰语的篇章特征也随之逐渐变得显著起来；当全句修饰语修饰范围扩展到整个篇章时，全句修饰语的篇章特征就实现了最大化。因此，陈维昌认为全句修饰语实质上是一个篇章性的结构成分。

可见，学界对于全句修饰语的类别、功能等认识尚未统一。根据全句修饰语的已有研究，并和唯句成分进行对比，我们认为，一些在形式上明显区别于词语的全句修饰语不属于唯句成分。

不同的全句修饰语可以划归到不同的唯句成分类别中，例如：具有全句修饰性质的副词（语气副词、时间副词等），属于饰句性唯句成分；具有全句修饰性质的部分介词短语或框架介词可以划归到饰句性插入语中；还有一些具有关联作用的成分，如“一般来说”等，可以将其归入到连句性唯句成分中。就饰句性唯句成分的性质而言，在唯句成分的框架内，我们认为，具有饰句性的成分和句子的关系，本质上跟饰谓成分和谓语的关系具有一致性，只是饰句性的唯句成分分布在句首而已。尽管有其特殊性，但不应将饰句成分看作是区别定语和状语的条件，不应该将饰句成分从状语中独立出来。不过，饰句性唯句成分的修饰性确实在某些方面与传统的修饰成分具有一定差异，本书在对饰句语气词和饰句语气副词的研究中将会进行相关说明。

3. 篇章连接成分

廖秋忠（1986）指出，篇章连接成分“专指只用于或者在绝大多数情况下用于连接对象在不同的句子或段落的那些连接成分”，“篇章中的连接成分用来明确表达语言片段（即句子或大于句子的结构）之间在语义上的种种转承关系，这是就功能而言；从位置上看，篇章中的连接成分绝大多数位于句首，在主语之前，只有少数位于句中，在主语之后”。

关于篇章连接成分的专题性研究主要有：张谊生（1996）考察了副词在篇章连接中的功能类型，发现大致有六种情况：表顺序、表追加、表推论、表解说、表转折和表条件，每种情况又可以分为不同的类别。赵国春（2012）从语用目的的角度分析了现代汉语文本中连接成分的特点，认为不同的语用目的决定了连接成分的显性或隐性。在以说理或说明为目的的文本中，连接成分通常呈显性；而文本以抒情或传递信息为目的时，连接成分通常为隐性。李胜梅和赵刚（2013）对短语式连接成分的篇章结构进行了分析，指出短语式篇章连接成分，如“一般来说/一般说来”，其篇章功能的体现方式是“篇章分布”，表现为“篇章位置”和“篇章关系”。

关于个案考察的现象主要有，陈若君（2000）考察了“要不（要不然）”的篇章连接功能，指出“要不（要不然）”具有四种篇章连接功能：逆因性结果、非此即彼性选择、理解性推论和建议性转题。张谊生（2002）从共时和历时相结合的角度全面考察不同类别的“就是”的篇章衔接功能和连贯方式，讨论与“就是”相关的各种关联格式，探溯“就是”的演化历史和虚化机制，分析“就是”各种用法之间的内在联系及其演变过程，并且揭示“就是”的历时演变与共时变异的对应关系。程乐乐和李向农（2012）认为作为连接语，“我是说”的篇章衔接功能体现在通过后续语对前导语进行的“补救”，其补救功能包括“补充-解释”“更正-说明”与“重复-强调”三种具体方式，连接语“我是说”的形成是其词汇化的结果。黄均凤（2014）指出，篇章连接标记“这一来”具有“连续式”和“非连续式”两种篇章组合，并通过三种方式实现其篇章功能：一是回指原因前导句，引出已然结果；二是回指假设前导句，引出未然结果；三是回指列举前导句，引出评注性结果。李宗江（2015）认为以“就这样”为代表的一些谓词性指代词语，如“这样”“就是这样”“这么着”“就这么着”“这么地（的）”“就这么地（的）”“这样子”等在现代汉语中已发展出篇章连接成分的用法，并分析了其篇章连接功能的具体表现，探讨了它们的来源。

可见，学界对于篇章连接成分的研究主要集中于副词、连词以及具有篇章连接成分的短语。和本书的研究对象唯句成分相比，并非所有的唯句成分都具有篇章连接功能，如饰句语气词。排除语篇的上下文交互连贯性，很难说饰句语气词有较强的衔接其后句子的篇章连接功能；并非所有的篇章连接成分直接作用的对象都是句子，一些具有篇章连接功能的副词的直接作用对象可以是句子中的谓语。此外，篇章连接功能并非唯句成分独有的功能。因此，传统的篇章连接成分中只有直接作用对象是句子的词语或短语词等才属于唯句成分的研究范畴。

4. 独立成分

独立成分在句子当中不充当任何句法成分，形式上跟其后句子有标点符号的间隔，形成了形式上的独立，又被称为“游离成分”（吕叔湘、朱德熙，1979：160；钱乃荣，2002）、“特殊成分”（江天，1980：2）、“独立语”（唐启运，1980：149—154；邢福义，1986：255；黄伯荣、廖序东，1992：100）等。不同的学者从不同的角度对独立成分进行了分类，唐启运（1980：149—154）将独立语分为十类，包括感叹的独立语、应答的独立语、呼唤的独立语、估量的独立语、确定的独立语、提醒的独立语、按注的独立语、承上启下的独立语、说明根据的独立语和表示范围的独立语。张静（1986：388）认为句子的独立成分包括呼语、感叹语、插入语三类。黄伯荣和廖序东（1992：100—102）认为独立语包括插入语、称呼语、感叹语和拟声语四大类。胡裕树（1995：345）将独立成分分为七类：表示招呼、应答或感叹；引起对方注意；表示对情况的推测和估计；表示特定的口气；表示某一消息或情况的来源；表示总括；表示对某一问题的意见和看法。钱乃荣（2002：261—268）认为句子的游离成分包括成分的后置、追加（主语后置、定语后置、状语后置等）、句子前和句子中的附加成分（句首状语、话题语、复指语、插入语、称呼语、感叹语、象声语、介词短语、副词性成分、连词性成分、叹词性成分、名词性成分、动词性成分）、话题和话题句。邢福义（2003：331—332）根据独立语的性质和作用，将其分为插说语、呼应语、感叹语和象声语四类。从已有的研究来看，学界对独立成分的类别划分和范围界定并不统一。但大部分学者的分类中都包括“叹词”“称呼语”“插入语”等，独立成分在形式上往往体现为独立出现，对主句的表达起辅助作用，体现出说话人的主观性和某种语用意义，起补充说明的作用。

根据已有的研究可知，学界对独立成分的分类差异较大，而且，其分类主要建立在形式的独立上，很多类别并不在同一个层次。形式独立，并不意味着性质或功能具有一致性。和唯句成分相比，形式独立是成为唯句成分的充分条件，不是必要条件。例如，饰句句末语气词的句法位置分布在句末，和被饰句子不允许有任何标点符号的间隔。

通过对语用成分、全句修饰语、篇章连接成分和独立成分研究现状的梳理可知，这些成分分类之间有大量交叉，和本书研究的对象唯句成分也存在交叉，为唯句成分的研究提供了一定基础。本书的研究立足短语和句子的区别，其区别因素是语法单位，排除了语调、标点符号等非语法单位，唯句成分一定是短语层面没有的成分。和唯句成分有交叉的语用成分、全句修饰语、篇章连接成分和独立成分，并没有专门分出这些成分和修饰语在短语层面和句子层面的区别。唯句成分的研究能更加细致地认识到不同成分之间的性质，对语用成分、全句修饰语、篇章连接成分和独立成分的研究也是一种补充。

二、本书架构

本书的章节安排如下：

第一章引论。交代了本书的研究背景及对象，对相关研究现状进行综述，介绍了本书的研究意义、研究价值和研究方法。

第二章探讨饰句语气词的饰句性。一方面，着眼于宏观，通过分析句末语气词的层次分布和句法属性，在与饰谓语气词的比较中，揭示饰句语气词的饰句性特点；另一方面，对句末语气词“也罢”的饰句性及相关问题作了个案研究。

第三章研究饰句副词的饰句性。选取在饰句副词中占比最多的饰句语气副词和饰句时间副词这两个次类，从修饰性、修饰辖域的判定手段、修饰辖域的大小，以及饰句语气副词与饰谓语气副词、饰句时间副词与饰谓时间副词的关系等方面，对尚未解决的有关问题进行了研究。

第四章讨论连句关联词语的连句性。兼顾连词和关联短语词、前置型和后置型这两种分类视角，分别选取后置型关联连词“的话”和前置型“看”类关联短语词作为个案，从连接对象、管控辖域、语用功能等方面对两者的连句性及相关问题进行了考察。

第五章论述了叹词的引句性。从叹词的两大类别原生叹词和次生叹词中分别选取了个案进行专题研究。通过讨论原生叹词“哎哟”从生理反应到话语组织的功能演变，以及“妈的”类骂詈语从名词到次生叹词的演变，深入揭示叹词的引句性特点。

第六章是与唯句成分有关的理论思考。概括提炼了唯句成分的异同及其原因、唯句成分的系统性、唯句成分的语言地位等内容。

第七章是结语。对本书的相关论点、创新之处、不足之处进行总结，对于本书所涉及问题并值得进一步研究的方面进行了展望。

第三节　唯句成分的研究意义、研究价值和研究方法

一、研究意义

本书以只出现于动态句子层面的唯句成分为主要研究对象，在充分挖掘语法事实的基础上，对唯句成分进行分类，逐类分析研究其特点，并对各类的异同进行总结。本书的研究具有以下理论意义。

第一，有助于梳理汉语语法中的各类成分。汉语语法的各级各类语法单位，都由特定的成分构成。语法单位的级别越高，所需要的构成成分就越复杂多样。从短语到句子，是一个重要的分水岭，两者之间是一种质的飞跃，因此，句子不仅可以包容短语以下语法单位的各种构成成分，还存在一些在短语以下语法单位中不存在的成分。已有研究常从短语和句子构造相似的角度讨论两者性质相同的成分。但是，汉语语法的各种成分中，到底有哪些只出现在句子中？它们之间是毫无关联还是构成一定的体系？过去的研究并不充分，通过本书的研究，不仅可以加深对这类成分的认识，还将有助于对汉语语法中的各类成分进行系统梳理，进一步盘点汉语语法的“成分家底”。

第二，有助于推进对汉语特殊句子成分的研究。一般对于句子成分的研究，多关注能决定句子结构格局的核心成分，从句子分析的角度来说，这理所当然是非常重要的关键问题。但是，作为完整的句子，除了核心成分之外，还有一些不与其他成分发生结构关系的特殊成分，同样在句中发挥着一定的作用。那么，这些特殊成分都发挥什么样的作用？它们与核心成分之间存在什么样的关系？已有的研究关注得不够，且相对较零散，缺乏专门性、系统性的探讨。本书的研究，将有助于上述问题的研究，从而可以充实和完善对于汉语句子成分的认识。

第三，有助于理解句子与词和短语的本质区别。已有研究指出，词和短语是语言的备用单位，句子是语言的使用单位，词和短语可以构成句子、实现为句子，句子可以管控词和短语。那么，为什么到了句子这一层级就成为动态性的使用单位？这只能从备用单位和使用单位的差别出发去寻找原因。过去一般多认为词和短语添加语气就能成句，但语气的有无并非词和短语与句子之间的全部差别，句子的构成与词和短语的构成也存在很多差别，句子中有很多词和短语所不具备、发挥特定作用的成分，也就是唯句成分。对于唯句成分的深入研究，将有助于进一步理解句子与词和短语的本质区别，揭示从备用单位到使用单位的动态变化机制。

二、研究价值

我们认为，唯句成分是探讨汉语语法的一个很好的观测点，从这一问题切入，可以将视野拓展到很多角度，能体现出以点带面、“小题大做”的特点。具体来说，本书具有以下学术价值。

第一，加深词、短语和句子之间关系的研究。词、短语和句子虽然分属不同的语法单位层级，但它们之间存在密切关联，常形成互动关系。例如，词、短语和句子之间的构成关系和实现关系，是基于它们之间结构的相似性。其实，这种相似性还可以表现在很多方面，仅以词汇和语法为例，词汇中的同义词和语法中的同义句式、同一语义关系，在词语结构和特定句式中的表现、词汇成分多义模式和语法结构多义模式之间等，都体现出一定的平行性。除了相似性和平行性之外，词、短语和句子之间的关系还可以表现为差异性。唯句成分只在句子中出现，不在词和短语中出现，这个概念的提出及研究，揭示了词、短语和句子之间比较隐蔽的差异，加深了对于词、短语和句子之间关系的认识。

第二，贯通语气词、副词、关联词语、叹词等多个语法范畴。语气词、饰句副词、关联词语、叹词，这些范畴之间似乎各自独立，没有太多关系，它们在句子中所起的作用也不太相同。但是，立足于句子中不同成分之间的关系来看，它们都属于外层结构成分，都不与句子的内层结构成分发生句法关系，而是对整个内层结构部分起到一定的修饰、引导、连接等作用，因而都是句子中不可缺少的成分。本书从唯句成分的角度，将上述语法范畴贯通起来，不仅揭示了它们在句中地位的共性，也区分了它们在句中作用的差异。因此，从唯句成分的角度对这些语法范畴进行串联，既建构起了唯句成分的整体框架，还有助于揭示其所涉及的各类语法范畴之间的联系，从新的角度推进各类语法范畴的研究。

第三，促进句法和语用的结合研究。学界早已认识到，句法和语用不能截然分开，并在这方面做了大量研究。本书所研究的唯句成分，就是句法和语用的一个接口。一方面，对于句子，既可以进行句法分析也可以进行语用分析；另一方面，句子中虽有互相之间产生句法关系的内层结构成分，它们是句子的主体和核心成分，但也存在很多不与其他成分具有句法关系的外层结构成分，唯句成分即是外层结构成分。它们主要起语用作用，大多具有主观性和交互主观性，能较好地沟通说话人和听话人，使句子更好地进入交际领域。对唯句成分的深入研究，可以丰富句法和语用结合研究的内涵，开辟研究的新路径。

三、研究方法

本书采用了多种研究方法，其中最主要的是描写与解释相结合、定性与定量相结合以及跨语言比较。具体介绍如下。

第一，描写与解释相结合。本书对每一类唯句成分进行研究时，都是基于语言事实，对其进行充分观察和详尽描写，得出一定结论，然后对其进行解释，以深化对唯句成分的准确认识。例如，不同唯句成分的类别都是基于其入句表现进行的划分，修饰句子的唯句成分为饰句性唯句成分，连接句子的唯句成分为连句性唯句成分，引导句子的唯句成分为引句性唯句成分。再如，研究语气词时，根据语气词的句法表现，发现一部分语气词具有饰句性，只分布在句子层面，而另一部分语气词具有饰谓性，直接修饰句子的谓语，因此，需根据二者句法属性的不同进行原因分析。此外，通过描写和解释相结合还能够更加准确地解释不同唯句成分之间的共性和区别。

第二，定性和定量相结合。为了使研究结果更加准确地反映汉语唯句成分的本质，本书采取了定性和定量相结合的方法。例如，由于唯句成分只和句子产生直接作用关系，为了能够准确地把握不同唯句成分语义管控辖域的情况，本书建立了较为统一的测量标准，将辖域为单句或1个分句统称为1个小句，将辖域为复句、句群等大于1个单句或分句的情况统称为大于1个小句，在一些情况下也注意区分大于1个小句的复句或句群等具体表现，并根据不同唯句成分的情况，选择一定数量的典型代表进行统计，然后进行情况分析，以更加准确地认识不同唯句成分管控辖域之间的差异性。

第三，跨语言比较。对比是语言研究中的重要方法，本书在研究汉语唯句成分时，注重与其他语言进行比较。一方面，其他语言中的唯句成分为汉语唯句成分的研究提供了比较的对象，通过跨语言比较的方法，能够准确地挖掘汉语唯句成分和其他语言的唯句成分间的共性和区别。本书对每一类唯句成分进行研究时，都注重该类成分在其他语言中的研究现状，以及跟汉语的唯句成分有什么异同点。例如，研究饰句副词时，非常重视吸收和借鉴国外已有关于饰句副词的研究成果。通过跨语言的比较，能够更加准确地认识汉语唯句成分的性质。另一方面，汉语的唯句成分也为其他语言中同类型成分的研究提供了可以参考的语言材料。

为了更准确地考察研究对象，本书在语料的选取上注重语料的丰富性、多样性和有效性。本书的语料主要来源于北京大学中国语言学研究中心CCL语料库（网络版）、北京语言大学BCC语料库、华中师范大学语言与语言教育研究中心汉语复句语料库、教育部语言文字应用研究所语料库在线，以及网络搜集和自拟语料库。语料的具体出处，文中一一进行标明，因篇幅有限，标注出处时一般只标篇名不标作者。

第二章　饰句语气词的饰句性

饰句语气词在汉语唯句成分中具有修饰性，本章谈论的饰句语气词主要是针对分布在句末的语气词而言。关于语气词，已经存在一些围绕句末语气词分布层次或作用层面的研究，但是关于语气词和句子关系的问题还未引起学界太多的关注。本章将着重考察饰句语气词的饰句性及相关问题，以深化对汉语语气词及唯句成分的认识。

第一节　句末语气词的研究现状及其与唯句成分的关系

一、汉语表达语气的手段

语气是以句子这一级语法单位为依托，附着于整个句子上的成分。语气范畴需要表达语气的外在语法手段来体现，西方语言学界一般把动词形态变化所表达的一部分情态意义叫语气，动词自然是表达语气的主要语法手段（Leech，1983；Bybee，1985；Halliday，1985；Palmer，1986；Lyons，1995）。汉语表达语气的语法手段有语调、语气词、语气副词、叹词、疑问代词、助动词、相关句法格式等（贺阳，1992；储诚志，1994；齐春红，2008；万光荣，2013）。然而，这些表达语气的语法手段的句法层次分布并不相同。以下，我们重点讨论句末语气词的层次分布问题。

二、句末语气词的层次分布

关于句末语气词的层次分布问题，近年来引起了学界热烈的讨论，学者们对现代汉语句末语气词进行研究时，一般都认为它分布在句子层面或直接把它放在句子层面进行处理（高名凯，1946；王力，1980；齐沪扬，2002；徐晶凝，2007；邓思颖，2010；王珏，2013；李小军，

2013；戴昭铭、董丽梅，2016）。具体如，高名凯（1946）认为句终词的一个特点就是它和整个的句子有密切的关系。换言之，它不能是一语一词的辅助成分，乃是整个句子的辅助成分。齐沪扬（2002：142）指出位于句末的语气词，粘附在整个句子之后，对它前面的句子起着赋予一定语气的作用。邓思颖（2010）认为汉语的语气词只能在根句出现，不能在嵌套小句出现，粤方言的语气词也遵守相同的限制。李小军（2013：299）指出随着语义泛化和主观性的增强，语气词逐渐从词和短语层面游离出来，而成为句子的附着成分。戴昭铭和董丽梅（2016）从类型学的角度提出汉藏语言的语气词在位置分布和句法功能上具有类型学特征，句法功能的共性特征表现为附着于完整语句之后，与整个语句发生句法关系，汉语语气词也是这样。可见，不管是系统性的认知，还是类型学方面的考察，汉语句末语气词都被认为是分布在句子层的成分。

此外，一些学者将句末语气词认定为句子的情态成分，如张亚军（2002：44）、徐晶凝（2007：133）、屈承熹（2008）、王珏（2008）等，就情态的性质而言，Lyons（1977）指出情态是句中的命题之上的成分或修饰成分。按照齐沪扬（2006）、石毓智（2011：31；2018）对汉语语法结构的划分，句末语气词属于有标记语法结构或成分。在生成语法的研究中，现代汉语的句末语气词常常被认为是处在 CP 层的标句词（cmplementizer），如 Lee（1986）、Cheng（1991）、徐杰（2005）、邢欣（2005）、Paul（2014）等。这些关于句末语气词性质的研究，实际上都是将其放在句子层面进行考察。

也有一些学者认为汉语的句末语气词并非完全分布在句子层面，例如马建忠（1983：361-377）分析了古代汉语传信助字和传疑助字，分别指出“六字所助，句读中之动字耳”，“凡助字，皆以传动字之辞气耳”。这一论断对我们认识现代汉语句末语气词的层次分布具有启发性，尽管古代汉语的很多语气词在现代汉语中都没有保留下来。再如，黄国营（1994）认为“吗”“呢”“吧”“了”“的”“啊”“罢了”“来着”等句末助词，既可能属于全句，也可能只属于句中的部分成分，还可能是上述两种情况的融合。黄国营（2000）进一步指出汉语语气词不一定属于全句，其覆盖范围可能大于，亦可能小于句子。究其原因，就在于高层语用成分的存在。尤其在生成语法领域，汉语屈折层次有没有句末助词的问题，近年学界也引起了一些争论，如 Pan 和 Paul（2016）、Paul

和 Pan（2017）、Erlewine（2017）、Pan（2018）。

综上所述，学界对句末语气词的层次分布问题并未达成共识①，而且越来越成为具有争议性的研究课题，句末语气词是否只分布在标句层应该被审慎地对待和查验。此外，句末语气词和语气的对应关系（吕叔湘，1982/1942；王力，1943：334—362 等）、语气词的功能等问题也都存在分歧，正如石定栩（2009）所言——造成混乱的原因很多，最根本的在于作为一个句法概念，语气的定义不准确，内涵和外延都不太清楚。句末语气词作为句法成分却不像汉语中其他的句法成分那样，具有相应的句法地位。

三、句末语气词与唯句成分的关系

汉语句末语气词是句法和语用的接口，它们主要分布在屈折层和标句层。屈折层句末语气词修饰句子中的谓语，属于静态的短语层面的句法现象，为了体现其句法属性，我们称之为饰谓语气词。饰谓语气词主要是表达时体、程度等具有完句功能的句末语气词，如“了”“来着”“着呢”等。饰谓语气词不符合唯句成分的特征，不属于唯句成分，不是我们重点考察的对象。标句层的句末语气词，与句子之间是修饰和被修饰的关系，其句法属性可以称为“饰句性”。它只出现在动态的句子层，不参与句法成分的构造，我们称之为饰句语气词。饰句语气词主要包括“啊”“吗”“吧”“呢”等不具有完句功能的语气词。这类句末语

① 汉语句末语气词的层次分布和其分类密切相关，一些学者根据句末语气词的特征尝试对其进行分类，如朱德熙（1982：208）从位置分布将语气词分为三组：第一组包括“了$_2$、呢$_1$、来着”；第二组包括“呢$_2$、吗、吧$_1$、吧$_2$”；第三组包括“啊、呕、欸、么（嚜）、呢$_3$”。当一个句子有多个句末语气词时，三组连用顺序为第一组＞第二组＞第三组。石定栩（2009）认为，这三组语气词对句子的整体意义的贡献不同：第三组标示言者的感情色彩；第二组标示句子的类别；第一组标示小句的状态变化。石定栩根据 Rizzi（1997）的 CP 分层理论，将汉语 CP 分为三层，最上层是 A 组语气词的最大投影，第二层是 B 组语气词的最大投影，第三层是 C 组语气词的最大投影。邓思颖（2010）认为汉语句末语气词可以表达时间、焦点、程度和感情，其中，“了”是语法化的成分，承载时间信息，句法上组成时间短语 TP。跟焦点、程度、感情有关的语气词，可以合成一个大类，体现为语力、焦点，合称为语气词 F。表示焦点、程度、感情的语气词各自组成语气词的一个小类，可以分别写作 Fl、F2、F3，可以各自组成语气词短语 FP1、FP2、FP3。以上的分类都具有一定合理性，关于屈折层句末语气词的分析，本文主要以时间类句末语气词“了”为例。

气词属于唯句成分，是本章的主要研究对象。

饰句语气词和饰句副词、饰句插入语等饰句性成分属于汉语唯句成分的重要类别。就饰句语气词而言，其句法特征完全符合唯句成分的三条唯句特征。

首先，饰句句末语气词只分布在动态的句子层面，不属于句子的核心构成成分，而是特殊构成成分，这一特征通过删除的方法可以得到验证。当删除句子中的饰句句末语气词时，句子依然成立，并不影响句子的语义表达、原有语气和话语完整性。即使没有它们，句子“照样有语气”（邢福义，1996：242）。因此，饰句语气词对句子来说是可有成分而非必有成分。

其次，饰句语气词不与句子中的其他句法成分组合，不参与句法成分的构造，只出现在句子外层，是句子在生成时附加上的最后一道程序性成分。它与整个句子发生关系，并不与分布在其前的句法成分发生任何关系。

最后，饰句语气词和直接作用的句子的关系为修饰和被修饰的关系。饰句语气词是具有修饰性的后置性附加成分，以后置的形式修饰分布在其前的句子，在修饰位序上和述补结构的修饰关系具有一致性。其修饰的句子，可以是单句或多个分句，也可以是复句等。饰句语气词的饰句性区别于传统句法概念中的“定中”或“状中”结构表达的修饰。关于饰句语气词的修饰性，本章第二节将会有详细论述。

和其他唯句成分相比，饰句语气词有其相对特殊性。语气词是汉语中封闭的词类，饰句语气词的数量更是有限，其他大部分唯句成分基本属于开放或半开放的类别，如饰句副词、饰句插入语、连句关联词语等。从形式上看，饰句语气词既有单音节形式，也有双音节形式，三音节形式较少，其中单音节饰句语气词最为典型。其他类唯句成分，有的较为排斥单音节形式，如饰句副词主要是双音节副词。叹词和饰句语气词较为相似，单音节形式、双音节形式和多音节形式都有，以至一些学者提出语气词和叹词在演变来源上具有渊源等相关假设。在分布位置上，饰句语气词分布于句末，其他类似唯句成分，除了一些后置性的连句关联词语如“的话”“则已”之外，基本都以分布在句首作为充分条件。

句末语气词和结构助词、动态助词等都是汉语中的助词，和其他助词相较而言，饰句句末语气词省略后并不影响句子成立，而结构助词、动态助词等助词常常在句子中不能省略。例如，“我的桌子”中的结构助词“的”不能省略，强调过去的事件的“讨论过”之类语句中的动态助词“过”不能省略。有时结构助词和动态助词在一些情况下可以省略，如“我的爸爸很酷”“水都凉了半天”中的“的”和“了”省略后并不影响句子成立，但是这些结构助词和动态助词发生直接作用关系的是句子中的成分，并非句子。因此，就语气词而言，准确来说，语气词中只和句中成分产生直接作用关系的饰谓语气词，与只和句中成分产生直接作用关系的助词具有相似性，两者的句法属性基本一致，都不是唯句成分；饰句语气词和句子发生直接作用关系，只在句子层面出现，与前两者的句法属性有所不同，体现出唯句性。

已有研究较少涉及句末语气词的次类划分问题。大多数语法教材和著作谈及句末语气词时，或笼统概括语气词的主要特点，或以单个语气词为对象对其主要功能进行描述说明，或从不同语气表达功能出发，对它们进行梳理（但各类所属的语气词之间存在兼类现象），或简单从单音节还是双音节、典型还是非典型、基本还是派生等与句法语用特点关系较远的角度对其进行大致分类。我们将句末语气词分为饰句语气词和饰谓语气词，是从句末语气词的层次分布、句法属性、语用功能等角度所作的分类，可以为句末语气词的次类划分问题提供一种可供参考的尝试性解决方案。本章将从整体研究和个案分析相结合的角度，在对饰句语气词和饰谓语气词进行区分和比较的基础上，重点突出饰句语气词的特点，以深化对汉语句末语气词唯句性的认识。

既然汉语中的一部分语气词修饰句子，那么饰句语气词语义管控辖域的具体情况如何？为了加深对饰句语气词的认识，以及和其他唯句成分的语义管控辖域进行对比，本章第三节关于语气词“也罢”的研究中将会讨论这一问题。此外，语气词是汉语中主观性很强的词类，具有丰富的语用功能，第三节对于语气词“也罢”进行个案研究时会重点对此进行关注。

此外，值得注意的是，汉语中有一些语气词可以分布在句中，如分布在主语后或并列成分后等，这类句中语气词属于比较特殊的唯句成分，暂不纳入本书重点考察的范围。

第二节　从句末语气词的层次分布和句法属性看饰句语气词

一、句末语气词层次分布的代表观点

关于汉语句末语气词的层次分布问题的具体讨论，主要集中在生成语法学界。标句层的句末助词，已有文献讨论得比较多，也是学界关注的焦点。关于句末语气词是否能够分布在屈折层，近年来产生了一系列争鸣的文章，如黄国营（1994，2000）、Pan 和 Paul（2016）、Paul 和 Pan（2017）、Erlewine（2017）和 Pan（2018）等，这里我们仅选取代表性的观点进行介绍。

（一）黄国营

黄国营（1994）讨论了句末语气词在句法结构和语用结构上的层次问题。位于句子线性序列末端的语气词，因为处在句法结构和语用结构的不同层次上，所以起着不同的作用，标示不同的语义结构。黄国营以实际例句具体讨论了语气词在句中层次空间的复杂情况，表明句末语气词既可能属于全句，也可能只属于宾语小句，还可能是上两种情况的融合。黄国营认为语气词在句中可能进入的层次空间，与不同语气词的不同性质有关，与主句句型有关，与宾语小句句型有关。此外，对句末语气词层次地位的解释，黄国营提出了“行事语用成分删略”和“言语句型动态心理转换”的观点。

黄国营（2000）指出：“汉语语气或语气词不一定属于全句，其覆盖范围可能大于，亦可能小于句子。这一事实与语气属于全句的传统概念相悖。究其原因，就在于高层语用成分的存在。”黄国营对汉语句末语气的管控范围是否大于、小于或等于全句的讨论，为我们的研究提供了参考，但是其关于句末语气词的讨论只局限在单句中，忽略了句末语气词在大于单句或分句的更为复杂的句子中出现时的情况。

（二）Erlewine 和 Pan

Erlewine（2017）通过对汉语左缘结构里某些位置较低的句末助词（如“了”和“而已”）、主语、vP 内部某些功能词的辖域宽窄的比较，提出这些助词其实位于 vP 范围内，因而低于补词层（CP）。Pan（2018）从三个方面反驳了 Erlewine 的主要观点。首先，否定成分“不是”中的“是”应该分析为一个能带子句的独立谓词。当“是”正好带了一个由“了/而已”为中心语的子句 CP 时，这二者其实并不处于同一层次的子句内，从而就造成了句末助词低于否定成分“不是”的假象。其次，句首的 DP 并不能作谓词“是”的真实主语，而必须分析为整个句子的话题成分，这样又造成了“了”和“而已”的辖域低于主语的假象。第三，处于句首的疑问短语没有不定解读是因为“了”引出的存在算子“∃”只能处于低于主语的位子，因此，“∃”不能将主语位置上的疑问短语约束为变量，不能证明句末“了”一定低于主语。Pan 认为 Erlewine 的文章中关于“了”和“而已”低于 CP 的证据其实都是表层假象，而事实上二者仍然是位于 CP 的范围内而并非存在于 vP 层里。

我们认为，汉语大部分句末语气词是作用于全句的，也就是分布在标句层，我们将其称为饰句语气词。但也有少数表示句子时间因素的语气词，与动词的关系更密切，形式上虽位于句末，但实际上可视作分布在屈折层，这类句末语气词被称为饰谓语气词。下文我们将从多方面对汉语句末语气词的饰句和饰谓之别进行探讨。

二、句末语气词层次划分的依据及饰句语气词的特点

汉语饰句语气词和饰谓语气词在演变来源、功能表现、主观性和时间性四个方面具有明显的差异性，这也是汉语句末语气词分布层次不同的依据。通过这些角度的比较，我们可以更深入地揭示饰句语气词的饰句性特点。

（一）演变来源

饰句语气词和饰谓语气词在语音系统上具有明显的差异性。从句末语气词历时的衍生过程看，正如李小军（2013：283）所指出的，汉语的句末语气词大概来源于三个方面：其他实词、虚词的语法化、主观化；短语、跨层非短语的词汇化；音变衍生。饰句语气词一部分来源于音变衍生，具有声调性（tonality）。声调助词是一个没有明确的语义或指称意义的词，通过给它一个特定的声调来修饰整个话语（König，1991）。正如 Hilmisdóttir（2011）所声称的：声调助词的效果与语调、

重音模式和语序的效果相似。汉语的句末语气词实质上就是一种声调助词，一些学者认为语气词跟象声词具有同源性（邵敬敏，2019），如句末语气词“啊”可以出现在感叹句中，也可以出现在疑问句中，甚至可以出现在陈述句中，和拟声词“啊”发音相同，只存在细微的音高差别。汉语中有些单音节语气词是由“单音节语气词＋单音节语气词”或“双音节语气词＋单音节语气词”合音（syllabic contraction）而来的，如“吧（嚜＋啊）”“啦$_1$（了＋啊）”“喽（了＋哦）”“嘞（了＋哎）”“哪$_2$（呢＋啊）”“呗（吧＋哎/欸）”“啰（了＋噢）”“啵（吧＋哦）”“哪$_3$（着呢＋啊）”等（胡明扬，1981）。语气词合音现象实质上是语气词连用进一步发展的变体。连用的两个句末语气词融合为一个语气词就是其语音特殊性作用的结果。

汉语饰谓语气词不具有声调性，一般来自实词的语法化（如“了”）和词汇化（如“来着”“着呢”）。它们独用时，虽然处于句末，但语义主要指向谓语，表达谓语的时间特征。若与饰句语气词连用，则总是分布在最里层，相比较而言，距离谓语更近，这一分布特点符合“某个范畴和动词在概念上越相关，它的位置就离动词词根越近”（Bybee，1985）的原则。句子需要各种足量因素，饰谓语气词作为重要的表示时体的完句成分，使得句子的意志和意图得以顺利传达。

（二）功能表现

一些学者对句末语气词的功能进行了富有启发性的研究，如齐沪扬（2002：189）、王珏（2016）等。但从宏观或整体的角度对汉语句末语气词功能的全面把握，以及从微观角度对不同层级句末语气词功能差异性的细致区分，已有研究则有所忽视。我们认为，饰句语气词和饰谓语气词在句法功能上体现出差异性：饰句语气词的核心功能为情态功能，饰谓语气词的核心功能则是完句功能；饰句语气词具有较强的主观性，饰谓语气词则有较强的时间性。

1. 情态功能

饰句语气词是表达情态的典型语法手段，情态功能是其主要的句法功能。从内涵上看，汤廷池和汤志真（1997）认为情态指说话者对句子“命题内容”的观点（view point）或心态（mental attitude），包括对命题真伪（authentic）、认知（epistemic）、愿望（boulomaic）、义务（deontic）、评价（evaluative）、可能性（possibility）、盖然性（probability）、必然性（necessity）等的判断。饰句语气词的情态功能表现为使句子从由语调表现的静态语气转化为由语气词彰显的动态语气，增强了句子表达的语力。翟燕（2013：4—6）指出：静态的语气即句子语气，分为陈述、疑问、感叹、祈使四种，每一个具体的句子必然会拥有这四种语气中的一种；动态的语气相当于 Modality，其外化形式与说话人的情感、态度、意愿，以及语境的变化等密切相关，不是每个句子都会具有动态的语气。王珏（2013）提出双标句符假设，强调句调是句子的第一标句符或强制性标句符（C1），语气词是第二标句符或可选性标句符（C2），汉语句子结构在理论上可以概括为"［X+C1］±C2"公式，这一公式对人类语言的句子结构具有普遍性。句调是句子成句的必有因素，饰句语气词是句子成句的可有因素，其附加在句末的句法表现使其具有了情态功能，双标句符假设再一次印证了饰句语气词具有情态功能。我们来看以下例子：

（1）女人说："肚子疼，我这是老毛病了，一激动胃就痉挛的，你睡去吧！"庄之蝶要想说：我给你揉揉。但他没有说出口。手在怀里解着什么，抽出了孟云房给他的那神功保健药袋儿，说："你戴上这个吧。"（《废都》）

（2）这时，又一个家伙倒下了，他手中的枪飞到了很远的地方。我禁不住大叫起来："去捡枪啊，你这个傻瓜，去捡你的枪啊！"可他躺在那里一动不动，一点也不听我的命令。（《尘埃落定》）

（3）恭次说道。"我啊，我的名字不是叫阿樱吗？年轻那会儿，我还恨我父母呢，给我起了这么个讨厌的名字。樱花被当作军国主义象征了呢。"（《父亲的肖像》）

如果删除例（1）中表达建议语气的"吧"、例（2）中表达催促语气的"啊"、例（3）中表达提醒语气的"呢"，并不影响句子自足和语气表达，句子语气的表达靠句子语调完成。语气词"吧""啊""呢"的使用，使句子语气的表达从静态语气转化为动态语气，形式上具有主观性的语气标记的添加使句子存在情态功能，句末语气词使句子意愿表达有了直接的外化形式。

2. 完句功能

完句功能是饰谓语气词所具有的功能，主要指语气词的存在与否直接关系到句子是否自足。对语气词完句功能的讨论，大部分包含在句子完句成分的有关论述中，如孔令达（1994）、贺阳（1994）、黄南松

(1994)、金廷恩（1999)、司红霞（2003)、李泉（2006）等。一些对语气词专题讨论的文章中也提及语气词的完句功能，如齐沪扬（2002：199—205)、董丽梅、戴昭铭（2017)。但是，到底哪些语气词具有完句功能，已有研究尚无完全一致的意见。由于本章重点关注饰句语气词的饰句性，对于具有完句功能的饰谓语气词，暂不作深究，主要以几个公认的较为典型的语气词为例，比如具有时体义、程度义的“了”“来着”“着呢”等。这些语气词一方面在语义上主要指向谓语动词，同时又是句子成句必不可少的因素。就像孔令达（1994）所指出的那样：“语言事实证明，不表达时间概念的句子是不能自足的。”黄南松（1994）在讨论短语自主成句应具备的若干语法范畴时指出：“句子一般要具备时体范畴或功能语气范畴（疑问、反问、祈使、感叹等形式之所以能自主成句，也是因为它具备这几种语气形式)，有时甚至还要具备数量范畴、趋向范畴或情状范畴。”① 表示时体义、程度义的饰谓语气词出现在句子中，可以补足句子成句所需的信息量，从而使句子得以成立。而且，这类饰谓语气词往往可以替换为汉语中的时间名词、时间副词、程度副词等典型的句法成分。饰谓语气词是句子成句的必有因素，可以看作是使句子命题转化为句子的句标记（sentence marker)，句子成分变成句子的同时使句子语气有了形式标注。试比较下面例句：

(4) 他回家＊。

(5) 他回家<u>了</u>。

(6) 他的精神好＊。

(7) 他的精神好<u>着呢</u>。

例（4）“他回家”，具备了句子表达的基本句干成分，但缺少“昨天/今天/明天”等时间因素的表达，所以句子不能自足。对比之下，例（5）虽没有时间名词、时间副词等典型的时间词，但带有时间因素的语气词“了”，使得句子表达具有了时间概念，句子能够自足。例（6）缺少了句子成句的程度因素，例（7）句末语气词“着呢”的添加使得句子具有程度因素的同时还使得句子表达成立。

---

① 此外，根据司红霞（2003）和李泉（2006）对汉语完句成分的研究，我们对其进行了合并和归纳，将完句成分分为 10 个语法范畴：程度范畴、语气范畴、时体范畴、情态范畴、数量范畴、方所范畴、趋向范畴、结果范畴、指代范畴、关联范畴。和句末语气词相关的范畴主要有程度范畴和时体范畴。

3. 主观性

饰谓语气词和饰句语气词分布层次不同，在主观性方面也体现出差异性。句末语气词是汉语主观性很强的词类，在学界已形成共识，但是并没有太多学者对语气词的主观性差异进行系统的研究。一些学者尝试对主观量进行了研究[1]，张国宪（1996）把表达主观量的程度词分为微量、中量、高量和极量四个量级。李宇明（2000：112）明确指出主观量的语表手段包括加在句末的标记词，即“句末标”，并根据主观量的产生来源，主张把主观量分为四类：异态型主观量、直赋型主观量、夸张型主观量、感染型主观量。齐春红（2008：89）以主观量为标准，把语气副词分为主观疑惑量类、主观估价量类、接近主观大量类、主观大量类四类。这些有益的研究使得对句末语气词的主观性进行量化成为可能。我们在前人研究的基础上，根据句末语气词表达的语义、功能、辖域和语气，把语气词的主观性强弱分为三个量级：弱、中、强。汉语句末语气词的主观性是一个从弱逐渐过渡到强的过程。如图 2-1 所示：

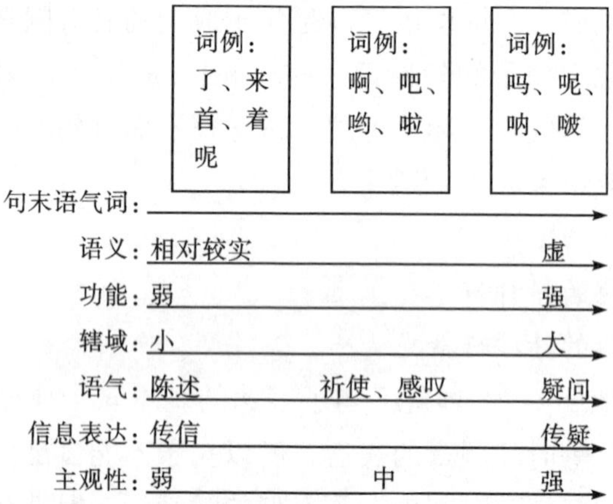

图 2-1　汉语句末语气词主观性强弱示意图

---

① 施关淦（1988）较早注意到主观量这一问题，指出“时间副词‘就’一般不能单独表示时间，也不表示一定的时量。它只表示说话者对于在某时发生了某事，或将于某时发生某事，在时间方面的一种主观的看法，正是在这种意义上，我们才把它看作副词的”。陈小荷（1994）明确提出“主观量”这一概念，认为“‘主观量’是含有主观评价意义的量，与‘客观量’相对立”。李宇明（2000：90）给主观量下的定义是：主观量是客观世界的量范畴在语言中的一种表现，是一种含有说话人主观评价的量。

句末语气词主观性量级跟其语义、功能、辖域、语气和信息表达等关系密切。正如方梅（1995）所观察的那样："语言成分的作用范围是有大小不同的。作用范围越小的，功能越具体，句法强制性越强；作用范围越大的，功能和意义越抽象，也就越多地体现出客观意义减弱、主观意义增强的特点。"例如，"了"等饰谓语气词语义相对较实、语法功能相对单一、辖域为句子的谓语，语气一般是陈述语气，主要表达确信类信息。饰句语气词，由于其语义较虚，语法功能较强，不参与句子实体的构造。饰句语气词作用的辖域为所在的句子，其表达的语气一般是非陈述性的，表达的信息是非确信类的，主观性较强。饰句语气词和饰谓语气词的主观性有明显的差异，不同的饰句语气词之间的主观性也存在差异，例如：主要表达陈述语气的句末语气词（如"了"）的主观性最弱；主要表达疑问语气的句末语气词（如"吗""呢"）主观性最强；主要表达感叹或祈使语气的句末语气词（如"啊""吧"）的主观性位于主观小量和主观大量之间①。如下面例句：

（8）妈妈市场买菜了。

（9）这里的风景真美啊！

（10）难道他不应该对这件事负责吗？

如例（8）所示，"了"是句子中的时间标记，主观性并不显著。例（9）中表感叹的语气词"啊"带有明显主观性，感叹的语气突出"风景美"。例（10）中表诘问的语气词"吗"，主观色彩强烈，强调"他应该对这件事负责"。

4. 时间性

饰句语气词和饰谓语气词在时间性方面也表现出较大差异。分布句子层的饰句语气词一般不具有时间性，基本不参与时间的建构，而且还会解构事件的时间性。有时饰句语气词所在的句子也不具有时间性，或者时间特征具有不确定性。饰谓语气词一般带有时体性，参与

① 当然，这是就整体情况而言。具体到某一个语气词，可能存在多种用法，如"啊"可以分别用于陈述句、祈使句、感叹句和疑问句，这些不同用法中，其主观性也存在强弱之别。饰句语气词中除了"的"主要表达陈述语气是个例外（也包括不太常用、与之功能相似的"嘛""啰""咯"等），其他语气词有的虽也可以表达陈述语气，但一般不是其最典型用法。"的"等虽然主要表达陈述语气，具有传信功能，与饰谓语气词相近，但在辖域大小、语义虚实、主观性强弱等方面则更接近饰句语气词而与饰谓语气词不同。

句子时间性表达的建构，使原有不带时间性的句干成分具有了成句的时间因素，或者跟带有时间性的句干成分连用，强化时间性表达。现代汉语的时间系统包含时制、时体等，它们纵横交错，组成一个统一的综合系统。在汉语的时制方面，主要包括现在时、过去时和将来时。饰句语气词所在句的时间可以是现在时，也可以是过去时和将来时，有时时间性不显著，而饰谓语气词所在句的事件发生时间往往为过去时。"吗""呢""吧"等句末语气词不参加句子的时间表达，所以所在句子可以是将来的、尚未发生的事件，不受客观事实的强制性约束，给予了说话人更多的主观色彩的赋予空间，能够出现在将来时和过去时的语句中。"了""来着"等时间类句末语气词所在句往往表达的是已经发生的客观事实，其主观性表达并不十分典型，语义和语法层面的建构性和参与度较强。在时体方面，饰谓语气词常常可以和表达完成体的词语连用，共同表达时体，也说明了汉语时体结合的明显性；饰句语气词则可以分布在表达完成体、持续体、起始体、继续体等各种时体句的句末，例如：

（11）我昨天已经去过故宫了。

（12）你去杭州看看父亲吧。

（13）你的外套真漂亮啊！

例（11）中句末语气词"了"的使用是对已然性谓语"去过"的确认，二者都表达过去时，时间表达具有一致性，形成了匹配。例（12）语气词"吧"的使用具有建议的口吻，"你去杭州去看看父亲"是尚未发生的非现实性事件，共同表达将来时。例（13）语气词"啊"表达感叹之情，不带有任何实体特征，句子也不带有时间性，只是对客观事物进行了描述。

句末语气词的时间性特征具体表现如表 2-1 所示。

表 2-1　饰句语气词和饰谓语气词的时间性特征差异

	时制			时体				
句末语气词	现在时	过去时	将来时	完成体	持续体	起始体	继续体	非时间性
饰句语气词	＋	＋	＋	＋	＋	＋	＋	＋
饰谓语气词	－	＋	－	＋	－	－	－	－

三、饰句语气词的修饰性

Erlewine（2017）认为汉语句末语气词不应该为右接副词，原因有三个：第一，句末语气词是一个小的、封闭的词类；第二，汉语的句法结构中的附接副词不能线性化地出现在右向；第三，三类句末语气词呈现互补分布的状态。我们认为汉语的句末语气词区别于大多数右接（也就是我们通常所说的“前置”）副词或关联连词，是具有修饰性的后置性附加成分，其修饰性可以通过跟汉语传统修饰语、语气副词及跨语言的句末语气词的对比中得到佐证。本节重点研究饰句语气词的修饰性问题，以下如无特别说明，句末语气词一般都特指饰句语气词。

（一）句末语气词和传统修饰语

戴维·克里斯特尔（David Crystal）编、沈家煊译的《现代语言学词典》对“修饰关系（modification）”的解释为“一个语法单位依附于另一个语法单位的依存关系”。从修饰语的本质看，汉语传统的修饰语是句子中另一个语法单位的附加成分或附加语（黎锦熙，1992/1924；王力，1943；吕叔湘、朱德熙，2013/1952），句末语气词就是在句末的附加成分。从递层修饰的方向看，如 Erlewine（2017）所言，汉语的传统修饰语是左向递层修饰，而句末语气词呈右向递层修饰。但是传统的修饰语和句末语气词都是分布在最外层的成分修饰内层成分，即最内层语气词修饰其前成分，其后句末语气词再修饰包括其前语气词在内的成分，二者在修饰的本质上殊途同归。而且，汉语的传统修饰语也有后置修饰的现象，如述补结构就是修饰成分后置，被饰成分在前的修饰现象。

从句法贡献度（semantic contribution）看，传统修饰语可以是句法组合中的可有成分（non-essential element），也可以是必有成分（essential element），如“数量词＋名词（修饰成分＋被修饰成分）”句法组合，一些数量词在上述组合中是可有可无的成分，但某些句法组合没有数量词就不能成立或是“不自由”的（沈家煊，1995）。再如饰句副词一般是句子的可有成分，饰谓副词是句子构造的实质性语法成分。就句末语气词而言，一般来说，饰句语气词是可有修饰语，修饰所在句子，在句子中省略与否并不影响句子自足；饰谓语气词则是必有修饰语，修饰所在句的谓语，是句子成句的必备成分。典型的例子如下：

(14) 他昨天到了。

(15) 我们一起学习吧。

例（14）中的“了”是句子的必有成分，不能省略，修饰其前谓语“到”。例（15）中的“吧”修饰其前自足句子“我们一起学习”，省略后并不影响句子表达。通过对比，可知“了”和“吧”的句法贡献度不同。分布层次的不同是造成二者句法贡献度差异的原因。

从分布的句法位置看，句末语气词所处的句末位置符合句子修饰成分分布的典型位置。Croft（1990）指出，类型学的材料显示出这样一个明显的趋势：……大多数语言都把动词修饰语放在动词旁边，而整个句子的修饰语则经常放在句子的头一两个位置或句尾。以语气词的句法位置为参考坐标，如饰谓语气词中的时间类句末语气词“了”是句子的完句成分，在句子成分的分布序列中，往往紧挨谓语动词，特别是时间类句末语气词和其他句末语气词连用时，时间类句末语气词总是位于其他类语气词之前，更接近句子的谓语动词。饰句语气词中的感情类句末语气词，其前部分是各种语法实体构成的自足句子（sentence），它们语义自足、自成整体，在其前句子的“孤立”下，成为在句子生成的最后一道程序中附加上去的非核心句法成分，其句法位置距离谓语较远，以后置的形式修饰其前句子。比如以下例句：

(16) 花轿过来了！真好看呀！

(17) 他刚才淋雨了啊，他将会感冒的。

例（16）中，“了”修饰其前句子中的谓语“过来”，“呀”修饰省略了主语的句子“真好看”。例（17）中，“了”修饰其前的谓语“淋雨”，“啊”修饰包括“了”在内的其前句子“他刚才淋雨了”，“的”修饰其前句子“他将会感冒”。

从连用规律看，句末语气词跟传统修饰语的连用一样具有规律性，其右向连用层级大致分为三层（Chao，1968；胡明扬，1981；朱德熙，1982：208），每一层级的分布固定，而且句末语气词只存在内部不同语气词之间连用的现象，Erlewine（2017）认为这种规律性的分布具有互补性。实际上，汉语中其他修饰语连用时也遵循严格的排列位序，只不过这些传统的修饰语连用时往往并非只来自一个词类或同一级层的语法单位，连用时不像句末语气词那样制约性很强。在连用项数上，汉语普通话的句末语气词连续连用一般不超过3个，传统修饰语理论上其连用项数不限，但在实际的语言中出现的项数是有限的。句末语气词的连续连用项数与语气词数量的丰富性密切相关，语气词数量越丰富，连用能力（linking capability）越强，比如方言语气词连续连用可达6个之多（涂光禄，1993）。在本质上，句末语气词和传统修饰语一样具有相同的连用能力，不能以连用项数的多寡来否定。此外，从句末语气词连用的音节形式看，形成了"单音节语气词＋单音节语气词""双音节语气词＋单音节语气词""双音节语气词＋双音节语气词"等多种不同的连用形式①。例如以下句子：

（18）我去年那一个在小组会上谈过的属于理论构思范畴的以学生为中心进行开放式教学的粗浅想法，不知您是否同意？（邢福义，1996：94）

（19）你保证了的啊。

例（18）反映了汉语中八种定语的排列位序，即领属—时地—指别（这/那）—数量—行为—断事—涵义—性状。从词类角度看，有名词、动词、形容词、代词等；从语法单位上看，有词语有短语。这共同构成了八种不同定语的排列位序。例（19）中出现了三个句末语气词"了""的""啊"右向递层连用的情况，跟例（18）汉语定语的连用和排序在本质上具有相似性。

（二）句末语气词和语气副词

句子序列中的不同成分往往处于一种动态的互动关系中，词语的性质一定程度上可以通过与之共现或照应的词语得到定性，我们称之为"词语性质互证"理论，这种性质的互证主要从位置的照应性和功能的相似性两个方面得以验证。汉语句末语气词的修饰性可以通过跟其句法属性相似的语气副词得以体现。王力（1946：231）认为"语气副词和语气词的不同，完全是词的位置上的关系。语气词的位置在全句句末，

① 齐沪扬（2002：179）认为在相当多的工具书和文本语料中没有找到双音节语气词连用的例子，并主张对语气词连用问题的讨论应该局限在单音节语气词的范围内。我们通过对语料的搜检发现双音节语气词虽不像单音节语气词连用那样具有普遍性，但双音节语气词"罢了""来着"和其他语气词的连用，在一定程度上说明"双音节语气＋单音节/双音节语气词"在人们的语言生活中连续连用并非完全不可能。

语气副词却居于谓语或主语的前面”。该观点虽有些绝对，但至少说明语气副词和语气词具有相似性。此外，从类型学的角度看，Dohi（2020）指出意大利语句子的句首副词与句末的语气词有着非常相似的特征。尤其从句法位置的角度看，一些语言的语气副词可以从句首后置到句末，例如汉语、英语（Jackendoff，1972：50；Dixon，2005：386）、西班牙语（Chafloque，2014）等，一些语言的句末语气词也可以前置到句首，如日语的一些句末语气词如“ne”“yo”可以从句末前移到句首（Dohi，2020）。因此，通过语气副词认识句末语气词的句法属性具有可行性。

1. 位置照应

汉语学界认为分布在句子的头一两个位置的语气副词和句尾的语气词存在整齐的镜像对称关系，古川裕（1989）在考察现代汉语中修饰“是”的副词的情况时指出，句中副词 F（指的是语气副词）和句末语气词 Y，这两类虚词的小类构成以谓语为中心点的对称关系（symmetricrelation）。张亚军（2002：43—44）认为现代汉语中存在着有趣的前后呼应的镜像现象，以谓词（动词/形容词）为中心，后有句末语气词，前有句中语气成分，这两种语气成分都可以表达语气和情态。一些学者还研究了关于副词和语气词连用的句子或句式，如“副词＋语气词”句（陆俭明，1983）、“还 NP 呢”句式（王彦杰，2010）等。一般来说，这种对称关系主要体现为句子的头一两个位置的饰句语气副词和分布在句末的饰句语气词形成首尾镜像照应现象（如“幸亏……啊”“也许……吧”“莫非……不成”等）。因此，从句法位置的分布看，句末语气词的修饰性可以从与之首尾镜像照应分布的语气副词得到定性。当修饰辖域大于 1 个小句时，饰句语气词常常成为标志饰句语气副词修饰辖域终止的标记，二者照应性更为明显，例如：

（20）幸亏当时他们筹了钱啊！

（21）想必你已经想过，打算过了吧？

例（20）的饰句语气副词“幸亏”和句末饰句语气词“啊”，修饰其间句子“当时我们筹了钱”。例（21）的“想必”和语气词“吧”共同构成了揣测类饰句框架，句末“吧”的出现标志着“想必”修饰辖域的结束。

2. 功能相似

汉语语气词和语气副词具有功能相似性。句末语气词和语气副词都具有主观性，为二者的功能相似提供了条件。在具体的语篇中，语气词往往和语气副词断续连用，共同表达情态。语气副词的功能较为单一固定。关于语气词的功能，学界则存有“多功能”（吕叔湘，1982/1942）和“单功能”（郭锡良，1989）说，但可以肯定的是，同一语气词分布在不同的句子中，其功能存在差异性，所以连用的语气词和语气副词都实现了功能的择一性匹配，如例（22）至例（25）所示：

（22）你要是死了，我替你收尸啊。

（23）她无法帮助对方，她也很难受啊。

（24）幸亏你来了啊，要不然后果不堪设想。

（25）原来你们明天出发啊。

例（22）的“啊”表示责备；例（23）的“啊”表示申明或解释；例（24）庆幸类语气副词“幸亏”和表慨叹的语气词“啊”共现，二者都可以表达感叹，强调“你来了”的重要性；例（25）“原来”表示发现了新情况，“啊”表轻度疑问，二者首尾照应，实现了情态功能的匹配。

此外，二者功能的相似和匹配在形式上可以直接体现为其间的被饰内容省略，即语气副词和句末语气词连续连用。这主要以饰句语气副词和饰句语气词的连续连用为主，如“何必呢”“难怪呢”“也许吧”“当然了”等。修饰框架中省略的句子往往可以在上文找到对应性的内容，如例（26）和（27）所示：

（26）你让你姐算了吧，为这点小事麻烦人家，何必呢？

（27）A：这些人的传记你都认真读过？

B：当然了。

例（26）中，“何必”和“呢”之间省略的句子根据语境可补出为“你姐为这点小事麻烦人家”。例（27）中，“当然”是饰句语气副词，“了”是典型的饰谓语气词，然而，需要注意的是二者的连用似乎形成了错配，根据语境可知，句末已经出现了具有完句功能的时态助词的“过”，所以这里的“了”可以理解为饰句语气词。

句末语气词和语气副词都具有修饰性，位置具有照应性，功能具有相似性，在分布层级上实现了完美的匹配。需要说明的是，句末语气词的修饰性可以从与之句法属性相同的语气副词中得出，但这并不意味着句末语气词和语气副词性质完全一致。一般来说，从篇章的角度看，在句子的分布序列中，起始位置比最终位置的成分更容易具有篇章联结功能，如饰句语气副词、连词等，但位于句子末尾的语气词也具有一定的联结功能。汉语是句尾焦点型语言，语气词是句尾焦点所在，句末语气词是一种主观性很强的语言成分，说话人使用语气词表达表意重点的同时也希望能引起听话人关注并得到及时反馈，这使得句末语气词具有篇章衔接功能。饰句语气副词衔接的内容往往就是所修饰的辖域，二者具有高度吻合性，而句末语气词衔接的内容是其后的句子，和其所修饰的辖域具有背向性。这似乎显得语气词具有离散性。也许这意味着语气副词和语气词功能极具相似性，但是在句法属性的定性方面，语气副词理所当然地被汉语学界定性为充当句子状语的典型句法成分，而语气词在层次划分中通常直接被排除出去，认为其不能充当句法成分。

此外，有不少语言将句末语气词定性为修饰语，这为我们把汉语句末语气词定性为修饰语提供了跨语言的证据。如 Hilmisdóttir（2011）指出，冰岛语语气词“nú”，作为句法功能的组成部分出现，没有任何明确的指称意义，而是通过赋予一定的语气来修饰话语。

简而言之，通过对汉语传统修饰语、语气副词及跨语言的句末语气词的对比，可以得出汉语句末饰句语气词具有修饰性。至此，根据句末语气词的层次分布和句法属性，我们认为汉语的句末语气词是横跨短语层和句子层，附加在句末，修饰其前句子或谓语使整个句子具有了语气修饰的句法成分。

四、饰句语气词的理论思考

本节首先梳理了关于句末语气词层次分布的相关研究，其次从演变来源、句法功能、主观性和时间性的角度，比较饰句语气词和饰谓语气词的差异，凸显了饰句语气词的若干特点。从演变来源上看，饰句语气词一般来源于音变衍生，具有声调性（如“啊”“呀”）；饰谓语气词一般来自实词的语法化（如“了”）和词汇化（如“来着”）。从句法功能上看，情态功能和完句功能分别是饰句语气词和饰谓语气词的主要功能。从主观性上看，层次分布不同，句末语气词的主观性强弱也不同，饰句语气词的主观性较强，饰谓语气词的主观性较弱。从时间性上看，饰谓语气词一般带有时体性，参与句子时间性表达，饰句语气词则一般不具有时体性。本节还描述并论证了以饰句语气词为代表的汉语句末语气词的句法属性具有修饰性。汉语的句末语气词区别于大多数前置性副词或关联连词，是具有修饰性的后置性附加成分，其修饰性可以通过跟汉语传统修饰语、语气副词及跨语言的句末语气词的对比得到佐证。

通过本节的研究，我们对汉语句末语气词的层次分布、句法属性及饰句语气词所体现的汉语修饰关系等有了一些新的思考。

第一，汉语句末语气词主要集中分布在句子层和短语层，句子层的即饰句语气词，以非时间类句末语气词为主，不参与实质性句法构造的句末语气词基本上都分布在句子层。这样的层次分布在句末语气词的演变来源、句法功能、主观性和时间性方面都得到了合理性支撑。此外，根据邓思颖（2019）的观点：普通话的“法”应分析为事件类句末助词，位处词汇层次。那么，汉语句末语气词在短语层（屈折层）、词汇层和标句层（句子层）都有分布，具有语言类型学特征，为其他语言的语气词研究提供了类型学标本。

第二，汉语词类的划分常常基于语法特征，如邢福义（2003：282）根据介词短语在句中与哪种成分有关，把介词分为涉动介词和涉形介词。但对语气词的分类，目前还较为缺乏深入研究，多是从句法位置、语音变化或音节构成等角度进行分类（张谊生，2000：266—267）。本节通过对句末语气词的考察，根据层次分布和句法属性等特征，将句末语气词分为饰句语气词和饰谓语气词。根据语法的演变规律，语气副词内部呈现为饰谓语气副词逐渐虚化为饰句语气副词的发展趋势，理论上句末语气词的发展也会呈现这样的发展态势，只是饰谓句末语气词和饰句句末语气词的发展演变存在较大差异，不具有同源性，那么，句末语气词内部的发展走势到底如何，需要语言实践的进一步检验。

由此也引发出另外一个问题：语气词的句法位置并不只分布在句末，还可以位于句中，那么，句中语气词和句子的关系又如何？或者说句中语气词是否具有语法属性，又该怎样定性？朱德熙（1982：214）、贺阳（1994）、张谊生（2000：281）、齐沪扬（2002：145）等认为句中语气词既是停顿标记又兼表语气；Tsao（1979）、胡明扬（1981）等认为句中语气词是话题标记或主语标记；方梅（1994）认为句中语气词是反映句子次要信息和重要信息划分的“主位-述位”结构的标志；我们认为当语气词位于句中时已经不再是典型语气词，而是在句子中标志其前成分性质或前后成分关系的标记语。在形式上，句中语气词不能无条件还原到句末，句中语气词有时不能省略，省略后要添加一定的标点符号，或原来句中语气词后面的标点符号要进行修改，且其后的标点符号一般只能是逗号和顿号等句中点号。在功能上，句中语气词变成了具有多种功能的标记语，例如：

(28) 整天按时与报纸啦，书啦，笔墨啦，盆景啦，金鱼啦，电视机啦打交道，也太规矩了点，规矩得人嗓子下面空荡荡的。(《傍晚邮件》)

(29) 诗歌啦，美学啦，都值得重新研究。

(30) 我觉得吧，今天可以穿一件外套。

以上例中的句中语气词“啦”，虽然给话语增添了轻松舒缓的语气，但表语气的作用已退居次要地位，不再适合看作典型语气词。其中，例(28)的“啦”是句中停顿标记，尤其“电视机啦打交道”中的“啦”后接句法成分，然而汉语典型的句末语气词后面是不能出现任何句法成分的。如果去掉“报纸啦，书啦，……”中的“啦”，那么“报纸”“书”等并列项词语之间必须加上表示停顿的标点符号。在例(29)中，“啦”附加在多个并列的主语或话题之后，着眼于语气词“啦”其前成分的性质，“啦”可被视为话题标记或主语标记，也可以表达停顿。像例(28)一样，例(29)中的“啦”删除后，并不影响句子表达，但是，其后的标点符号必须由逗号改为顿号，标示明确的并列关系。在例(30)中，“吧”前不是表示主题或主语的成分，而是体现说话人想法、态度的插入语，“吧”在这里是反映句子次要信息和重要信息划分的“主位-述位”结构的标志。

关于句中语气词的性质，以上是我们一点粗浅的思考，我们将在以后的研究中持续进行调查和论证。但不管其性质与句末语气词有何不同，它是否属于典型的语气词，并非本书关注的主要内容。从其基本功能来看，它们仍属于唯句成分。因为它们的各种功能，无论是句中停顿标记，还是话题标记或主语标记，或是反映句子次要信息和重要信息划分的“主位-述位”结构的标记，都只出现于句子层面而不出现于短语层面。相对于句末语气词的饰句性，句中语气词的唯句特点可概括为“标句性”，它们是句子中特有的语用成分。由于它们在唯句成分中属于数量较少、较为特殊的成员，本书不将其作为重点研究对象。

第三，汉语传统的修饰结构（modifier structure）常常是修饰成分

(modifier) 在前、被修饰成分在后，如定中关系和状中关系，也有被修饰成分在前、修饰成分后置的现象，如述补关系，句末语气词作为后置修饰语，修饰其前的句子或句子中的谓语，丰富了汉语中的后置修饰语现象。学界对汉语修饰关系的认知常常固定在句子内部或短语层面，这种“修饰”是传统意义的词语对词语的修饰，而句末语气词的修饰性既有词语对词语的修饰，又有词语对句子的修饰，横跨短语层面和句子层面。和传统的修饰语相比，语气词的修饰内涵并非指对陈述进行描写或对指称进行限定，而指的是句末语气词的添加使整个句子具有了语气。而且语气词和语气副词形成了严格的、匹配的修饰框架，二者的句法位置具有照应性，情态功能具有融合性和分布层级的一致性等。从语法层级上，汉语的修饰语可以分为句子修饰语和成分修饰语，而从句法位置上，可以进一步分为前修饰语（如语气副词）和后修饰语（如句末语气词），形成了前加后附、前后照应的修饰现象。汉语中的修饰现象较为复杂，特别是句子修饰语的研究一直相对薄弱，因此，对句末语气词的修饰性研究在一定程度上可以丰富句子修饰语的相关理论。

第三节　句末语气词“也罢”的饰句性及相关问题

关于“也罢（……也罢……也罢）”的词性界定，学界主要有以下观点。

第一，大部分权威辞书认为“也罢（……也罢……也罢）”是助词，如《现代汉语虚词例释》（1982 年版）、《现代汉语虚词词典》（侯学超编）、《现代汉语八百词（增订本）》、《现代汉语词典（第 7 版）》、《汉语大词典》等认为“也罢”是助词。王力（1985）认为“也罢”是语气复合词。雷冬平和胡丽珍（2008）指出，“‘也罢’语气助词功能形成于元代，因其对举‘……也罢，……也罢’连用而形成，表示事情的结果不会因为出现的情况而改变，相当于‘无论……也……’或者‘不管……都……’句式所表达的句法语义，是整个句式省略融缩的结果”。翟燕（2013：115）把“也罢”归入到语气词中，因为语气词中不乏这种对举使用表列举的例子，如“哇”“哪”“哩”“咧”等。王珏（2014）指出谓词“也罢”是语气词“也罢”的源点词。

第二，一些学者认为“也罢”是连词。史有为（1992）认为这种处在所连接成分后面的词语，如“也罢”，应该看作连词，可以叫作后置连词。周刚（2002：18—20）对汉语的后置连词进行了归纳总结，认为“也罢（……也罢……也罢）”是后置连词，原因是“也罢”单用形式不能单说，必须以双用形式出现，表示相容的选择关系。

第三，一些学者采用动态的观点看待“也罢”的词性，根据“也罢”的语法化情况，认为“也罢”是助词和连词的兼类词，或词语和短语的一体化，如张谊生（2000：150）认为成对使用的“也罢”是连词，起连接作用，表示相容性选择，单用的“也罢”是语气词，表示容忍的委婉语气。石吉梦（2008）认为单说的“也罢”为表容让语气的状中短语，用于句末的“也罢”是表容让语气的语气词，连用的“也罢”表无条件意义的关联功能。张莹（2010）认为“也罢”的语法化过程经历了三个阶段，从状中结构“也＋罢”演变为语气助词“也罢”，连用格式的助词功能一定程度上减弱，其关联前后两个小句的功能上升为首要功能，再演变为后置性的框架式并列连词“……也罢……也罢”，属于连词域外的其他语言成分语法化而来的并列连词。卢烈红（2013）认为现代汉语中单用、连续叠用、隔开配对使用这三种形式的“也罢”按语法性质可分单用和连续叠用，都是表容忍，意为“也就算了”“也行”，其中的“罢”还有实在的词汇意义，因此，“也罢”还宜视为两个词的组合，不能认定为助词，隔开配对使用的“也罢”可认定为助词。

此外，也有一些学者持其他观点。孙锡信（1999：4）和于江（2003）称之为语气短语词。王启龙（2004）则认为“也罢”无论连用或者单用都是谓语，不必算成助词。

可见，学界对“也罢”的分类和词性的认识并不统一。典型的句末语气词“吗”“吧”“呢”“啊”“的”“了”等，虽然学界对其功能的具体概括尚存一些争议，但对其基本特点的认识还是比较明确的。因此，作为本章的个案研究部分，暂不讨论上述典型的句末语气词，而以研究相对较少、情况较为特殊的“也罢”作为考察对象。我们认为连用的“也罢”属于助词，准确来说是语气助词，也就是语气词。本节将从“也罢”的形式特征、词汇化、语义管控对象、分布语境等角度对“也罢”语气词的词类性质进行分析，并考察“也罢”的饰句性及语用功能、话题标记功能等。

一、“也罢”的词类性质与饰句性

下面我们将运用对比的方法，从形式和功能相结合的角度对“也罢”的词类性质进行界定。

（一）“也罢”的形式和用法

“也罢”意为“任何情况下都如此”，跟无条件让步关联词语表达的语义基本相同，而且汉语句末语气词从来没有像“也罢”这样配对连用的格式，似乎将“也罢”归入连词范畴内更具有合理性。但是，“也罢”在分布位置及功能用法等方面跟语气词具有一致性。汉语有些语气词既可以分布在句末也可以分布在句中，分布在句末的语气词是典型的语气词，分布在句中的语气词常常被视为话题标记、停顿标记等句中标记语，这点在上一节已详细交代。“也罢”也具有两种类似于句末语气词和句中语气词的用法，我们将两种用法的“也罢”分别称为句末语气词和句中标记语。“也罢”的后一种用法，其功能表现跟句中语气词具有一致性，可以充当停顿标记、话题标记、主语标记或“主位-述位”标记等。因此，只有句末语气词“也罢”才具有饰句性，属于饰句语气词。尽管“也罢”充当句末语气词和句中标记语时在形式上都可以位于主体部分之后，但是在使用上会有明显的区别。当“也罢”充当句中标记语时，其前内容一般是小于句子的构句成分，站在整个句子的角度，其句法位置是句中。当“也罢”作为句末语气词时，其前内容一般则是主谓句等基本句法成分完整的小句，多体现为复句中的分句，从整个小句的角度，其句法位置是句末，例如：

（31）他卖的也不过是些针线啦，梳子啦，雪花膏啦一类女人用的东西。（邢福义，2003：286）

（32）宾馆里也罢饭店里也罢招待所里也罢餐馆也罢，公吃也罢私吃也罢吃他人也罢吃自家也罢，一个个吃得红光满面、满嘴流油不说，离席时桌面上还大大“留油”“身首俱在”的香酥鸡、犹存“半壁江山”的清蒸鱼、整盏半杯的“杯中酒”……前不久，报上披露，有的个体户用“地沟油”炸油饼油条坑害群众，闻者无不愤然。（《北京日报》）

（33）然而近几年来，买书也罢读书也罢，不但没有往日的那

种飘然欲醉的滋味，且平添了一些苦涩与忧伤。(《长江日报》)

(34) 房子宽敞也罢，衣食简单也罢，他都看得很淡。他心中只流淌着一条河。那是大运河，他终日讴歌的母亲河，因为他是大运河的儿子。(《报刊精选》)

例（31）中，“啦”是停顿标记，“啦”用在并列成分的后面，表示列举；例（32）和例（33）中的“也罢”也表示列举，其前成分都是句内成分。上述几例中，“啦”和“也罢”都位于句中，属于句中标记语。例（34）中，两个连用的“也罢”其前都是主谓完整的小句“房子宽敞”和“衣食简单”，它们均为复句中的分句，“也罢”位于分句句末，属于句末语气词。

（二）“也罢”的词汇化

从词汇化的角度看，贺阳（2012）指出跨层整合是词汇化的方式之一，实现跨层整合的通常是“实词＋虚词”或“虚词＋虚词”的线性序列，整合的结果多为虚词。很多连词都是跨层整合而来的，如“否则”“因而”“至于”等。卢烈红（2013）指出，“也罢”词汇化的线性序列为“虚词＋实词”，“也罢”的词汇化线性序列和一般连词的词汇化线性序列不一样。此外，“也罢”的词汇化跟句末语气词“便是”“就是”具有相似性。刘顺（2014）认为“便是（了）”形成于元末明初，它是在谓语位置上通过语用推理、吸收语境义、不断词汇化和语法化而产生的，后来句末语气词“就是（了）”实现了对“便是（了）”的替代。“就是”是连词和语气助词的兼类词，但当“就是”充当连词时，只能分布在句首，充当句末语气词时只能分布在句末。“也罢”主要分布在句末，跟句末语气词“就是”的句法位置分布具有相同之处。因此，从词汇化的角度看，配对连用的“也罢”是句末语气词。

（三）“也罢”的语义管控对象

从语义管控对象来看，用于分句句末的“也罢”区别于典型的连词。连词可以分为词语连词和句间连词（邢福义，2003：284），配对连用的“也罢”在形式上跟句间连词更为近似，但是形式不是判定“也罢”词类性质的唯一标准。为了更准确地进行性质界定，需要形式和功能的双重验证。从功能上看，“也罢”语义管控的对象往往都是位于其前的成分，既可以是句法成分较为齐全的完整小句，也可以是由单个名词或名词性短语等结构较为简短的类似名词独用句的形式。而且，“也罢”配对连用时语义管控的对象基本上是语义相反或相对的范畴，从单个“也罢”的管控对象来看，其表义内容具有单一性和局限性，例如：

(35) 命也罢，债也罢，那是芊芊的命，那是芊芊的债，让她去过她的命，去还她的债吧！你什么都看到了，他们两个，就这样豁出去了！好像除了彼此之外，天地万物都没有了！这样的感情，我们做父母的，就算不了解，但是，也别做孩子的刽子手吧！(《水云间》)

(36)“有的，我们的名字是政党。”“好吧，政党也罢，别的名字也罢，反正到了我们这里改称为哄。”(《猫城记》)

(37) 离开北平也罢，上海也罢，汉口也罢，二奶奶可不在乎。(《鼓书艺人》)

(38) 又琳默然片刻，忍不住又说：“我在这里再住几天，就要回北京了！世纬，你跟我回去也罢，你不跟我回去也罢！这是另外一个问题！你在这儿的所作所为，是不是像你自己想象的那么有价值，倒值得你好好检讨！说不定，你对傅伯母所做的一切，是爱之适以害之！想想看吧！”(《青青河边草》)

例（35）中，“也罢”语义管控的对象为单音节名词独用句“命”和“债”，而且“也罢”对它们具有语气修饰功能。例（36）中，“也罢”语义管控的对象是名词“政党”和名词性短语“别的名字”。例（37）中，“也罢”语义管控的对象表面上是双音节名词“北平”“上海”和“汉口”，实际上是句子“离开北平”“离开上海”和“离开汉口”。例（38）中，“也罢”语义管控的对象是句子“你跟我回去”和“你不跟我回去”。以上四个例子中，配对连用的“也罢”所管控的语义对象基本上都是语义相反或相对的范畴，单独来看只能代表不同情况中的一种，合起来看则具有遍指性意义，并具有一种无所谓的语气。

我们对“也罢”语义管控的对象进行了考察，选取了500个用例，其语义管控情况如表2-2所示。

表 2-2 “也罢”的语义管控对象和管控辖域情况

句末语气词	语义管控对象		语义管控辖域	
“也罢”	名词性独词句	构句成分齐全的常规句	1 个小句	大于 1 个小句
	413（82.6%）	87（17.4%）	487（97.4%）	13（2.6%）

由表 2-2 可见，“也罢”的语义管控对象为名词性独词句的用例为 413 例，占比为 82.6%，管控对象为构句成分齐全的常规句的用例为 87 例，占比为 17.4%。“也罢”语义管控辖域为 1 个小句的用例为 487 例，占比为 97.4%，大于 1 个小句的用例为 13 例，占比为 2.6%。可见，在语义管控对象上以名词性独词句为主，在语义管控辖域上以 1 个小句为主。

（四）“也罢”分布的语境

卢烈红（2013）指出配对使用的“也罢”分布的句法环境有四种：（1）居复句的前部，后有后续句；（2）句子前部有“别管他”“管他”“不管”“无论”等起排除条件作用的词语，或后续句有表示充足条件的词语如“只要”，有时后续句还有表总括的词语“总”“都”等；（3）仅后续句有“总”“横竖”等表示总括的词语；（4）用在反诘句中。这四种，第一种是强制性的，即所有这种用法的“也罢”必须这样，后三种则是选择性的。从动态的角度看，配对使用的表容忍的“也罢”就是在这一类句法环境中虚化，发展出任何情况下都如此之义。

据此，可得出如下两点认识：首先，从上述前三条句法环境看，直到现代汉语中，“也罢”依然常常跟“不管”“无论”“总”等表达让步的连词连用，这样，如果将句末的“也罢”也看作连词，它就和表达让步的连词起到了双重连接作用，并不符合语言表达的经济性原则。其次，从上述最后一条语境看，“也罢”分布的句法语境和反诘问语气密切相关，然而，汉语的连词一般只表达关联作用，几乎没有连词分布在反诘问等相关的问句中。可见，从“也罢”分布的语境来看，将“也罢”归入句末语气词较为恰当。

因此，根据对“也罢”的形式特征、词汇化、语义管控对象，以及分布语境等多因素的考察，我们认为“也罢”为表达语气的句末助词，即句末语气词，而非后置连词。

需要进一步说明的是，根据上一节对句末语气词的句法属性和层次分布的考察，结合“也罢”的使用情况，“也罢”应是饰句语气词，而非饰谓语气词。“也罢”其前的语义管控对象，也就是“也罢”修饰的对象，常常是由简单的词语或短语组成的，并非“主谓宾”等常规成分齐全的句子，似乎具有特殊性。我们认为这主要跟“也罢”的词汇化程度密切相关，因为跨层形式的“也罢”是副词和动词的结合，“罢”是不及物动词，词汇化后的“也罢”在一定程度上保留了其动词性特征。一些学者也注意到了“也罢”的此类现象，卢烈红（2019）指出，“配对使用的‘也罢’早期本来就是表容忍的，后来才逐渐虚化为表任何情况下都如此的助词。……配对使用的‘也罢’其虚化在之后较长时间内都没有最终完成，即使到现在，也还有继续发展的空间”。因此，“也罢”修饰的对象很多都是由名词或名词性短语构成的句子，跟“也罢”的词汇化不彻底密切相关，也正是因为“也罢”修饰的对象往往为名词或名词性短语，“也罢”常常能够充当话题标记，后文中将对“也罢”充当话题标记的功能进行详细分析。

二、“也罢”的语用功能与饰句性

于江（2003）考察了《金瓶梅词话》中的语气短语词，指出“也罢”有三种用法，其中以下两种用法在现代汉语中依然有所保留：第一，表示容忍，对某些行为、观点、办法等虽然不满意，但既然存在也就算了；第二，表示无论怎么样都是如此。卢烈红（2019）同样指出语气助词“也罢”表示无论在何种情况下都如此。这些都是从语义的角度对“也罢”的语法意义进行的概括。

“也罢”主要分布在会话语境或叙述语篇中，具有丰富的语用功能。从“也罢”的演变来源看，核心构成语素“罢”表达否定义，“也罢”分布的语境往往具有否定义或带有一定消极义，特别是多个“也罢”连用时，便具有加强否定的功能。此外，“也罢”也可以表达无所谓或不在乎，还可以表达妥协和讽刺。“也罢”在语言表达和话语交际中会产生特定的语用功能，具体情况如下。

（一）加强否定

句末语气词“也罢”具有加强否定的语用功能，和表达加强肯定功能的“的”“了”等语气词形成了对比，使得语气系统中的功能具有完整性和系统性。如果“也罢”处于“无论什么情况下都如此”的意义时，那么在语用层面表达出对其管控对象的否定性话语立场。从话语结构来看，“也罢”其前成分与其后话语形成反差，表示前者无论是什么情况都不会影响后者的发生，因此句子形成了“前否后肯”的结构特点。说话人对“也罢”语义管控对象的否定，是为了更好地突出对“也罢”其后话语内容的肯定。而且，“也罢”通常是两项并列配对使用，有时也会出现大于两项配对使用的方式，当多个“也罢”配对使用时，在形式上形成了排比，加强了“也罢”的否定功能，例如：

(39) 英雄的越南人民懂得怎样接待这些“马戏”丑角，越南南方的革命烈火会把一切牛鬼蛇神烧成灰烬，不管你文来也罢，武来也罢，不管你摇着橄榄枝来也罢，撒着化学毒药来也罢，越南人民早已为美国侵略者挖好了坟墓。(《重访十七度线》)

(40) 在我们生活的空间里，并不具备产生西方这种“艺术杰作”的土壤。因此，我们对西方行为艺术的观察思考也罢，介绍也罢，评论也罢，对大多数中国人来说，似乎总像是在隔岸观火。(《作家文摘》)

例(39)中，出现了四个“也罢”，连用的形式起到了强调作用，加强了“也罢”对其前语义管控内容“你文来”“武来”“你摇着橄榄枝来”“撒着化学毒药来”的否定，也更好地突出了“也罢”其后的内容“越南人民早已为美国侵略者挖好了坟墓”，“也罢”句和其后语句前后对比关系明显。例(40)中，前后三个“也罢”连用更加强了“也罢”的否定功能。

（二）表达无所谓

表达无所谓是“也罢”的另一种语用功能。当“也罢”管控的语义对象对其后的语句不起实质性作用，或者二者没有直接相关的利害关系时，“也罢”常常衍生出表达说话人对所述情况都无所谓的话语态度和立场。这时，“也罢”管控的对象，在语义上往往为正反对比，或者语义近似、包含贬义，形式上有时是大于两项的列举，表示任何情况都不影响后续语句所述内容的实施或实现，以彰显说话人无所谓的态度，例如：

(41) 这样看，就只有扬州可以算是我的故乡了。何况我的家又是“生于斯，死于斯，歌哭于斯”呢？所以扬州好也罢，歹也罢，我总该算是扬州人的。(《四世同堂》)

(42) 我已经一无所有，若说我还剩下什么，就是乐梅与我之间的那片回忆，请你们不要破坏它，更不要剥夺它，因为它是我赖以生存的全部！你们骂我荒谬也罢，骂我自私也罢，但我说要让乐梅抱着牌位成亲，并不是为了我自己，而是目前只有这么做才能安慰她！(《鬼丈夫》)

(43) 至于说到二狗，他有出息也罢，没出息也罢，反正家中有钱，而且自身又勾结上了日本人，前途或许就未可限量。(《赵子曰》)

例 (41) 中，两个“也罢”连用，其语义管控的对象为一对相反的语义现象“好”和“歹”，相反的现象具有遍举的意义，表达自己对所有情况都无所谓、不在乎的态度。例 (42) 中，两个“也罢”连用，其语义管控的对象分别为“你们骂我荒谬”和省略了主语的“骂我自私”，两者对说话人都是不利的，“也罢”表达无所谓的话语立场。例 (43) 中，两个“也罢”管控的对象分别为意思相反的“他有出息”和“没出息”，与例 (41) 类似，具有遍举的意义，表明这些情况对其后的结果不会产生影响，因而体现出“也罢”表达的说话人无所谓的话语立场和态度。

(三) 表达妥协

表达妥协是“也罢”又一语用功能。这一功能来自两个方面。其一，“也罢”具有表达容忍的语义，容忍在本质上是一种变相的妥协，因此从容忍之义可以自然发展出妥协的话语含义。妥协的对象往往是言者无法控制的现象，比如某种客观事实规律，或者某种无法改变的既成事实，因此不得不做出妥协。其二，“也罢”的“无论什么情况下都如此”之义，常会隐含着对无力改变结果的无奈，由此能延伸出说话人对“也罢”之后所表结果进行妥协的话语含义和立场态度。体现在语言形式上，“也罢”之后的话语中，常常会出现“只”“都”“尽管”等表达无可奈何、别无选择之类主观意义的虚词，从而体现并强化了说话人不得不妥协的态度，例如：

(44) 到人事处开个证明本人身份的介绍信，手续费十元；到办公室盖个章，再掏五元。真是费内有费，费外加费。你想得通也罢，想不通也罢，出路只有一条，交费“了事”。(《人民日报》)

(45) 我很痛苦，我的成绩一落千丈。我没有考上大学，他当然也没有娶我。生活就是这样，痛苦也好，甜蜜也罢，不管你愿意不愿意，酸甜苦辣你都得通通尝一遍。(《中国北漂艺人生存

实录》)

(46) 袁妻:"好啦,好啦,你要捐钱也罢,要花钱也罢,尽管问我,问爸爸拿嘛,再也别去干那个丢人的事了。"(《在那遥远的地方》)

例(44)中,无论是"你想的通"还是"想不通","出路只有一条",体现出说话人的妥协态度,"只有一条"表达的无可奈何之义,强化了这种话语态度。例(45)中,和"也罢"连用的是"也好",二者管控的语义对象为"甜蜜"和"痛苦",表示遍举义,其后"不管你愿意不愿意,酸甜苦辣你都得通通尝一遍"中,"都""通通"体现了别无选择,从而产生了妥协的话语含义。例(46)中,为了防止受话人"干那个丢人的事",袁妻接受了妥协的条件"捐钱"和"花钱","也罢"表达妥协功能,其后出现的"尽管"强化了其无可奈何的态度。

(四)表达讽刺

表达讽刺也是"也罢"具有的语用功能。这一功能也来自"也罢"的"无论什么情况下都如此"之义。但与"无论/不论"等相比,由于"也罢"所具有的否定功能,其所在的句子常体现出一定的负面语义倾向。对于不可改变的较为负面、具有消极意义的结果,尤其是表达某种与社会公约或道德观念相违背的、比较离谱的现象或行为时,整个话语就具有讽刺性的含义,可以体现出说话人的讽刺态度。当然,相对前述三个功能,表达讽刺这一功能受语境影响较大,只在表达不可改变的特定结果时才会浮现,例如:

(47)"她不是暗娼!女学生!""女学生也罢,妓女也罢,反正阎乃伯能办!作官的最……"(《老舍长篇》)

(48) 要不怎么我们这种穷人没起色呢,穷不是,还好吹两句!大院里这样的人多了,老跟"文明"人学;好像"文明"人的吹胡子瞪眼睛是应当应分。反正他挣钱不多,花匠也罢,草匠也罢。(《柳家大院》)

例(47)中,"也罢"的两个语义管控的对象是"女学生"和"妓女",二者是纯洁和肮脏的对比,根据上下文语境可知,二者在讨论纳妾的事情,无论女方是何身份,都不会改变权贵纳妾的本质,因此整个话语体现了对纳妾现象的讽刺。例(48)中,根据上下文语境可知,穷人老跟"文明"人学,爱吹牛,不管是什么职业,都"挣钱不多",两个并列使用的“也罢”点明了对这类穷人揶揄的态度。

综上，句末语气词“也罢”在语言表达和言语交际中浮现出各种语用功能，这些功能主要来自两个方面。一是“罢”本身所具有的否定性意义，二是“也罢”所表达的“无论什么情况下都如此”的语法意义。两者共同作用，首先产生了其核心语用功能，即表达否定。再者，从不同方向、不同角度延伸，又可以产生表达无所谓、妥协、讽刺等语用功能。当然，这些功能有些与句子语境密切相关，是“语境吸收”的结果，有些功能还处于规约化的过程中，并不十分稳定。

“也罢”的语用功能与其饰句性具有密切的关系，并能体现出语气词“也罢”饰句性的一些特点。第一，“也罢”所具有的表达否定、无所谓、妥协、讽刺等方面的语用功能，本质上也是其语气表达功能，这些语气功能是作用在整个句子层面的。“也罢”的饰句性，在于它能增强句子所表达的各种与情感态度、话语立场有关的语气。第二，“也罢”的语义管控辖域，大部分为 1 个小句，但有时也可以大于 1 个小句，从而体现出其唯句成分的特点。第三，“也罢”的语用功能即所表达的句子语气，有的主要作用于所在小句，如加强否定、表达无所谓的语气，这些语气主要是作用于“也罢”所在小句自身，否定、无所谓的对象都是“也罢”其前部分；还有的是作用于包括“也罢”小句在内的整个前后句，如通过“也罢”的铺垫，引出后续语句的妥协和讽刺的话语内容。可见，“也罢”的饰句性既体现出饰句语气词的共性，又具有独特的个性，它在饰句语气词中属于比较特殊的个体。特别是第三个特点，可以引发出关于语气词的语气作用范围这一新的问题，对于这一问题，还有待继续深入研究。

三、“也罢”的话题标记功能

第二节我们对汉语句中语气词的性质进行了讨论，认为有些句末语气词位于句中，就变为句中语气词，成为话题标记，不再具有修饰性的句法属性。“也罢”虽然大部分情况下，从形式上像一个句中语气词，但是，仔细分析后可以发现，语气词“也罢”的句中、句末语气词的分野，并不如同形式上体现得那么简单，具有一定的特殊性。

“也罢”虽然所管控的对象都很简短，但并不能单纯从其管控对象的长短来判断它到底是句中语气词还是句末语气词。实际上，“也罢”语义管辖的对象，有时是单纯的名词性成分，与后续句之间存在论元关系；有时是名词充当的独词句，与后续句之间形成类似“无论……，都……”之类的让步复句关系。在前一种情况中，“也罢”是真正的句中语气词，可以视作话题标记；在后一种情况中，虽然与其他唯句成分的语义管控对象不太一样，“也罢”只管控一个词，但该词具有独词句性质，“也罢”仍是句末语气词而非句中语气词，例如：

(49) 冼仲文：淑菱，据我看哪，你顶好少跟那群人鬼混。芳蜜也罢，红海也罢，都不可靠。要是怕闲着太闷得慌，念念书，为士兵们缝缝寒衣，不比乱跑胡说去好？(《残雾》)

(50) 到了抗战时期，正是所谓国乱显忠臣的时候，艺术家也罢，科学家也罢，都要拿出他的真正本领来报效国家，而秦妙斋先生什么也拿不出来。(《不成问题的问题》)

(51) 我要活着，我老要活着，无论怎么样活法我也要活着的，狗也罢，公卿也罢，神仙也罢，我要独活着，虽有亿兆的苦难，而死的若不是区区，何妨！(《救国及其成为问题的条件》)

(52) 真也罢，假也罢，告他一状再说！即使消息是假的，那又有什么关系，我们的消息假，而心不假；教上面知道咱们是真心实意地向着日本人，不也有点好处吗？(《四世同堂》)

以上四例中，前两例属于“也罢”的句中语气词用法。后两例，例(51)“狗也罢，公卿也罢，神仙也罢，我要独活着”，义即“像狗那样活着也罢，像公卿那样活着也罢，像神仙那样活着也罢，反正我要活着”，所以“也罢”都是句末语气词而非句中语气词。例(52)情况与例(51)类似。下面我们主要针对前两例，对“也罢”的话题标记功能进行简单的讨论。

徐烈炯、刘丹青（1998：121）根据话题和述题或述题的组成部分的语义关系，把话题分为四类：论元共指式、语域式、拷贝式和分句式。本章中“也罢”所标记的话题，主要是第一种话题即“论元共指式话题”。

徐烈炯、刘丹青（1998：121）所说“论元共指式话题”，指标记的话题与句子（主句或小句）主要动词的某个论元或相关的空位所指相同，这是话题-述题间语义关系最为紧密的一种情形。由于这个论元在句法语义上是跟句子的主要谓语动词发生关系，因此，论元共指式话题在语义上通常表现为充当施事等，在句法上则表现为出现在主语等论元成分所占的句法位置上。

上述例（49）中，话题“芳蜜”和“红海”是其后述题动词“不可靠”的对象论元；例（50）中，话题“艺术家”和“科学家”是兼语类述题动词“都要拿出他的真正本领来报效国家”的对象论元。两例中，“也罢”所标记的话题，同时也是句子的主语。

综上，当“也罢”的管控对象是一个词时，“也罢”未必都是句中语气词，有时仍是句末语气词。后一种情况下，“也罢”仍是饰句语气词。前一种情况中，“也罢”不再是饰句语气词，而成为话题标记，其所标记的话题，一般是“论元共指式话题”。

第四节　本章小结

本章我们对唯句成分第一类别中的主要组成部分“饰句语气词”进行了考察，本章的主要内容为第一至第三节。

第一节对汉语句末语气词的研究现状进行了梳理，由研究现状可知，学界对汉语句末语气词的层次分布及其性质并未形成共识。

第二节基于从句法的角度对汉语句末语气词的句法性质和层次分布所作的考察，我们认为不同的句末语气词修饰的对象不同，并从修饰对象的角度，将句末语气词分为饰句句末语气词和饰谓句末语气词，饰句句末语气修饰的对象为句子或大于句子的语法单位，饰谓句末语气词的修饰对象为句子中的谓语，即小于句子的语法单位。饰句语气词和饰谓语气词在一定程度上分别和传统的标句层语气词和屈折层语气词相对应。分布在标句层的饰句语气词属于我们考察的重点对象，饰句语气词和饰谓语气词在演变来源、句法功能、主观性和时间性等四个方面具有明显的差异性，这也是我们对语气词进行层次划分的依据。句末语气词区别于前置性副词或关联连词，是具有修饰性的后置性附加成分，其修饰性可以通过跟汉语传统修饰语、语气副词以及跨语言的句末语气词的对比中得到佐证。通过对句末语气词层次分布和句法属性的考察，印证了饰句句末语气词处于句法和语用的接口。

第三节选取饰句句末语气词“也罢”为研究对象，对句末语气词的饰句性进行了个案考察。首先，梳理了不同的学者关于“也罢”词性问题的观点。其次，从“也罢”的形式特征、词汇化过程、语义管控对象和分布语境四个方面对“也罢”的词类性质进行了定性，认为“也罢”是饰句句末语气词，而非后置连词，它常修饰名词性独词句。再次，考察了“也罢”的语用功能，主要包括表达加强否定、表达无所谓、表达妥协和表达讽刺等。其语用功能也就是语气表达功能，这些功能较好地体现了其饰句性的特点。最后，对“也罢”充当话题标记的用法进行了考察，指出并非其前只有一个词语时，就是句中语气词，若是该词语形成独词句，它仍是句末语气词。作为句中语气词，“也罢”主要具有话题标记功能，其所标记的话题，一般是“论元共指式话题”。本节通过“也罢”的个案考察进一步深化了对饰句语气词的认识，“也罢”和其他饰句语气词既有共同特征，也有特殊之处。饰句语气词“也罢”的个案考察从微观的视角对饰句语气词的认识进行了补充，也从某些角度提出了一些值得进一步研究的新问题。

总之，从饰句性角度对句末语气词的整体研究和个案研究，为观察句末语气词的特点提供了新的角度，更加明确了句末语气词的性质以及在汉语词类中的地位，也进一步深化了我们对汉语句末语气词以及唯句成分的认识。

第三章　饰句副词的饰句性

饰句副词是构成饰句性唯句成分的重要组成部分，和饰句语气词、饰句插入语等饰句性成分共同组成了饰句性唯句成分。传统的关于副词的研究已经注意到副词的修饰对象具有差异性，副词的典型用法是修饰句子中的谓语，在句子中充当状语，一些学者也指出副词可以分布在句首充当句子状语或全句修饰语。此外，国内一些学者借鉴国外学者的研究成果，从饰句和饰谓的角度对汉语副词展开了相关研究。本章在对国内外饰句副词研究现状进行梳理的基础上，对汉语饰句副词的饰句性及相关问题进行研究，以深化对汉语饰句副词的认识。

第一节　饰句副词的研究现状及其与唯句成分的关系

一、其他语言中饰句副词的研究

关于副词的讨论一直是学界研究的重点。唯状性是副词的典型特性，但是学界对副词的研究主要集中在副词的语法特征和语用功能上。近年来，国内外语言学界越来越多地对饰谓副词（VP-adverbs）和饰句副词（sentential-adverbs）进行区分，探讨两者的关系。Jackendoff（1972）对英语的副词进行了分类，并认为饰谓副词和饰句副词之间具有差异性。Thomason 和 Stalnaker（1973）提出了副词的语义理论（A semantic theory of adverbs），在此基础上区分了饰谓副词和饰句副词。Bellert（1977）从真值条件（truth conditions）的角度研究了英语中句子副词的语义和分布特征。Costa（2004）认为副词可以在词汇上指定为动词修饰语或句子修饰语。随着研究的深入，一些学者对饰句副词进行了分类，Ifantidou-Trouki（1993）考察了英语的四种饰句副词：言语行为副词（illocutionary）、态度副词（attitudial）、言据副词

(evidential) 和传闻副词 (hearsay), Barton (1993)、Velasquez (2011)、Almeida (2012) 等学者都是在这四种饰句副词范围内进行的个案或分类考察。除了英语，西班牙语 (Kovacci, 1999; Ocampo, 2005; Chafloque, 2014)、葡萄牙语 (Costa, 2004) 和希腊语 (Alexiadou, 1997) 等语言中，副词也存在饰谓和饰句之别，并引发了相关研究。

二、汉语饰句副词的研究

近年来，国内外学界也开始关注汉语的饰句副词问题。早期阶段一些学者已经注意到语气副词内部的差异性。齐沪扬 (2002)、张亚军 (2002) 和张谊生 (2014: 53—54) 等指出，评注性副词 (即语气副词) 具有动态性，它与所修饰对象的组合，只能是动态的句子层面的组合，不可能是静态的短语层面的组合，也就是说，凡是含有评注性副词的谓词性短语，基本上只能充当表述性成分——谓语和补语，而不能充当修饰性成分——定语和状语。

后来出现了一些探讨饰句副词和饰谓副词差异的文章，如杨德峰 (1999, 2008, 2016)、Kim (2005)、尹洪波 (2013) 和方梅 (2017, 2018) 从类别、位置分布、语义特征、是否能够话题化、篇章衔接等角度研究了饰谓副词和饰句副词。具体情况如下。

杨德峰 (1999) 认为从副词修饰动词性成分形成的结构的语法功能来看，副词应该可以分为句子副词和非句子副词。所谓句子副词，是指修饰动词性成分形成的结构只能作谓语或单独成句的副词；非句子副词是指修饰动词性成分形成的结构既可以作谓语或单独成句，也可以作主语、宾语和定语的副词，这类副词的数量比较大。

Kim (2005) 把修饰句子成分的副词叫作成分副词 (word-modifying adverb)，把修饰句子的副词叫作句子副词 (sentential adverb/sentence-modifying adverb)。成分副词能跟句子的某个成分发生修饰关系，即以怎么样的方式来起表示程度、范围、状态、时间及频度等修饰作用的副词；句子副词是句子的基本内容 (即命题) 中表示说话人心态的一种副词。Kim 还从位置分布、修饰范围、否定关系、含意关系 (entailment relationship) 和预设关系 (presupposition relationship) 等方面区分了汉语的成分副词和句子副词。

尹洪波 (2013) 指出饰句副词通常为表示情态的高位副词，饰谓副词一般为表示时间、处所、范围、程度、否定、方式等内嵌较深的低位副词，二者在句法分布上对立互补：饰句副词的修饰对象是整个句子，既可居于谓语之前，也可居于主语之前，甚至话题之前，位置相对灵活；饰谓副词的修饰对象是谓语，只能居于主语与谓语之间，很难跨越主语而话题化，位置相对固定。二者句法分布差异的根源在于它们各自不同的语义特征。

杨德峰（2016）认为语气副词很多是饰句副词，其他类副词也有不少是饰句副词；语气副词和关联副词也有一些是饰谓副词。影响饰句副词话题化的因素很多，既有句法上的，也有语义、语用上的。

方梅（2017）指出，从语义类别角度看，饰句副词多数是时间副词，其次是评价副词。时间副词用作饰句副词时，往往用于场景转换相关处，成为情节节点标记，饰句副词具有话题链阻断效应，韵律独立的饰句副词具有标记事件进程的作用。

方梅（2018：111—114）进一步指出，从意义上看，饰句副词是用来表达说话人的态度或者评价的，其主要成员是所谓的语气副词和情态副词，副词出现在句首时具有表达上的强化作用，用于句末时意义发生弱化。

三、饰句副词和唯句成分

根据以上综述可知，对副词从饰句和饰谓的角度分类，并对相关问题进行研究的文献已有一定数量，这为我们进一步研究汉语饰句副词提供了良好的基础。从饰句和饰谓的角度对副词进行分类，本质上就是从出现在动态的句子层还是静态的短语层对副词进行的分类，这一思路为副词的次类划分提供了新的角度。饰句副词和饰句性唯句成分以及其他类别的唯句成分相比，既有相同点又有差异性。此外，关于饰句副词，还有一些问题尚未得到关注。

和其他饰句性唯句成分相比，分布位置上，饰句副词和被修饰句子的修饰位序为“饰句副词＋被饰句子”，饰句副词也可以分布在句子主语和谓语之间，但是以能够前置到句首为充分条件，整体上更倾向于分布在句首位置，这与饰句语气词分布在句末的特点有所不同。句法属性上，饰句副词在形式特征、修饰位序和句法属性等方面和传统的修饰成分的句法表现更加契合，其修饰辖域略大于饰句句末语气词，饰句副词的饰句能力一定程度上强于饰句语气词，关于饰句副词修饰辖域的大小，本章第二节将会以饰句语气副词为例进行分析。

和其他唯句成分比如叹词相比，首先，叹词在形式特征上必须和其后直接作用的句子用标点符号隔开，饰句副词如饰句语气副词和饰句时间副词有时和被饰句子有标点符号的间隔，但是不具有强制性；其次，一些饰句副词，如饰句语气副词等和叹词一样都能够独立使用；再次，饰句语气副词和叹词的主观性很强，都可以表达说话者的主观意志，都具有丰富的语用功能。

和连句性唯句成分相比，连句性关联词语一般配对使用，而饰句副词没有配对使用的情况，但是饰句语气副词和饰句语气词具有相通之处，二者常常连用，有时饰句副词修饰的句子，末尾没有出现语气词，却可以补充出来。从非严格意义上看，二者的连用可以看作是广义的配对使用情况（饰句语气副词和饰句语气词的关系在第二章研究饰句语气词时已经详细论述）。在修饰辖域上，饰句语气副词和饰句语气词之间的内容是被饰句子，而配对使用的连句关联词语的管控辖域，需要根据关联词语分布在先行句还是后续句中，以及跟连句关联词语表达的关系属于等立关系还是从属关系来进行确定。

就饰句副词内部的情况来看，副词是半开放的词类系统，内部组成极其复杂。几乎所有的副词次类中都包含有饰句副词，除了饰句时间副词和饰句语气副词之外，饰句副词还包括饰句程度副词、饰句范围副词、饰句频率副词、饰句处所副词、饰句方式副词等。由于不同副词内部虚实程度有差异，而且受韵律等因素的制约，不同的副词次类在饰句副词中的饰句能力和占比等不同，饰句副词主要以时间副词和语气副词为主，不同的饰句副词饰句辖域的大小也不完全一致。已有的研究注意到不同副词次类中饰句副词的占比具有差异性，后文将对与此相关的问题做进一步研究。

关于饰句副词的研究，以下问题尚未得到很好的解决：首先，饰句副词的辖域大小情况如何？判定饰句副词辖域大小的手段是什么？不同的饰句副词的辖域具有差异性的原因何在？其次，饰谓副词和饰句副词有哪些联系和区别？最后，语气副词和语气词常常连用，学界已有一些关于二者连用的研究，那么，作为唯句成分的饰句语气副词和饰句语气词，在层次分布上和语气上更具有相似性，二者的连用是否可以从新的视角进行研究，能否有新的发现？本章第二节将以上述问题为出发点，详细对饰句语气副词进行研究。此外，饰句时间副词是除了饰句语气副词之外的另一大类占比较高的饰句副词，饰句时间副词和饰句语气副词相比，其饰句性表现有什么特点？饰句时间副词的修饰辖域大于饰谓时间副词的原因机制是什么？饰谓时间副词转化为饰句时间副词的条件有哪些？饰句副词和饰谓副词的差异性和转化关系是饰句副词研究的重要课题之一，有助于了解饰句副词的动态发展的过程。通过对饰句时间副词和饰谓时间副词等相关问题的研究，有助于了解整个饰句副词和饰谓副词的关系。而且，饰句时间副词和饰句语气副词都属于副词和唯句成分，二者连用时有何表现？除了语义功能的差异性，二者在其他方面的联系和区别等，都值得进一步研究。本章第三节将针对饰句时间副词的饰句性及相关问题展开研究。

本章主要从饰句副词类别的角度，选取饰句副词中占比最高的饰句语气副词和饰句时间副词为研究对象，从修饰性、修饰辖域大小、修饰辖域的测量手段等方面，对尚未解决的有关问题进行研究，以深化对饰句副词的认识，进而也为饰句副词和其他类别的唯句成分的对比提供基础，同时也可以引发我们对相关问题的思考。

第二节 饰句语气副词的修饰性及饰句辖域

本节将重点聚焦饰句副词中的一个次类——饰句语气副词。在第一节中，我们对国内外学界关于饰句副词的研究情况做了宏观概述。在本节讨论饰句语气副词之前，先对第一节的有关概述稍做补充。

龙果夫（1958：189）针对汉语的副词现象，将副词分为“用作整个句子的加语”和“直接属于谓语”两类。Li 和 Thompson（1981）根据副词在句子中的位置将其分为“可移动副词”（movable adverbs）和“不可移动副词”（non-movable adverbs）。金琮镐（2000）从语法功能方面区分了汉语的饰句副词和饰谓副词，文中分别称之为“句子副词”（sentential adverb/sentence-modifying adverb）和“成分副词”（word-modifying adverb），并分析了前者的语义功能。已有关于饰句副词和饰谓副词的研究，为本节的内容奠定了重要的理论基础。

一般认为，语气副词在饰句副词中占比最高。因此，本节专门讨论语气副词这一副词类别，以饰谓和饰句的比较作为基础，重点关注饰句语气副词（S-modal adverbs，S-MAs）问题，以作为饰句副词饰句性的重要个案。综合已有研究，关于饰句语气副词，以下几个问题还存在争议或尚未受到关注：第一，语气副词是否存在饰句副词和饰谓副词的对立及两者的其他关系；第二，“饰句”之“饰”的具体内涵；第三，修饰辖域（scope）的判定标准；第四，修饰辖域的大小。本研究将尝试解决这些问题。

一、语气副词的饰句、饰谓之分及饰句语气副词的修饰性

（一）饰句语气副词和饰谓语气副词的关系

已有研究多立足于整个副词去探讨饰句副词和饰谓副词的差别。具体到语气副词而言，有些学者基本将语气副词等同于饰句副词，如金琮镐（2000）所论及的“句子副词”几乎就是“语气副词”的不同命名方式，尹洪波（2013）认为饰句副词从语义类型上主要对应语气副词。杨德峰（2016）则认为，语气副词并不都是饰句副词，有些语气副词只能位于谓语前，它们应该是饰谓副词，并将饰句副词和饰谓副词的差异概括为：饰句副词能够修饰整个句子，它既可以出现在谓语前，也可以出现在主语前；饰谓副词只能修饰谓语，只能出现在谓语前。邵洪亮、蔡慧云（2019）也认为语气副词可分为饰句副词和饰谓副词两类，分别称为“可位移语气副词”和“定位语气副词”。我们赞同杨德峰、邵洪亮的分析①，并认为“饰句副词”更准确地说，应称作“可饰句副词”，“饰谓副词”应称作“唯饰谓副词”。为称说方便，在此还是采用学界已广泛使用的“饰句副词”“饰谓副词”及相应的“饰句语气副词”“饰谓语气副词”（VP-modal adverbs，VP-MAs）这套术语。

那么，到底哪些语气副词是饰句语气副词？哪些语气副词是饰谓语气副词？杨德峰（2009）对各种条件下既可以出现在主语前，也可以出现在谓语前，以及只能出现在谓语前的语气副词的情况进行了统计，将各项统计数据合而观之，就可以分别整理出饰句语气副词和饰谓语气副词。不过，杨德峰只针对《汉语水平词汇与汉字等级大纲》中没有收录的100个语气副词进行了统计。邵洪亮、蔡慧云（2019）则依据齐沪扬主编的《现代汉语语气成分用法词典》，全面考察其中的205个语气副词，通过详尽统计，按照语气副词的不同次类，逐类给出了饰句语气副

① 副词有时也可以出现在句末，但学界一般认为这属于易位现象，对此不予讨论。

词和饰谓语气副词的具体词目。上述学者的统计，虽然所统计的语气副词数量存在差异，对某些词是否是副词、是否视作语气副词、是饰句还是饰谓语气副词等的认定也略有出入，但对其进行综合分析比较，基本可以明确哪些语气副词是饰句语气副词、哪些语气副词是饰谓语气副词。大致来说，汉语中饰句语气副词和饰谓语气副词的比例接近 1∶1。

饰句语气副词和饰谓语气副词的关系，可以从以下几方面进行论述。

首先，从相同的方面来说，它们都表示语气或情态（齐沪扬，2003；尹洪波，2013）、只出现于动态的句子层面而不出现于静态的短语层面（张谊生，2000：43；齐沪扬，2003）。此外，金琮镐（2000）及 Kim（2005）曾指出饰句副词、饰谓副词与否定副词的连用情况存在差异，但该文并未区分饰谓语气副词和其他饰谓副词。根据我们的进一步考察，发现饰谓语气副词在与否定副词连用的规律上，表现出与饰句语气副词相同的特点，而与其他饰谓副词具有对立性，例如：

(1) a. ［其实］他“没”去上海。*“没”［其实］他去上海。（金琮镐，2000）

b. 他身体［很］“不”好。他身体“不”［很］好。（Kim，2005）

c. 他［必定］“没”去上海。（据 a 句自拟）*他“没”［必定］去上海。

d. 他身体［必定］“不”好。（据 b 句自拟）*他身体“不”［必定］好。

通过比较，不难发现，当饰谓语气副词“必定”与否定副词连用时，只能出现在否定副词之前，不能出现在否定副词之后，这与例（1）a 中饰句语气副词“其实”的情况一致，而与例（1）b 中饰谓副词“很”和否定副词的语序互换（当然，意义存在一些差别）完全不同。

其次，从不同的方面来说。一是分布。饰句语气副词既可分布于句首（即主语之前）也可分布于句中（即谓语之前），而饰谓语气副词只能分布于句中。当饰句语气副词分布于句中时，虽然与饰谓语气副词处于相同的句法位置，都是修饰谓语，但与饰谓语气副词相比，其语义指向情况更为复杂：有的语义指向句外的说话人，有的指向句内主语，有的指向谓语（张谊生，2014：52—53；邵洪亮、蔡慧云，2019），这与不同词语的语义特点有关，具体规律还有待进一步深入研究①。二是音节。单音节语气副词几乎全都是饰谓语气副词，饰句语气副词基本都是双音节副词。单音节副词受韵律制约，一般不宜位于句首（张谊生，2014：52；邵洪亮、蔡慧云，2019）。单音节语气副词约有 40 多个，由于它们的存在，大大增加了饰谓语气副词的数量。三是语体色彩和虚化程度。饰谓语气副词一般具有文言色彩（邵洪亮、蔡慧云，2019），饰句语气副词则书面性、口语性兼具。这与饰句语气副词能居于句首、处于句子最外层的特点正好一致，也说明饰句语气副词的虚化程度比饰谓语气副词更高。四是语义类别。不同语义类别对饰句语气副词和饰谓语气副词具有一定选择性。据邵洪亮和蔡慧云（2019）的统计，表预期（如“果然”“总算”）、领悟（如“难怪”“原来”）和侥幸（如“幸而”“幸亏”）的语气副词都是饰句语气副词，表契合（如“恰好”“刚好”）的语气副词基本都是饰句语气副词，而表感叹（如“何等”“多么”）和必要（如“务必”“万万”）的语气副词都是饰谓语气副词。其他的类别，包括表疑问、确认、揣测、必然、或然、意愿、反预期等，则既有饰句语气副词，也有饰谓语气副词。

再次，从转化的方面来说，饰谓语气副词能转化为饰句语气副词。杨德峰（2009）认为，无论是从饰句语气副词还是从整个语气副词来说，位于句中是典型分布，位于句首是非典型分布。邵洪亮和蔡慧云（2019）也指出，大多数饰句语气副词的优势位置是主语后的位置。这说明，饰谓副词所占据的句中位置是语气副词的固有用法，句首位置用法是句中位置用法进一步虚化的结果。有些饰谓语气副词如果位置前移，就可能转化为饰句语气副词。比如，据杨德峰（2009）的统计，“分明”不能位于主语前，但邵洪亮和蔡慧云（2019）将其认定为饰句语气副词；“简直”则恰好相反，并被邵洪亮和蔡慧云（2019）认定为饰谓语气副词，而杨德峰（2009）的统计表明，它可以位于主语前。这两个词，不同学者的判定存在差异，可能受限于不同语料库的数据。但深层原因还在于，它们用于句中更为常见，用于句首相对罕见。少量用于句首的情况，反映了原本应是饰谓语气副词的“分明”和“简直”，

① 林华勇（2005）指出，语义指向的对象和句法位置没有必然联系，而语义辖域与句法位置密切相关。我们赞同这一观点。据此，饰句语气副词位于句中时，语义指向与语义辖域（即修饰范围）可能一致也可能不一致，情况比较复杂。

表现出转化为饰句语气副词的倾向。两个词用于句首的例子如下：

（2）分明心里想要，嘴巴却不肯讲出来。（《东邪西毒》）

（3）简直我不愿再提这回事了，不过为圆上场面，我总得把问题提出来。（《我这一辈子》）

吕叔湘（1979：30）曾指出：“副词内部需要分类，可是不容易分得干净利索，因为副词本来就是个大杂烩。”这个观点不仅针对所有副词适用，针对语气副词也同样适用。从饰句副词和饰谓副词的角度，可以加深对语气副词的深层特点和内部差异的认识。

（二）饰句语气副词的“修饰”内涵

如果说“饰谓”的“饰”是典型的“修饰”，那么“饰句”的“饰”，由于修饰对象的差异，似乎超出了一般对“修饰”的认识。已有研究常将饰谓副词和饰句副词相提并论，却并未明确论述过饰句副词尤其是饰句语气副词中“饰”的具体内涵。在明确了饰句语气副词和饰谓语气副词的关系之后，下文将对这一问题进行讨论。

已有对于“修饰”的理解，既有着眼于句法的，也有着眼于语义的。

从句法角度来说，汉语中的“修饰关系”多针对同一层次的不同语法单位而言，最常见的是短语内部的结构依存关系，如定中、状中和述补结构关系。此外，也包括偏正复句的偏句对正句的依附关系，但一般对此较少提及。随着认识的深入，吕叔湘和朱德熙（2013/1952）、胡裕树（1981：373）等陆续提出修饰语还可以是“全句的附加语”或“全句修饰语”，不过，学界对全句修饰语的研究相对较少。饰句语气副词位于句首时，就是依附于被饰句子的全句修饰语，和被饰句子分属不同层级的语法单位，二者是词对句子的依存关系。在形式上，有时可以和被饰句用标点符号隔开，且不带状位标记语“的/地”，或被饰句子省略，形成形式上的“独立”。此外，饰句语气副词处于修饰链最顶端，一般不能再受其他修饰语修饰①。

① 有两种情况需要说明。一是饰句语气副词的连用。史金生（2011：77—83）曾讨论过语气副词连用时的语序问题，涉及少量语气副词位于句首连用的现象，这时，连用的语气副词都是饰句语气副词，如“其实何必”“幸而恰好”，它们内部的排序，与各自的语义特点有关，但它们前面一般不会再出现其他修饰语。二是饰句语气副词与连词的连用。下文将指出，少数关联连词可能出现在饰句语气副词之前，但关联连词并非修饰成分而是连接成分。

从语义角度来说，修饰一般是指定语、状语和补语对中心语的限制或描写，修饰语可以分为描写性和限制性两类。饰句语气副词对句子的修饰，并非对被饰句一般性的限制或描写，其修饰性主要体现为对被饰句的语气修饰或情态修饰，即饰句语气副词的添加使整个句子具有了显著的语气或情态。

可见，饰句语气副词的修饰性跟学界已有关于“修饰”的认识既有联系又有区别。无论是句法还是语义上，从饰句语气副词对全句进行修饰的角度，可以进一步加深对“全句修饰语”及“修饰关系”的理解。准确认识饰句语气副词的修饰性，是考察其修饰辖域等问题的基础。

二、饰句语气副词修饰辖域的判定

饰谓语气副词的辖域相对较为明确，都是句子中的述题成分。饰句语气副词分布于句首时，其辖域是否都是整个句子呢？我们发现，问题并不那么简单，其辖域可以是其所在的单句，可以是复句中的多个分句，也可以是整个复句，甚至还可以是超越复句的句群，例如：

（4）我飞了家去。果然她回来了。还是那么好看，牙还是那么白，只是瘦了些。(《热包子》)

（5）他们好像是真在为那将被掼到地上的一个担着心，果然，“扑通”的一声，两个人都倒下去了，于是从一个人的身子里钻出一个头来，那两个套裤青靴里，又缩出两只手来。(《一人班》)

（6）果然，我看见了蓝色的海水和白色的海波，也跟帐子一样的，遥远而模糊的海岸。看见汽笛里面冒出来的白烟，还听见风起的时候，像音乐一样的海的呼啸。并且，在夜里，看见月亮从海边上升起，升到海面的天空上，一个神仙的世界！(《海的梦》)

例（4）“果然”修饰其所在单句，例（5）“果然”修饰其后“‘扑通’的一声，两个人都倒下去了”，例（6）“果然”修饰其后三个复句构成的句群，管辖范围直到“一个神仙的世界”。可见，饰句语气副词辖域大小不一，如何用相对科学的形式标准来判定其辖域大小，是一个值得研究的问题。

Matthiessen（1992）提出跟辖域有关的“取消”（cancellation）机制，即“如果某一主位成分出现在修辞性的小句或小句复合体中，该主位成分的语义域很可能延伸至该小句或小句复合体之外，直到其被‘取消’”。Fries（1995）提出与“取消”限制范围有关的原则：“取消”

在先前上下文中建立的假设，防止时间或地点的误解。Crompton（2006）研究了跟地点状语、目的从句和条件从句有关的"取消"机制。以上学者指出的"取消"都是在辖域之外寻求判断标准，涉及的是辖域外的阻断手段，这无疑对我们的研究具有重要的借鉴意义。结合汉语的实际情况，从饰句语气副词辖域内部看，很多与饰句语气副词共现或连用的有标记成分，不仅参与了饰句语气副词引导的话语框架的建构，而且能够在一定程度上标识饰句语气副词辖域跨度的结束位置。我们将把辖域外的阻断手段和域内的辖域标记结合起来，分析饰句语气副词位于句首时的辖域判定问题。

（一）根据阻断手段判断辖域

1. 带标记的句子

阻断饰句语气副词辖域的句子，常包含特定的阻断标记，主要包括以下几种类型：第一，带有主语的句子。当包含与上文不同主语的句子出现，往往开启新的表述框架，打断了其前饰句语气副词表达的事件；域内句具有相同主语时，主语一般不会重复出现在每个分句，若相同主语再次出现，这种特殊化表达方式常常阻断其修饰辖域，标志着跟相同主语有关的另一事件或进程的开启。第二，包含连词、语气副词等有标记成分的句子。当包含不同关系的连词句出现时，标志着其前饰句语气副词辖域的结束；语气副词具有情态功能，新的语气副词的出现会传达新的情态，标志着原辖域被阻断。第三，包含标志时地转移成分的时地状语句。时地状语句包含了时间名词和地点名词等成分，显然和其前饰句语气副词管辖的语句不在同一语域。Ho-Dac（2009）指出状语，特别是情景状语，通常与"聚类标准"（clustering criteria）的表达有关，因此具有不连续性（discontinuity）。可见，时地状语句是阻断修饰辖域的有效手段之一，例如：

（7）当然，这种感觉，并不是平常所说的视觉触觉之类。也不是艺术家所喜欢说的什么第六感，第七感。它没有那样直接——并且，也没有那样零碎。（《冬》）

（8）别提了，敢情这家伙也是个老滑头，我用尽了办法，什么也套不出来，他只说，很快就会确保这一带的治安。（《战斗的青春》）

（9）也许谄是飞黄腾达的要诀，可是即使个人以此升腾显贵，

又于世道人心何？(《流行病》)

(10) 一两多银子是怎么个概念呢？大概一两能买一百五十个鸡蛋吧，那时候鸡蛋也便宜，相当现在也就是说这一家一个月几十块人民币。(《沉重的〈月牙儿〉》)

例（7）中，“当然”修饰其后两个同主语句构成的句群，相同主语“它”的出现阻断了“当然”的修饰辖域。例（8）中，“敢情”修饰“这家伙也是个老滑头”，其后分句的新主语“我”和被饰句主语“这家伙”不一致，阻断了“敢情”的修饰辖域。例（9）中，“也许”修饰所在分句，转折连词“可是”的出现打断了辖域的连续性。例（10）中，“大概”的修饰辖域为所在分句，时间状语“那时候”阻断了“大概”的辖域。

2. 独立成分

阻断修饰辖域的手段还可以是叹词、象声词、插入语及其他独立成分。独立成分往往通过起隔断作用的标点符号与其后核心句分开，且不充当核心句的造句成分，其使用常常阻断饰句语气副词的修饰辖域，成为标志后续语句和其前饰句语气副词修饰辖域的分界线（separatrix），例如：

(11) 他对着胸前的徽章发开了愣：险哪！幸亏他是科长，有中山装与徽章。好家伙，就是当嫌疑犯拿去也不得了呀！他想，他应当去喝两杯酒，庆祝自己的好运。(《四世同堂》)

(12) 老人的脸上充满了愤怒之色，厉声道：“难怪谢晓峰会在那一次找上我，哈哈……谢晓峰啊，谢晓峰，你徒具侠名，却不过也是个不明是非的好色之徒而已。”(《圆月弯刀》)

(13) “不错，难怪别人说赵大爷的两条腿可值万两黄金，你瞧他踢出去的那一脚，要多漂亮有多漂亮。”(《多情剑客无情剑》)

例（11）的“幸亏”修饰其后“他是科长，有中山装与徽章”，叹词“好家伙”阻断了其修饰辖域。例（12）的“难怪”修饰所在小句，象声词“哈哈”的出现阻断了“难怪”的修饰辖域，其后是新的言谈框架。例（13）的“难怪”修饰其所在分句，后续插入语“你瞧”不是让听话人真的看，而是表示一种提醒义，阻断了“难怪”的修饰辖域，二者分属不同的语域。

3. 讨论

我们以10个使用频率较高的饰句语气副词（具体词目详见表3-2）

为考察对象，在CCL语料库中对每个副词随机挑选50例有效用例，组成500例的语料库。饰句语气副词辖域阻断手段的出现比例如表3-1所示。

表3-1　饰句语气副词辖域阻断手段情况

<table>
<tr><th></th><th colspan="2">句子手段</th><th>数量</th><th>词汇手段</th><th>数量</th><th>无阻断手段</th><th>数量</th><th>其他</th><th>数量</th></tr>
<tr><td rowspan="3">主语句</td><td colspan="2">出现不同主语句</td><td>123</td><td>叹词</td><td>4</td><td>文本自动结束</td><td>40</td><td rowspan="10">无明显标记句、其他有标记语法成分句、其他状语句等</td><td rowspan="10">43</td></tr>
<tr><td colspan="2">出现同主语句</td><td>29</td><td>象声词</td><td>3</td><td>话轮自动转换</td><td>31</td></tr>
<tr><td colspan="2">出现主语句</td><td>27</td><td>插入语</td><td>5</td><td></td><td></td></tr>
<tr><td rowspan="5">有标记语法成分句</td><td rowspan="4">出现连词句</td><td>转折连词句</td><td>44</td><td>其他独立成分</td><td>5</td><td></td><td></td></tr>
<tr><td>假设连词句</td><td>39</td><td></td><td></td><td></td><td></td></tr>
<tr><td>因果连词句</td><td>21</td><td></td><td></td><td></td><td></td></tr>
<tr><td>让步连词句</td><td>15</td><td></td><td></td><td></td><td></td></tr>
<tr><td colspan="2">出现语气副词句</td><td>19</td><td></td><td></td><td></td><td></td></tr>
<tr><td rowspan="2">状语句</td><td colspan="2">时间状语句</td><td>35</td><td></td><td></td><td></td><td></td></tr>
<tr><td colspan="2">地点状语句</td><td>17</td><td></td><td></td><td></td><td></td></tr>
<tr><td colspan="3">总共</td><td>369</td><td></td><td>17</td><td></td><td>71</td><td></td><td>43</td></tr>
</table>

由表3-1可知，汉语饰句语气副词的辖域阻断手段以带标记的句子为主，独立成分为辅，不同手段的不同小类，所占比例不同。此外，饰句语气副词辖域的结束还可能是自动的，比如其修饰的内容正好到所在话轮、段落或整个文本的结束，就不需要阻断手段。还有一些阻断在形式上无明显标记，其阻断机制是后续内容明显与饰句语气副词的饰句内容语义不连贯，例如：

(14) 以上是我常人的愚见，谨是智者，你一向特立独行，想必有“非常人”的看法，愿闻其详，以启茅塞。(《李敖大全集》)

(15) 孙小姐沉吟说：“这次订婚已经没得到爸爸妈妈的同意，幸亏他们喜欢我，一点儿不为难。结婚总不能这样草率了，要让他们做主。你别害怕，爸爸不凶的，他会喜欢你。”(《围城》)

以上两例，“想必”和“幸亏”都修饰其所在分句，其后无主句“愿闻其详”和“一点儿不为难”引导的分句，分别阻断了“想必”和“幸亏”的修饰辖域。

（二）根据辖域标记判定辖域

1. 句末语气词标识的辖域

Lowe（1987：5）指出句子的起始成分为接下来的话语建立一个框架（framework），这些起始成分不仅可以作为几个谓词的框架，还可以作为几个句子的框架。Diessel（2001：448）进一步指出这种框架管理涉及话语中的信息流。对于饰句语气副词而言，这种“管理”在语法上体现为修饰被饰句子。和英语不同的是，汉语饰句语气副词和分布在句末的语气词都表达语气或情态，都是有标记语法成分，二者共现时，形成了“饰句语气副词＋被饰句子＋语气词”式首尾镜像照应的饰句框架，如“莫非＋被饰句子＋不成”“也许＋被饰句子＋吧”等。有时饰句语气副词所在句的句末并不出现语气词，但可以补充出来。因此，在饰句框架中，句末语气词的出现对饰句语气副词的修饰辖域有一定标识作用。这种作用在被饰句子大于1个小句时尤其明显①，例如：

（16）幸亏当时我们当机立断凑了两万啊！你看看！你看看！好家伙！（《双面胶》）

（17）太太，除非你能告诉我，谁接到了那封信，想必你总前后想过一下，打算过了吧。（《于伶剧作集》）

例（16）中，“啊”的出现标志着“幸亏”修饰辖域的结束。例（17）中，“想必”和“吧”共同构成了饰句框架，被饰句大于1个小句，句末“吧”标志着“想必”修饰辖域的结束。

2. 连词标识的辖域

史金生（2011：145—148）从连用的角度，讨论了语气副词和连词（Conjunction，C）的相互配合情况。当连词和饰句语气副词连续连用时，可以标识饰句语气副词的辖域大小。方梅（2017）认为饰句副词的一个重要标志就是它与表达从属关系的连词共现时，必须居于连词前面，但与表达等立关系的连词共现时，就没有这样的要求。这对我们讨论连词和饰句语气副词连用并能标识辖域问题具有一定启发性。我们对饰句语气副词和连词的连用情况进行了梳理和考察。前述500条语料的

① 有时饰句语气副词和句末语气词连续连用，形成被饰句子省略的情况，如“何必呢”“当然了”“难怪呢”“也许吧”等，饰句框架中省略的句子往往可以在上文找到对应性的内容。

选取具有一定随机性，连词和饰句语气副词连用的例子较少，无法形成一定规模的研究文本，不能很好地反映二者连用的情况①，因此，我们以北京语言大学 BCC 语料库中的文学作品为统计文本，对 10 个饰句语气副词和连词连用的情况进行了统计。下面分别选取与各饰句语气副词连用例数排前三的连词类别进行讨论，具体情况如表 3-2。

表 3-2　饰句语气副词和连词连用情况

连用类型	连词类别	其实	的确	大概	果然	也许	难怪	当然	本来	想必	敢情
C+S-MAs	转折连词	199	85	75	0	416	0	52	5	18	0
	递进连词	13	28	50	12	50	0	10	7	0	0
	因果连词	10	14	10	0	49	13	20	25	2	0
S-MAs+C	条件连词	44	5	65	3	94	1	14	0	1	0
	让步连词	34	0	5	1	1	3	5	0	2	0
	因果连词	1	1	6	1	14	0	5	11	0	0

首先，从总体上看，“C+S-MAs”比“S-MAs+C”的用例多，越虚化的成分，分布的句法位置越靠外，这也印证了连词整体上是比饰句语气副词更为虚化的词类。其次，从“C+S-MAs”的连用情况看，分布在饰句语气副词之前的连词往往是配对关系词语中的后续词，既有表达从属关系的，如转折连词（“可是”“但是”等）和因果连词（“因此”“所以”等），也有表达等立关系的，如递进连词（“而且”“并且”等），饰句语气副词的修饰辖域一般是其所在分句。再次，从“S-MAs+C”的连用情况看，分布在饰句语气副词之后的连词往往是配对关系词语中的先行词，基本上是表达从属关系的连词，如条件连词（“只有”“只要”等）、让步连词（“即使”“不论”等）和因果连词（“因为”“由于”等），饰句语气副词分布在整个先行句之前，其修饰辖域一般为整个关系复句。至此，可以得出如下结论：饰句语气副词主要和从属关系的连词连用，也可以和等立关系的连词连用。两者连用时，一般来说，饰句语气副词如果分布在先行句句首，管辖整个复句；如果分布在后分句

① 这种情况是可以预见的，一方面，因为连词和饰句语气副词同属有标记语法成分，又都具有篇章连接功能，有时还可以表达一定的主观性，所以两个具有很多相似功能的成分前后连用，是一种非经济（uneconomical）的表达手段。但二者同中有异、各司其能，以及同同连用、加强强调，又使得连词和饰句语气副词的连用成为可能，只是出现频率相对不太高。

中，管辖其所在分句。

需要指出的是，并非所有的饰句语气副词都能和连词连用，如“敢情”前后都不和连词连用。但是，就二者连用的情况而言，能够在一定程度上揭示饰句语气副词修饰辖域的规律。

三、饰句语气副词的辖域大小

（一）饰句语气副词的句法位置

当分布于句首时，在域外的阻断机制和域内的形式标记双重判定手段的作用下，可以量化饰句语气副词的辖域大小。不过饰句语气副词还可以分布于句中。Jackendoff（1972）指出句法位置决定修饰辖域，沈家煊（1985）、林华勇（2005）等也认为，句法位置或词序能够影响或决定副词的辖域。就饰句语气副词而言，分布位置不同，修饰辖域也存在区别，例如：

（18）a. 果然第三天早上，尖厉的一声叫子，火车轻轻地把我驮到黄绿的大野中去，简直换了个世界。（《燕知草》）

b. 第三天早上，尖厉的一声叫子，火车果然轻轻地把我驮到黄绿的大野中去，简直换了个世界。

（19）a. 钱国华果然走到翠芬身旁，把堆放在翠芬面前的商品盒拉到胸前，开始帮她包装。（《脂粉市》）

b. 果然钱国华走到翠芬身旁，把堆放在翠芬面前的商品盒拉到胸前，开始帮她包装。

例（18）a 中，“果然”位于句首，修饰“简直”之前的句子；当“果然”由句首位移到句中时，在例（18）b 中，其修饰辖域缩小为所在分句的谓语。例（19）a 中，“果然”修饰所在分句的谓语，当“果然”位移到句首，如例（19）b，其辖域扩大为由三个分句构成的复句。

（二）饰句语气副词的辖域大小

饰句语气副词的辖域大小情况到底如何？分布在句首和句中的差异性有何表现？我们依然以 CCL 语料库中 10 个饰句语气副词组成的 500 条语料为考察范围，把饰句语气副词的辖域跨度分为三类：位置在句首，修饰对象为一个单句或复句中的一个分句，辖域视为“1 个小句”；位置在句首，修饰对象为复句中一个以上的分句、整个复句或句群时，视为“大于1个小句”；位置在句中，修饰对象为谓语的情况视为“小于1个小句”。经过统计，得出表3-3。

表3-3 饰句语气副词的辖域大小

位置	跨度	其实	的确	大概	果然	也许	难怪	当然	本来	想必	敢情	总计
句首	1个小句	17	12	18	20	28	22	27	13	27	30	214
句首	大于1个小句	32	2	4	12	7	9	5	13	7	5	96
句中	小于1个小句	1	36	28	18	15	19	18	24	16	15	190

如前文所述，已有研究多认为，从总体上看，饰句语气副词以分布于句中为优势。但我们发现，就最常见、使用频率相对较高的饰句语气副词而言，分布于句首位置仍多于句中。以上10个饰句语气副词句首和句中用例总和的比例约为1.6∶1，说明它们的饰句性更强、在饰句语气副词中更具有典型性和代表性。从辖域大小看，以1个小句为常，也可以大于1个小句。其中，大于1个小句的情况约占总数的19%，而“其实”大于1个小句的用例甚至远远多于1个小句的用例。那么，影响饰句语气副词修饰辖域大于1个小句的因素是什么呢？

首先，从饰句语气副词的角度看。辖域大于1个小句时，饰句语气副词常常分布在关系句的前分句句首，表明整个事件的来龙去脉、前因后果等；而“敢情”“的确”等往往只引领单个的原因句或结果句，因此其修饰大于1个小句的能力较弱。

其次，从被饰句的角度看。大于1个小句的被饰句往往具有整体性，主要体现为表意上的凝聚性或逻辑关系上的完整性。前者指被饰句由多个分句构成，都是围绕同一个中心意思进行叙述，其表达内容具有整体性；后者指被饰句表达的事件常常有因有果、有假设有结论、有预递有承接、有让步有转折等，事件表达的逻辑关系完整，例如：

(20) <u>难怪</u>我那老伴老是想不开，忧忧愁愁没个头，小崽伤了，留一个姑娘也好。(《暴风骤雨》)

(21) <u>当然</u>，你要是腰缠十万，代劳还是有的。穷教授的家庭，那来这一份儿便宜？(《忙》)

例(20)中，根据阻断手段中“出现不同主语句”这一判定标准可知，“难怪”修饰其后的两个分句，“我那老伴老是想不开”和“忧忧愁愁没个头”是无标并列关系，共同表达老伴的状态。例(21)中，“当然”修饰假设复句“你要是腰缠十万，代劳还是有的”，被饰分句形成

“假设-结论”关系，逻辑关系完整。

四、相关思考

本节立足于“饰句”和“饰谓”之别，对两类语气副词进行了区分，并重点关注饰句语气副词的有关特点。一方面，从“饰句”的“饰”的角度探讨饰句语气副词的修饰性；另一方面，从“饰句”的“句”的角度考察饰句语气副词的辖域问题。本节的研究，可以在一定程度上深化对饰句语气副词的认识，同时，也引发了我们对相关理论问题的思考。限于篇幅，简述如下：首先，全面认识饰句语气副词的修饰性及辖域问题，有助于汉语教学及机器对篇章的识别。本书建立的框架可以为饰句语气副词的跨语言分析提供一个研究视角，也可为汉语中别类饰句副词，如饰句时间副词和饰句关联副词等的研究提供一定的参考。其次，词语与句子的关系较为复杂，过去大多局限于在句子之内探讨词语的语义特征对其搭配能力及句法功能的影响，但实际上，词语还能与整个句子甚至大于句子的语篇形成互动。那么到底存在哪些互动模式？它们之间如何互相影响？如能对这些问题进行更为全面深入的研究，将会深化我们对词法、句法和语篇之间复杂关系的认识。

第三节　饰句时间副词的修饰性及相关问题

由于时间副词具有的时体特征，学界一般着眼于时体角度对其进行分类，例如黎锦熙（1992/1924）首次对时间副词进行了分类，将其分为过去时、现在时、未来时、不定时四类。陆俭明和马真（1985：107）把时间副词分为定时时间副词和不定时时间副词。马庆株（2000）利用参照时间与说话时间的对立统一关系，把时间副词分为先时、后时和同时三种。张谊生（2000：60）从时间副词的表达功能入手，把时间副词分为表时副词、表频副词、表序副词三个次类，三个次类又分出不同的层级和小类。张亚军（2002：216-221）根据时间副词表达的时间先后关系，将现代汉语的时间副词分为先时时间副词、后时时间副词和同时时间副词；根据时间副词表达的时段和时间延续关系，将现代汉语的时间副词划分为短时副词、长时副词和延续时间副词。邹海清（2010）从体功能出发，把时间副词分为过程义时间副词、界变义时间副词和量化义时间副词三类。杨荣祥和李少华（2014）运用语义特征分析的方法，通过对 52 个副词所表示的时间意义的特征描写，给时间副词再作分类，共分先时、后时、延时、瞬时 4 个基本类、11 个下级小类。

有少数学者从句法位置的角度对时间副词进行了分类考察，杨德峰（2008：76—80）对《汉语水平词汇与汉字等级大纲》中的副词进行了考察，其中，64 个时间副词中，能够位于主语前的有 35 个，约占 54.7%，其占比仅次于语气副词。杨德峰（2016）据此进一步指出时间副词中既有饰句副词也有饰谓副词，能位于主语前的时间副词属于饰句副词，其数量在饰句副词中仅次于语气副词。方梅（2017）讨论饰句副词时，也较多关注了时间副词。但总的来说，从饰句和饰谓角度对于时间副词相关特点进行探讨，尚无专题性研究。已有研究的观点也不完全一致。比如，尹洪波（2013）在讨论饰句副词时并未提及时间副词，但杨德峰（2016）、方梅（2017）均明确提到了饰句副词中有很多是时间副词。基于已有研究和语言事实，我们认为，有相当数量的时间副词可以修饰句子，饰句时间副词在饰句副词中占有相当大的比重。因此，对饰句时间副词的研究，可以深化我们对时间副词乃至整个饰句副词的认识。饰句时间副词是饰句副词的次类，指修饰对象为句子或大于句子的语法单位的时间副词，例如：曾经、偶尔、有时、忽然、猛然、顿时、霎时、然后、随后、随即、从此等①。本节尝试对饰句时间副词的形式特征、修饰辖域、话题化表达等问题进行描述分析，探讨饰句时间副词修饰辖域大于饰谓时间副词的原因，以及饰谓时间副词转化为饰句时间副词的条件。

一、饰句时间副词的形式特征、修饰辖域和话题化

（一）饰句时间副词的形式特征

从句法位置上看，尹洪波（2013）指出，饰句副词的修饰对象是整个句子，可以位于谓语前，也可以位于主语前，赵彦春（2001）、张谊生（2014：52）与尹洪波持类似看法。我们赞同这一观点。此外，方梅（2017）指出在形式标志上，饰句副词与表达从属关系的连词共现时，

① 学界对时间副词和频率副词的分合问题存在一些争议。本书采取广义的“时间观”，认为只要表示与时间有关语法意义的副词就是时间副词，因此将频率副词归入时间副词。

必须居于连词前面。作为饰句副词的一个次类，饰句时间副词均符合上述特征①。

饰句时间副词可以和饰句语气副词连用。黄河（1990：494—523）通过对大量实例的调查，指出不同种类的副词在句子主要谓语之前的状语位置上出现时，基本上遵循如下规律（“＞”表示先于）：语气＞时间＞总括＞限定＞程度＞否定＞协同＞重复＞方式。张斌（2010：160）指出语气副词同其他副词共现时有一个显著的特点，那就是前置性。饰句时间副词和饰句语气副词连用时，一般确实是语气副词位于时间副词之前，例如：

（22）“好，那下次再聊。这是我的名片，有空打电话找我，也许偶尔我可以介绍你赚外快呢！”递出一张精美得有如金卡的明信片，她挟着一身香气走人了。（《纯属意外》）

（23）各大影楼不但在繁华闹市争抢地盘招徕顾客，而且早已开始在各种报纸上争抢版面了。甚至有时几个影楼的广告同时刊登在一个版面上。（《报刊精选》）

例（22）中，饰句语气副词“也许”和饰句时间副词“偶尔”前后连用；例（23）中，饰句语气副词“甚至”和饰句时间副词“有时”前后连用。

根据对语料的检索，我们发现一些时间副词也可以位于语气副词的前面，例如：

（24）那就是她曾经也许知道了他的沦落，但终于不说，还是救他回来的原因吧？（《务虚笔记》）

（25）众人偶尔甚至会听见天边传来凄厉的嘶鸣声，一抬头就看见一只巨大的天鹅飞越天际。（《魔戒》）

例（24）中，“曾经”和“也许”前后连用，例（25）中，“偶尔”和“甚至”② 前后连用。从二者的连用看，尽管语气副词是副词系统中最为虚化的小类，当语气副词和时间副词演变为更为虚化的饰句副词

① 有时一些饰句时间副词的句法位置受句法、语境等的制约，只能分布在句中，将会影响饰句时间副词的话题化，详见下文相关论述。

② 辞书中一般将“甚至”定性为连词，本书依据张谊生（2014：21）的分类，将其视作语气副词。如果将“甚至”看作连词，它与“偶尔”连用能够互换位置，“甚至”表递进关系，属于等立关系，则可以印证方梅（2017）提到的饰句副词与表达等立关系的连词共现，两者位序自由。

时，二者的虚实并非绝对，有时很难进行清晰的区分。

（二）饰句时间副词的修饰辖域

从总体上看，饰句时间副词既可以修饰由1个小句构成的整句，又可以修饰复句中的1个或多个分句，还可以修饰由多个分句构成的复句等。饰句时间副词修饰辖域的结束往往有标志时间转移或事件结束的标记词，例如：

(26) 巴雅齐一听……口里就骂开了："老子不怕他努尔哈赤，早晚老子非宰了他不可!"(《努尔哈赤》)

(27) 向来王守东上项目胃口颇大，这次却像换了个人似的，迟迟不见动静。(《报刊精选》)

(28) 向来，印度被西方资产阶级哲学家认为是唯灵论和神秘主义的故乡，传统的印度哲学家也将诸如"解脱""业"和"瑜珈"这样一些唯心主义哲学概念视为印度哲学的光荣和骄傲。恰托巴底亚耶不怕"得罪流行的感情"……(《读书》)

例（26）中，饰句时间副词"早晚"分布在句首，修饰其后的句子"老子非宰了他不可"，"早晚"所在句为话轮结束句，标志着"早晚"修饰辖域的结束；例（27）中，饰句时间副词"向来"修饰复句的第一个分句"王守东上项目胃口颇大"，时间状语"这次"标志着"向来"修饰辖域的结束；例（28）中，饰句时间副词"向来"独用，修饰其后由两个小句构成的复句，新主语"恰托巴底亚耶"的出现标志着"向来"修饰辖域的结束。

此外，饰句时间副词饰句辖域的大小和其句法位置的分布密切相关。一般来说，位于句首的饰句时间副词的修饰辖域大于句中的饰句时间副词，独用的饰句时间副词的修饰辖域又大于句首的饰句时间副词，饰句辖域大小可形式化为：独用＞句首＞句中。以"偶尔"的不同句法位置用法举例说明：

(29) 阿飞却笑了又笑，道："每个人偶尔都会发一次疯的，有时这并不是坏事。"(《小李飞刀》)

(30) 我专心地拍照并笔记任何可以成为写作材料的事物，偶尔作一点写生，以及为林中那些麦鸟皋鸟、鹦鸪、水鼠甚至蚊子所发出的声响录音。(《四喜忧国》)

(31) 偶尔，如果幸运的话，我把手轻轻地放在一棵小树上，

就能感到小鸟放声歌唱时的欢蹦乱跳。(《假如给我三天光明》)

以上三例中，饰句时间副词“偶尔”分别位于句中、句首或独用。例（29）中，“偶尔”的修饰辖域为小句“每个人都会发一次疯的”；例（30）中，“偶尔”的修饰辖域为复句中的两个小句“作一点写生，以及为林中那些麦鸟皋鸟、鹨鹉、水鼠甚至蚊子所发出的声响录音”；例（31）中，“偶尔”的修饰辖域为复句“如果幸运的话，我把手轻轻地放在一棵小树上，就能感到小鸟放声歌唱时的欢蹦乱跳”。

（三）饰句时间副词的话题化表达

分布在句中的饰句时间副词可以前置在句首话题化，在各类副词中，时间副词能够话题化的相对较多（杨德峰，2016）。时间特征是饰句时间副词最典型的语义特征，而且跟饰句时间副词的话题化表达密切相关。当句子表达的时间视点具有单一性即句子的时间因素只由饰句时间副词体现时，饰句时间副词往往能够话题化；当句子的时间因素具有双重性或多重性时，饰句时间副词表达的时间义如果与其他时间成分在时间视点上基本一致，饰句时间副词也较易实现话题化，例如：

（32）她有时埋怨自己不该让孩子们离开她。(《苦菜花》)

（33）我年轻流浪的时候，曾经在山里迷过路。(《风云初记》)

例（32）中，句子只有单一时间视点，即饰句时间副词“有时”，“有时”可以前移至句首实现话题化。例（33）中，句子中有两个体现时间因素的成分，一个是“年轻流浪的时候”，另一个是“曾经”，两者都是表示过去时间，在时间视点上具有一致性，因此，饰句时间副词“曾经”可以前置到主语“我”之前话题化，只是一般还要添加逗号才显得更自然。

但是，分布在句中的饰句时间副词不能无条件前置句首话题化。杨德峰（2016）认为影响饰句副词话题化的既有句法因素，也有语义因素，还有语用因素，是属于综合影响的结果。饰句时间副词的话题化，与饰句时间副词最本质的特征是表达时间密切相关，同时也受多种因素影响。就其时体特征而言，当句子的时间因素具有双重性或多重性时，若句中存在主要时间视点，而饰句时间副词表达的时间视点是句子的次要时间视点，两者不太一致；或者两者都位于主语之后，且后者处于前者辖域范围之内，饰句时间副词一般不能话题化，例如：

（34）他对这位曾经击败过青城、华山、嵩阳三大高手的少年

剑客，并不十分客气，后来丁鹏才知道他无论对谁都不大客气。（《圆月弯刀》）

（35）我现在跟北京的朋友讲话偶尔会讲出来北京话。（《李敖对话录》）

例（34）中，句子表达有三重时间视点：过去、现在和将来，饰句时间副词“曾经”修饰过去已经发生的事件“少年剑客击败过青城、华山、嵩阳三大高手”，而句子叙事的主要时间视点是现在，因此，饰句时间副词“曾经”不能前置到句首话题化①。例（35）中，出现了两个表达时间的成分“现在”和“偶尔”，饰句时间副词“偶尔”处于“现在”的辖域范围内，由于两者都位于主语“我”之后，“偶尔”若前置到句首，则会反过来管辖“现在”，造成语义上的不和谐。类似情况下，如果表示主要时间视点的成分位于主语之前，那么饰句时间副词也可以移至主语之前，但不能居于句首（如“以前她偶尔会在开学之前来找我们”可以说成“以前，偶尔她会在开学之前来找我们”，不能说成“偶尔，以前她会在开学之前来找我们”）。

从句法结构的角度看，当饰句时间副词分布在主从关系句中的从句中时，其修饰辖域只限于从句，因此饰句时间副词不能提升到主句并前置于主句的句首话题化，例如：

（36）她想了想，又道：“我知道绍兴有个鬼曾经把人家埋在地下的十二坛女儿红全都偷偷喝了，再把清水装进去……可是天上地下，绝没有一个鬼能把一个活生生的大姑娘变成母狗。”（《圆月弯刀》）

（37）他盼望忽然会发现意想不到的奇迹。（《上海的早晨》）

例（36）中，饰句时间副词“曾经”所在句为宾语从句，它在宾语从句的范围内可以位移至主语之前，即“曾经，绍兴有个鬼……”，但不能跨越从句、前置到整个主句“我知道……”的句首进行话题化。虽然将“曾经”前置到句首，句子仍然成立，但句子的各种时间关系和意义都会发生变化，不再属于话题化讨论的范围。例（37）也是如此。此外，例（34）也存在这一因素，只是该句中“曾经”处于定语从句。

① 此句“曾经”虽可以前置至句首，但不属于话题化现象，下文将讨论这一现象。

二、饰句时间副词和饰谓时间副词修饰辖域的大小

不同饰句时间副词的修饰辖域不同，但在理论上都大于饰谓时间副词的修饰辖域。饰句时间副词的修饰辖域大于饰谓时间副词的原因，主要是分布语体具有叙事性倾向、语义具有稳定性。此外，两者修饰辖域的大小与各自强调功能的强弱具有关联性。

（一）饰句时间副词分布语体的叙事性倾向

语体差异对汉语的词汇、语法和语音等的发展有重要影响，汉语研究非常重视语体特征的差异，不少学者已经进行了相关探索（胡明扬，1993；陶红印，1999，2010；冯胜利，2006，2010，2018；张伯江，2007，2012；方梅，2007，2013；汪维辉，2020；齐沪扬、邵洪亮，2020）。饰句时间副词和饰谓时间副词虽同属时间副词这一词类范畴，但饰句时间副词出现的语体往往是叙事语体（刘小辉，2012；方梅，2017），有时也可以出现在对话语体中。饰谓时间副词则没有这一明显倾向性，它比饰句时间副词更容易出现在对话语体中。方梅（2007）指出，叙事语篇具有过程性、事件性特征，对话语体重在交换信息和观点，现场性和评论性更为突出。事件的展开常常以时间因素为线索，完整事件的呈现往往是需要多个句子构成，时间因素贯穿整个事件构成的始终。因此饰句时间副词分布在叙事语篇中时，多突出整个事件表达的整体性、完成的过程性，其修饰辖域往往是包含完整时间表达的多个句子，叙事语篇为饰句时间副词修饰辖域大于一个句子提供了语体条件。而饰谓时间副词因为常分布的语境为即时的对话，时间因素就是当下的、及时的，对话中时间因素的重要性居次要地位，会话参与者的反馈性和互动性是需要考虑的重要指标，每个话轮中包含的句子多比较简短，这一特点对饰谓时间副词的修饰辖域造成了一定限制，例如：

(38) 霎时，鲜血染红了衣服，染红了大半个水田，要不是有人发现，段永霞恐怕永远走不出那块耕耘多年的土地。(《作家文摘》)

(39)“不要，我要回去了。我们之间已经没有任何瓜葛了，放开我。”“没有瓜葛？你忘了我还没签字吗？”(《红苹果之恋》)

例（38）中，饰句时间副词“霎时”处于叙事语体，修饰辖域为其后的两个分句“鲜血染红了衣服，染红了大半个水田”。例（39）中，饰谓时间副词“已经”处于对话语体，修饰辖域为句子谓语“没有任何

瓜葛了”，其后的小句“放开我”明显不在其修饰辖域的范围内。

（二）饰句时间副词语义具有稳定性

饰句或饰谓之别是时间副词句法功能差异性的表现，与时间副词自身的语义密切相关。和饰谓时间副词相比，饰句时间副词的语义具有稳定性，这也是饰句时间副词的修饰辖域大于饰谓时间副词的原因之一。Ernst（1984）提出了一种“宽松适配理论”（tight-fit theory），认为有些副词具有固有意义，有些副词没有固有意义，副词意义的固有与否跟其句法表现密切相关，如果一个副词拥有一个固有语义，它的句法位置不会影响对它的理解，而且预计它将相当自由地分布。饰句时间副词也是如此，其句法位置的灵活性与其语义的稳定性密切相关。就权威辞书中的义项设立而言，饰句时间副词和饰谓时间副词一般只有一个义项，因此很难从这个方面进行比较。但饰谓时间副词的主观性一般强于饰句时间副词，常常表达主观时量①，分布在程度义明显的语句中，从而沾染了一定附加意义。饰句时间副词无论分布在何种语境中，一般表示客观时间，语义更为稳定。因此饰句时间副词的句法分布更为灵活，可以分布在句中、句首或独立使用，进而造成了饰句时间副词和饰谓时间副词修饰辖域的不同，例如：

（40）我曾经看见过疏林的落日，踏过良夜的月光；玩赏过春初的山花，秋后的枫色。（《巨像》）

（41）这农夫哀求着：“它曾经是一匹好马，我起誓它是。它见过大场面。”（《矛盾交响曲》）

（42）在韩家大院，郭全海、白玉山和李大个子带领二十来个农会小组长和积极分子，日日夜夜地工作，已经三天了。（《暴风骤雨》）

（43）以生意人的直觉，他感到，光提到律师二字，已经将自己牵涉进去，到很深的地步。（《红玫瑰与白玫瑰》）

例（40）和例（41）中，“曾经”分别处于叙事语体和对话语体，但不论它出现在哪一语体中，其语义往往较为客观，都是从过去时间的角度对被饰句进行客观的修饰。例（42）中，“已经”表达主观大量，

① 饰句副词中语气副词最多，以表达情态为主的饰句语气副词比一般饰谓副词的主观性更强。但仅就时间副词而言，饰谓时间副词的主观性多强于饰句时间副词。

强调工作持续时间久。例（43）中，“已经”具有负向强调意义（曲殿宇，2012），强调情况的糟糕程度，其修饰辖域明显小于“曾经”的修饰辖域。由此可见，时间副词语义（包括概念意义和附加意义）对其修饰辖域的大小有重要影响。

（三）修饰辖域的大小与强调功能的强弱

一方面，饰句时间副词辖域较大，往往强调由一连串行为构成的整个事件，被饰的每一个小句都是强调的对象，因此其强调功能明显弱于饰谓时间副词。饰谓时间副词辖域较小，主要聚焦于句子的谓语部分，因此强调的重心突出，强调功能强于饰句时间副词。另一方面，饰谓时间副词的主观性强于饰句时间副词，特别是饰句时间副词修饰多个常规行为组成的事件，而饰谓时间副词凸显负向强调意义时，两者的强调功能强弱对比十分明显，例如：

（44）我常以我那位朋友的屋子为我的烦忧的托庇所，因为在那里我可以找到平静、友谊和莫逆于心的谈话。有时我们一同缓步在那些曲折的多尘的小胡同里，或者在那开着马缨花的长街上。（《连环套》）

（45）我也知道你跟乃文的一切都是假的。为什么你要一直缠着乃文，他根本不爱你，你是他继母啊！为什么……（《红苹果之恋》）

例（44）中的“有时”语义客观，同时强调两个小句“我们一同缓步在那些曲折的多尘的小胡同里，或者在那开着马缨花的长街上”。例（45）中的“一直”强调谓语“缠着乃文”，焦点明显，具有负向的强调作用，强调说话人对受话人“缠着乃文”行为的反感或厌恶。

三、饰谓时间副词演变为饰句时间副词的条件

饰句时间副词区别于饰谓时间副词，饰谓时间副词演变为饰句时间副词会受到一系列因素的制约，但在共时层面，一些饰谓时间副词也可以在一些条件的作用下，直接转化为饰句时间副词。

（一）饰谓时间副词转化为饰句时间副词的限制性因素

饰谓时间副词转化为饰句时间副词的标志为分布位置能够从句中位移到句首或独用，修饰辖域由修饰谓语到修饰句子，或修饰比句子更大

的语法单位。限制饰谓时间副词转化为饰句时间副词的因素主要包括外在的语境制约和内在的语义、韵律、功能等制约。Jackendoff（1972）指出副词的句法位置决定修饰辖域。杨德峰（2008：76—82）对《汉语水平词汇与汉字等级大纲》中的64个时间副词在语料库中的使用情况进行了详细的统计，认为影响时间副词位置的因素主要是句子的主语。制约饰谓时间副词的分布位置因素跟语体、语义、韵律等密切相关。就分布的语体而言，饰谓时间副词比饰句时间副词相对较多分布在对话语体中。语义方面，饰谓时间副词的语义缺乏稳定性。韵律方面，饰谓时间副词中有很多单音节的词语形式，单音节韵律是饰谓时间副词转化为饰句时间副词非常重要的限制性因素。

（二）饰谓时间副词转化为饰句时间副词的可行性条件

从词语发展演变的规律看，尽管饰谓时间副词转化为饰句时间副词有很多制约性因素，但随着时间的推移，饰谓时间副词语义逐渐虚化，语法功能逐渐增强，最终可能会演变为更为虚化的饰句时间副词。但是，在共时层面，一些饰谓时间副词在一定条件下也可能直接转变为饰句时间副词，实现修饰辖域从修饰谓语动词到修饰整个句子的转变。首先，在句法位置上，饰谓时间副词需要放置在句首，且使用逗号和其后的核心句分离，这种形式上和其后句子的隔离使时间副词失去了修饰谓语动词的句法位置。逗号还充当语调提示。Dixon（2005：385）认为，这种同位语调或逗号语调是用来表示偏离句子中副词标准原型位置的。其次，在语表形式上，饰谓时间副词其后往往需要添加状位标记“的/地”体现其功能上的唯状性和语义上的程序性，如“渐渐—渐渐的/地”“常常—常常的/地”“逐渐—逐渐的/地”[1]，我们将这类特殊的饰句时间副词称为有标记的饰句时间副词，以区别于常规饰句时间副词。这种状位标记“的/地”的添加实质上是“饰谓时间副词+的/地”由谓语前的句法位置，前置到句首独用的表现。如果饰谓时间副词在句中修饰谓语时，不能和状位标记“的/地”组配，则不能直接前置在句首独用，如“已经”等饰谓时间副词，例如：

（46）我底下还有两个妹妹没出阁，三哥四哥的几个女孩子也

① 方梅（2017）认为该类“单音节重叠式+的”构成的副词和韵律独立密切相关，它比不含“的”、韵律不独立的饰句副词辖域更大。

渐渐地长大了，张罗她们还来不及呢，还顾得到我？（《倾城之恋》）

（47）渐渐地，岸上的杨柳与水面的波光都现出了模糊的形状，江中的渔舟，撑起了帆篷，现出迎着晚风归去的样子。（《仲夏夜之梦》）

例（46）中的“渐渐”是典型的饰谓时间副词，修饰谓语动词“长大了”，但其前置到句首，且添加上状位标记语独用时，由饰谓时间副词转变为饰句时间副词，例（26）中的“渐渐地”修饰其后的由几个小句构成的整个句子。

值得说明的是，“渐渐”类饰谓时间副词需要添加状位标记语“的/地”，跟状貌类饰句时间副词具有相似性，如“忽然、猛然、骤然”等都具有动态性、过程性、样貌性和画面感，形成了一致的表达特征，张谊生（2014：25—30）将具有这些功能的副词称为描摹性副词。

汉语是缺乏形态变化的语言，从词语的发展演变看，形成了汉语词语的同形异类或兼类等情况，但是，一部分词语转类的时候具有形式上的区别，这一点尚未引起学者们的关注。主要表现为：句法成分在发展演变的过程中，常常添加语气词或其前添加助词等虚词，或者使用标点符号将词语跟其后的句子隔开，形成独用，凸显源词和演变后词语的不同，跟饰谓时间副词演变为饰句时间副词具有相似性。例如，汉语中名词演变为叹词或叹词化的话语标记时，往往需要添加语气词或者表示定中关系的“的”等虚词，以区别源词，如名词“天”和“妈”演变为话语标记时，需要在其后添加语气词或其前添加特殊限定语，形成“（我的）天啊/哪/呀”“（我的）妈啊/哪/呀”等。再如，一些主谓短语或动词性短语从充当句子成分演变为插入语时，往往在形式上表现为：从句中位移至核心句的句首，形成独用。这与饰谓时间副词转变为饰句时间副词具有一定的相似性。饰谓时间副词演变为饰句时间副词的相关形式变化都是实现韵律和谐和句法“合法”的表现。

通过本节的研究可知，饰句时间副词在句法位置上能够分布在句首、句中和独用，饰句时间副词的修饰辖域可以是小句，还可以是大于小句的复句等。饰句时间副词可以话题化，但有时会有一些制约条件。饰句时间副词的修饰辖域大于饰谓时间副词，其原因主要是饰句时间副词的分布语体具有叙事性倾向、语义具有稳定性，两者修饰辖域的大小与各自强调功能的强弱具有关联性。从语法化的角度看，一部分饰谓时间副词随着时间的变化会逐渐演化为饰句时间副词。从共时的层面看，饰谓时间副词转化为饰句时间副词有一系列的限制因素。不过，个别带状位标记的饰谓时间副词可以前置到被饰句的句首，且在形式上运用标点使副词和被饰句隔开，形成独用形式，即在共时层面，只需要发生一定的形式变化，可以直接转化为饰句时间副词。

本节对饰句时间副词的研究不仅更加深化了对饰句副词的认识，也启发我们对以下问题进行相关思考：饰句时间副词的修饰辖域大于饰谓时间副词的修饰辖域，其原因机制和其他类别饰句副词的修饰辖域大于饰谓副词的修饰辖域的原因机制有何异同？此外，饰句时间副词与饰谓时间副词相比还有哪些区别性特征？饰句时间副词和汉语中其他饰句成分存在哪些异同？这些问题，都还值得进一步深入研究。

第四节　本章小结

本章的研究对象饰句副词是汉语饰句性唯句成分的又一重要的组成类别。本章的主要内容分为三节。

第一节梳理了国内外学界关于饰句副词的研究现状，为其后饰句语气副词和饰句时间副词的专题研究提供了基础。

第二节主要考察了饰句语气副词与饰谓语气副词的关系、饰句语气副词的修饰性、修饰辖域的判定标准、修饰辖域的大小等相关问题。饰句语气副词与饰谓语气副词存在若干相同和相异之处，饰谓语气副词可以向饰句语气副词转化。饰句语气副词的修饰性来源于传统对“修饰”内涵的认识，但从句法和语义方面都与一般对“修饰”的理解有所不同。当饰句语气副词位于句首时，判定其辖域的形式标准主要体现为阻断手段和辖域标记，前者包括带标记的句子和独立成分，后者包括句末语气词和连词。一般来说，典型饰句语气副词的修饰辖域常为 1 个小句，也可以是大于 1 个小句的超句范围的复句或更大的语篇。

第三节重点讨论了饰句时间副词的形式特征、修饰辖域和话题化等问题，以及饰句时间副词与饰谓时间副词之间的区别和联系。饰句时间副词能够分布在句首、句中，也可独用，其修饰辖域可以是小句，也可以是大于小句的复句等。饰句时间副词的话题化有时会受到一些条件的制约。饰句时间副词的修饰辖域大于饰谓时间副词，主要由于饰句时间副词的分布语体具有叙事性倾向、语义具有稳定性，两者修饰辖域的大小与各自强调功能的强弱具有关联性。一部分饰谓时间副词可以演变为饰句时间副词，这种演变一般来说具有较多限制因素。个别带状位标记的饰谓时间副词，只需要在形式上使用标点使副词和被饰句隔开，形成独用，就可以前置到被饰句句首，从而直接转化为饰句时间副词。

通过对饰句语气副词和饰句时间副词的研究可知，具有修饰功能是各类饰句副词的共性，但不同的饰句副词内部存在差异性。饰句语气副词和饰句时间副词的研究深化了我们对汉语饰句副词乃至整个副词词类系统的认识，也为汉语其他的饰句副词以及其他语言饰句副词的研究提供了可参考的材料，还进一步加深了对饰句性唯句成分特点的认识。

副词的修饰对象并非仅仅只有谓语，当副词修饰句子时，句子也是一种特殊的被修饰对象，这时该饰句副词兼顾了句法性和语用性，处于句法平面和语用平面的接口，既具有修饰性的句法属性，又具有一定的篇章连接功能。本章通过对饰句副词的研究更加清晰地认识了副词的性质、副词的词类系统的地位、副词在句法平面和语用平面的地位。此外，除了饰句语气副词和饰句时间副词之外，其他类别的饰句副词尽管在饰句副词中占比较小，但同样具有重要的研究价值，对它们的研究能够充实我们对饰句副词的认识。关于其他类别饰句副词，由于时间和篇幅等方面的限制，我们将另文对其进行研究。

第四章　连句关联词语的连句性

关联词语是起关联句子或大于句子的语法单位的一类成分，其典型功能是复句内的分句连接和语篇中句子之间的句际连接。本章重点研究唯句成分中和句子发生直接作用的关联词语，为了突出其和句子的关系，我们把它称为“连句关联词语”。对于连句关联词语，不同的关联词语语义管控辖域的具体情况如何？倾向于和哪种句级以上的语法单位发生直接作用？这些问题尚待解决。本章将对连句关联词语的连句性及相关问题进行研究。

第一节　关联词语的研究现状及其与唯句成分的关系

关于关联词语的内涵和外延，不同的学者有不同的看法。有些学者注意到除了连词以外，其他的一些实词、短语、句式、构式等也具有关联作用，如张涤华（1958：257）指出连接成分通常由连词充当，一部分副词（如“就”“也”之类）也常常用来连接分句，还有一些词组，如“一方面”“另一方面”之类，也可以充当连接成分。赵元任（1968）将连接词分为介词性连接词、超造句性（macrosyntactic）连接词、关联连接词和主要分句的省略式，并指出除了少数介词性的连接词以外，大多数连接词都是副词性连接词，既做连接用，又作修饰用。陈垂民（2001）注意到一些实词或词组具有连接作用，并指出这些实词或词组充当连词时，已经发生了连词化，失去了词组的功能，如“一方面”“另一方面”“要就是”“甚至于”等。郑文贞（1985）指出关联词语主要是一些具有关联作用的连词和副词，可以用来连接分句或句子以上的语言单位。关联词语可以用来连接段落、层次以组成层次、篇章，并显示前后或上下句子、句群、段落、层次间的结构关系，在组段成篇中起重要作用。王维贤（1994：63）指出关联词语一般指连词、副词，以及一些表示复句的特定的逻辑语义关系的短语。张斌（2001）指出所谓关联词语，其实不属于词语的类别，而是句子中某些成分的名称，称之为关联成分更符合实际。邢福义（2001：28—29）把“关联词语”称为“关系词语”，指出复句关系词语包括四类：句间连词、关联副词、助词“的话”和超词形式。邢福义所著《汉语复句研究》一书对汉语关联词语的关联用法进行了详细研究，是目前关于关联词语连接功能和语法特征的描写和分析中最为丰富详尽的。莫超和雷成全（2003）指出“关联短语不是与名词、动词、介词等对等的一类词，也不是全部的连词或副词，而只是能连接分句的连词、副词、助词及短语”，并把关联词语分为关联词和关联短语两大类，关联词又分为关联连词、关联副词、关联助词三小类。

从各家的划分来看，关联词语的成员极其复杂。词类上，包含多种词类，如连词、副词等；构成上，包含词和非词形式（如短语、超词形式等）。其中，连词、关联短语词和关联副词等基本上都被各家纳入了划分体系中。根据唯句成分的基本特征，只跟其后的句子或大于句子的语法单位产生直接作用关系的连词、关联短语词和关联副词，都属于唯句成分的成员。句子连接功能是这些成分的典型功能，为了体现其和句子的关系，结合其他唯句成分和句子的关系，我们将分布在句子层、只和句子发生关联作用的关联词语称为“连句关联词语”，其和句子关系的特征具体表现为连句性。下面我们以关联词语的连接功能为导向，介绍关联连词、关联短语和关联副词的研究现状。

一、关联连词的连接功能

连词是汉语中起连接作用的最典型的成分。关于连词的连接对象，黎锦熙（1992/1924）指出连词是用来连结词与词、语与语、句与句、节与节，以表示它们互相联络的关系的。吕叔湘、朱德熙（2013/1952）谈到连接词的时候已经注意到连接词“以及”的用处比“及”广一些，不但能连接名词，也能连接动词、短语或句子形式。张志公（1958：155）指出，“连词的用处是把两三个或好几个词或者比词大的单位连接起来，成为一种联合结构，表示各种关系”，“连词既可以连接词，也可以连接各种词组或句子”，“大部分连词丝毫没有修饰作用，只有一小部分连词在一定的条件下（如用在动词或形容词前边）才多少有一点修饰作用”。谭庸（1953：1）指出“连接词是用来连接本来不相干的两个或两个以上的词、短语、句子或节段，使它们在意义上彼此有所联系；但不是句子里的主要成分，又不是连带成分，也不是附加成分，完全独立于句子，但又不像感叹象声词那样，完全脱离句子而独立在句子外面，仍旧必须依附在一个词、一个短语、一个句子或一个节段的前面或后面”。胡裕树（1979：304）指出“连词的作用是连接。从连接的成分来看，有的是词或词组，有的是分句。从连接的方式来看，有的表示联合关系，有的表示偏正关系。每个连词必定连接一定的成分并表示一定的关系”。

一些学者根据连接功能的不同对连词进行了分类。张谊生（2000：180）将连词的句法功能分为衔接和成句两方面。其中的衔接，是指关联连词超越句子层面的连接功能。周刚（2002：33—39）根据连词的连接功能，把连词分为单纯连词和关联连词，并根据所连接成分的语法性质，把后续连词中的连接短语和小句的一类再分为可连接句子和语篇的与不可连接句子和语篇的两小类，可连接句子和语篇的后续连词有：表并列的、表连贯的、表递进的、表因果目的的、表转折的、表假设条件的。邢福义（2003：284）把连词分为词语连词和句间连词。张斌（2010：200）根据连词连接功能的差异将连词分为组合连词与关联连词两种。

可见，连词的连接对象并不相同，只有连接句子的连词才是关联连词，才属于本章要研究的关联词语。

有些学者对关联连词进行相关研究时，直接以“篇章连接成分”“关联词语”或“关联标记”等概念对其表述。例如，廖秋忠（1986）根据连接成分的语义和用法近似的原则，并参考前人有关句中及篇章中的连接成分的分类，将汉语中的篇章连接成分分为时间关系连接成分和逻辑关系连接成分两类。彭湃（2004）指出连接功能是因果关系连接成分最基本的功能，其内部又分为承接功能、凸显预设功能、转接功能等。付琨（2009）考察了现代汉语后置关联标记的篇章功能及其修辞动因，指出和前置关联标记相比，后置关联标记还具有提取和转化的篇章关联功能以及管界、分界和话题焦点化的篇章标记功能。

除了上述从整体视角或类别视角出发的研究之外，关联连词连接功能的个案研究也相当丰富。黄慧英（1996）指出“不说”是现代汉语里的一个新的表递进关系的关联词语，并对其关联功能进行了考察。王弘宇（1997）讨论了“一边”引导的并列复句内部的语义关系，邢福义（1998）分析了关联标记“一边”的配对和单用，王伟丽、邵敬敏（2000）分析了“一面”引导的复句的语义类型。张斌（2001：681）认为“再说”是连词，表示递进关系，可以连接小句和句子。郑贵友（2001）分析了“再说”的三个篇章连接功能：联结话题相同、相近、相关的两个表述，联结话题相异的两个表述，特定的预示功能。罗耀华和牛利（2009）指出连词“再说”语义上表达程序义，句法功能上表达语篇衔接，表追加或补充。沈威（2020）认为连词“所以”在新闻标题中的演变轨迹可以描述为：句内常规因果功能→句内特殊因果功能→篇章下指提示功能，“所以”的篇章下指提示功能是指：在篇章范围内，连词“所以”构成的句子单独做标题，该标题或者提出一个疑问，或者表述一个结论，而连词“所以”的功能是提示产生该疑问或结论的具体原因在正文里面。

词语的语法化过程或虚化过程，一直是学界研究的热点内容，不少学者将关联连词的连接功能和语法化过程结合起来共同研究。如周静（2004）考察了“甚至”的篇章衔接功能和语法化历程，指出它作为连词，主要作用是凸显并强调位于最末的小句，是以聚焦为基础的衔接与强调功能的综合。王灿龙（2008）对“否则”的篇章衔接功能及其词性问题进行了考察。金鑫（2009）从历时、共时两个方面分别探究了数量短语“一头”固化演变为并列复句关联标记的过程，并从认知的角度对“一头”由表示“空间”性语义特征通过“隐喻”产生关联标记用法进行分析。姚小鹏和姚双云（2009）指出“不妨”经历了由状中短语到副词和语气词的语法化过程，随着语法化过程中篇章功能的强化，评注性副词“不妨”又衍生出关联化的连词性用法。“不妨”的关联性用法主要体现为显性与隐形、强制性与非强制性、转承性与补充性。刘亚辉和姚小鹏（2011）指出“可见”经历了由动词短语到评注性副词和连词的演变历程，这也是其情态化与关联化的过程。饶宏泉（2019）认为现代汉语中动词“包括”正发生双重演化，其中一个维度是连词化，在不同的句法语用框架中呈现不同的连接功能，“包括”连词化的功能演变说明了篇章功能的强化会导致逐渐关联化、连词化。

一些学者对古代汉语关联连词的连接功能进行了相关考察。例如，张赪（2014）对上古汉语连词“故”的篇章功能进行了研究，指出上古汉语连词“故”主要用于句群首，起篇章连接作用，“故”连接的成分的逻辑语义分顺接、逆接、转接等三大类七小类，“故”位于句群首、所连接成分复杂是它由因果关系连词演变为篇章连接成分的条件。冯文贺（2017）对《世说新语》的篇章连接词进行了研究。张萍（2019）对《墨子》篇章衔接连词“若苟”用法进行了探究，指出《墨子》中“若苟”并非单纯假设连词，主要是起着篇章衔接的功能，引出另一个话题，进而展开下文的论述。

根据以上综述可知，关于关联连词的研究涉及的领域十分广泛，已有研究已较为充分。不过，关于关联连词的连接对象和语义管控辖域等与句子连接功能相关的问题，虽得到一些学者的关注，但还缺乏个案分析和系统研究。

二、关联短语和关联副词的连接功能

关于关联短语的研究相对较少，由于关联短语的特殊性，不同的学者对其性质认定不同，一些学者将其归入插入语，一些学者认为其是超词形式，还有一些学者将其界定为话语标记等。为了表明其和连词的区别，张斌（2001）将之称为短语词，周刚（2002：20）称之为连接性短语词。从关联性短语的角度对其进行的研究，如周刚（2002：20—21）指出，与同形的实词性短语相比较，连接性短语词语义上已不都是内部的各个词词义的简单相加，有其本身特定的意义。在句法上其句法功能趋于虚化，只相当于一个词，也不再充当句子成分，不受其他成分修饰，只出现在句首或主语之后的位置上，起连接作用。周刚将连接性短语词归纳为 12 个，如“不要说、怪不得、看样子、另一方面、谁知道、特别是、为的是、要不是、要就是、一方面、尤其是、再不然”。张谊生（2006）讨论了短语词“看起来”“看上去”词汇化的机制和动因，认为二者在功能形类上，由动趋式短语虚化为评注性准副词，形成了一个由基谓语、泛谓语、句间插入语到句内插入语的连续统。在词汇化的过程中，上述短语词经历了语篇功能到衔接功能的转变。

和连词相比，关联短语词的数量相对较少，而且，关联短语词的研究和连词相比也较少。和连词相比，关联短语词在形式以及内部结构上都和典型的连词相区别，其形式一般是三音节，因此，关联短语词的研究比较注重语法化以及与其语法化密切相关的功能的变化。已有研究注意到关联短语已经固化，但是对关联短语词的篇章研究，因其视点和连词具有相似性，存在一定局限，对关联短语词的语义管控的具体情况则尚未涉及。关于关联短语词的篇章连接功能以及其他相关问题等，还有待进一步研究。

此外，关联副词的连接问题也引起了一些学者的关注。原苏荣和陆建非（2011）从副词性关联词语篇章衔接的语义与类别、特点与差异等方面，对汉英副词性关联词语的篇章衔接功能进行对比分析，探讨了汉英副词性关联词语篇章衔接功能的共同特点、规律及其差异。方环海、刘继磊和赵鸣（2007）以“完了”的个案研究为例，研究了“X了”的虚化问题，“完了”已经变为具有篇章连接功能的关联副词。汉语中典型的关联副词如“也”“就”等，一些学者已经注意到它们具有连接句子的功能。根据唯句成分的特征，“也”“就”等典型关联副词关联的句子中，关联副词一般出现在主语之后，在一定程度上说明其关联句子的能力较差，而且能连接句子的关联副词在整个关联词语中占比极小，我们不再重点研究。

三、关联词语和唯句成分

根据关联词语的研究现状可知，关联词语的形式特征、逻辑语义关系及具体连接功能的研究已经非常可观，不同关联词语的对比，关联词语的语法化、主观化，关联词语与其他词语的连用等现象，也都得到了相关研究。

句子乃至篇章连接功能是关联词语主要的功能，以往的研究侧重于对关联词语的关联关系以及连接功能进行研究，关于关联词语的连接对象和语义管控辖域等相关问题，尚未得到充分研究。已有的研究常常对关联词语连接的对象一笔带过，至于关联短语的语义管控辖域更是很少提及。一些学者如廖秋忠（1986）已经注意到该问题，并指出“篇章中的连接成分所连接的并不是它前后的句子或段落，而是其中所表达的人、事、物。当然，在很多情况下，所连接的对象刚好用完整的句子或段落来表达。……至于如何确定篇章中的连接成分所支配的对象与范围，还需要进一步研究”。关联词语的连接对象和语义管控辖域等问题的研究，需要建立在对关联词语的分类上。不同的连句关联词语的连接对象和语义管控的辖域有何区别，如何使用有效测量手段准确地衡量连句性关联词语的语义管控辖域等，都值得我们进一步研究。就连句关联词语而言，连句关联词语在具体语境中的连接对象特别是辖域大小，以及连句关联词语的连接对象（都是其前后的句子），有的倾向于关联分句以组成复句，有的常常关联句子以组成句群乃至更大的篇章，不同连句关联词语内部的差异性表现如何，也需要深入研究。

连句关联词语是唯句成分的重要组成类别，其和句子的关系表现为连接和被连接的关系，具有连句性，区别于具有饰句性和引句性的唯句成分。连句关联词语具有以下特征：

首先，关联词语关联的句子或大于句子的形式无法放置在传统的句法平面进行分析。从关联词语的组成来看，关联词语包括和句子发生直接作用关系的连词、关联短语词和关联副词等，但是一些连词、关联短语词和关联副词的直接对象是小于句子的句内成分，它们与连句关联词语具有相似性。从使用表现上看，一些连句关联词语有时也可以连接非句子形式，这些是非典型用法。此外，从语法化的演变角度看，关联词语和连句关联词语在关联词语系统内部存在从非连句关联短语向连句关联词语演变的趋势，也就是说，连句关联词语是一个开放性的类别。

其次，从连句关联词语的内部看，连句关联词语从分布位置的角度可以分为前置型（如“因为”“如果”“但是”“与其”“无论”等）和后置型（如“的话”“则已”“不说”等）两类。

相对而言，后置型连句关联词语的连句情况在整个关联词语的研究中尚处于较为薄弱的状态。而且，连句关联词语之间缺乏对比性研究，如前置型连句关联词语和后置型连句关联词语、先行句连句关联词语和后续句连句关联词语、主语前连句关联词语和主语后连句关联词语等，这些连句关联词语的连句功能的差异性以及原因机制等有待进一步研究。此外，关联短语词为什么能够在句中起衔接作用，其连接功能如何；其和连词相比的差异性何在；连句关联短语词为什么具有篇章连接功能；等等，也都值得深入研究。

和其他唯句成分相比，连句关联词的唯句性有以下特殊之处：

首先，从语用功能看，与其他唯句成分如饰句语气词、饰句副词、引句叹词等相比，连句关联词语的语义相对较为客观。一般来说，主观性较强的词语，其语用功能较为丰富。那么，连句关联词语的语用潜力如何，语用功能有何表现，等等，有待进一步研究。

其次，从连接功能看，很多唯句成分都具有句子和篇章连接功能，但却只是次要功能，其主要功能体现在它们一般只与一个句子发生关系。连句性关联词语分布在语用平面，它总是连接两个句子，其句子连接功能为其专职功能。从理论上讲，连句关联词语的连接功能强于其他唯句成分。但是，仅就它自身语义管控的范围来看，一些后置型连词如“的话”语义管控辖域往往只是其所在的句子，本章第二节将详细阐述。一些类似“的话”的连句关联词语的管控辖域并不比别类具有篇章连接功能的唯句成分大，背后的原因值得进一步探讨。

最后，从使用上看，一些连句性关联词语常常配对出现，可以分为只在先行句出现的连句性关联词语和只在后续句出现的连句性关联词语。连句关联词语既可以出现在句首也可以出现在句中，特别是复句关系中的先行词的分布位置较为灵活。有时，在一定语用条件下，一些连句关联词语可以独立使用，回答问题。有时，连句性关联词语还可以分布在句末，发展演变为话语标记。这些现象国外学者已经进行了相关研究，如英语转折连词“but”的句末用法。可见连句性关联词语的分布位置更为复杂，也带来了相关的分类。

本章我们以学界共识性较强的关联词语的组成类别，结合唯句成分的唯句性特征，从连句性的连词、关联短语词两个大类着手，对其连句性进行研究，对本部分中学界关于连句关联词语和唯句成分的思考进行分析，以深化对关联词语以及唯句成分的认识。

第二节　连词“的话”的连句性及相关问题

本节将对连词“的话”的连句性及相关问题进行研究。“的话”具有很多特殊性，从形式特征看，大部分连词分布在句首，而“的话”的常规分布位置是句末。“的话”在来源和内部结构上也和典型的连词有区别，从来源上看，属于跨层次非短语结构（江蓝生，2004），其他双音节连词既有来源于跨层结构的，也有另外的一些来源形式。关于“的话”的词类性质一直是学界考察的重点，而且词类性质的考察往往和语法功能或语用功能相结合。张谊生（2000：147）认为“的话”主要起连接作用，应归入连词。谢晓明（2012）认为“的话”是表委婉语气的语气词，具有话语标记功能，可以用来标记论元共指式话题、语域式话题和分句式话题，它对话题信息具有强化作用，对话题焦点具有调控作用。黄玉婷（2015）认为“的话”可以分为假设助词、话题标记和停顿助词三类，假设助词“的话”在词汇化过程中最早出现，话题标记功能和停顿助词是随后发展的。姜露（2015）关于“的话”的分类和黄玉婷持相同观点，并从搭配机制、语义管控范围以及和假设连词的搭配三方面考察了假设助词“的话”的语用功能。

此外，一些学者对“的话”与其他词语的连用形式进行了考察。江蓝生（2004）指出“的话”是跨层次非短语结构，省略和移位是“的话”词汇化的特殊机制。罗进军（2008）从句式构成、语里关系和语用价值三个方面检视了整个有标假设复句“如果说……的话”。徐式婧（2017）考察了汉语假设结构“如果……的话”的产生及演变，指出“如果”与“的话”通过构式压制作用结合产生，假设助词“的话”已经出现被其他假设标记所取代的迹象。

此外，一些学者对与“的话”相关的成分进行了对比研究。赵国军（2009）认为“的话”是语气词，指出“的话”和“吧”都可以出现在偏正复句中表示假设条件的“偏”分句末尾。

关于“的话”的词类性质，本节不做探讨，其连词词性的用法几乎没有争议。本节将主要讨论连词“的话”的连句性表现及相关问题，以深化对“的话”的认识和后置连词的连句性的认识。

一、“的话”的连接对象

“的话”一般位于表假设的前分句末尾，其连句对象一般是假设复句中的前后分句。不过，表假设的分句或表结果的分句也可能由多个小句组成，从而形成第一层次为假设关系的多重复句，例如：

（1）你这回要接受教训的话，三个月以后继续开门营业，倘是不接受教训，我会让你这个浑蛋！暖暖被激怒得抓起桌上的一个杯子朝开田砸去。（《湖光山色》）

（2）鲁贵：如若老爷想打听的话，无论什么事，无锡那边我还有认识的人，虽然许久不通音信，托他们打听点事情总还可以的。（《雷雨》）

（3）但假如这家的大老婆生得美丽，而小老婆比不上她的话，则怜悯或祝福又该移到她们身上去了，难道不漂亮的女人薄命都活该，唯有红颜薄命，才值得一说再说，大书特书吗？（《论红颜薄命》）

（4）总之，夫妻之间若有东风压倒了西风，或者西风压倒了东风的现象的话，吵架这个阶段总是难以避免的。（《论夫妻吵架》）

例（1）中，“的话”的连接对象为其前分句“你这回要接受教训”和其后分句“三个月以后继续开门营业”。例（2）中，“的话”的连接对象为其前分句“老爷想打听”和其后分句“无论什么事……托他们打听点事情总还可以的”。例（3）中，“的话”的连接对象为其前分句“这家的大老婆生得美丽，而小老婆比不上她”和其后分句“怜悯或祝福又该移到她们身上去了”。例（4）中，“的话”的连接对象为其前分句“夫妻之间若有东风压倒了西风，或者西风压倒了东风的现象”和其后分句“吵架这个阶段总是难以避免的”。

二、“的话”的管控辖域及测量手段

上一部分对“的话”的连句对象进行了分析和归纳。在实际语流中，“的话”如何通过其语义管控标志假设分句的开始？对其规律的揭示，就需要用标准的手段准确地测量“的话”的语义管控辖域。假设连词“的话”是分布位置后置的关联词语，“的话”常常和相同语义和功能的假设连词“如果”“假如”等连用，“的话”的语义管控辖域和“如果”密切相关。此外，赵国军（2009）指出“的话”的语法功能是表示假设语气，“吧”也可以表示假设语气，并对二者是否可以互换进行了考察。蒋协众（2014）指出，湖南邵阳方言“咯话”可以用于转折复句中的陈述小句末尾，对整个句子的意思起减轻、冲淡的作用，含有把事情往小里说、轻里说的意味，相当于普通话中的“罢了、而已”等语气词。可见“的话”和语气词关系密切，这里我们将结合“的话”和连用的假设类连词、语气词的关系，对“的话”的语义管控辖域进行相关研究。考察饰句副词的语义管控辖域的大小时，我们采用了把饰句域外的取消机制和饰句域内的辖域标记相结合的方法。但由于饰句副词位于句首，“的话”位于句末，对前者管控辖域判定的关键在于其终止点，对后者管控辖域判定的关键则在于其起始点。因此，考察“的话”语义管控辖域的大小，我们将采用把饰句域外的句前标记和饰句域内的句内标记相结合的方法。

（一）句前标记

所谓“句前标记”，指“的话”所管辖句子之前的句子中特有的标记，它们的出现，往往标志前面句子语义的完结，“的话”假设分句的开启。句前标记包括句子手段和词汇手段。

1. 句子手段

当“的话”语义管控的句子和非辖域内的句子的主语不一致时，标示着两个语句属于不同辖域的语句内容，例如：

(5) 钱国华忽然想起：“噢，有一句话……有一句话我差点儿忘了。三十那天晚上，有个朋友，送我两张义务戏的票子，李小姐有空的话，咱们一道去好不好?”(《夏衍》)

(6) 王利发：没事！没事！看小花去吧。她不是想吃热汤面吗？要是还有点面的话，给她作一碗吧，孩子怪可怜的，什么也吃不着！(《茶馆》)

例（5）中，“的话”所在的句子为“李小姐有空”，其前没有标示管控辖域结束的形式标志，其语义管控辖域为其所在的句子，也有可能是包括所在句其前的句子，根据分析可知，“有个朋友，送我两张义务戏的票子”的主语“有个朋友”跟“的话”所在句的主语“李小姐”不同，所以，“的话”的语义管控辖域为其所在句。例（6）也是如此，“的话”所在句的主语为省略的第一人称的复数形式“我们”，其前句主语为“她”，二者相区别，“的话”的语义管控辖域为其所在句。

2. 词汇手段

标志“的话”语义管控辖域开启的词汇手段包括呼语、称谓语等。在会话语境中，会话双方明确，有实时的沟通，一般不会引起歧义。当话语参与者使用呼语、称谓语、尊称等形式时，在形式上标志着“的话”语义管控辖域的开启，例如：

(7) 黄庆元：待会儿，我们跟经理请示一下，再传达你。

马师傅：就那么办。李先生，要是方便的话，就先支给我俩钱吧。(《老舍戏剧》)

(8) 杨先生：……大哥，你要是愿意的话，请赏给我两桌菜，作为新嫂子在我那里出头露面的一点小——小意思！(《老舍戏剧》)

(9) 方珍珠：妈！王老师给我找了个补习学校，我念半天的

书，耽误不了上园子挣钱！妈！没您的话，我可不敢去！（《老舍戏剧》）

例（7）中，“的话”的语义管控辖域为省略了主语的句子“要是方便”，呼语“李先生”在形式上标志着“的话”的语义管控辖域的开始。例（8）中的呼语“大哥”和例（9）中的称谓语“妈”也是如此，标志着“的话”语义管控辖域的开始。

（二）句内标记

句内标记指域内的辖域标记，主要包括和“的话”具有相同层次分布的假设连词（如“假使”“假如”“如果”“倘若”“如若”等）、假转连词（如“不然”“否则”等）和让步连词（如“哪怕”“尽管”“就算”“即使”等）等关联词语，这些关联词语的共同点是其引出的事件一般尚未发生。其中，假设连词和“的话”具有相同的语义和逻辑关系，“的话”和假转连词“（要）不然”“否则”连用时，其间的被管辖句子往往可以省略。前面章节研究饰句语气词和饰句副词的管控辖域时，曾指出语气词和语气副词具有镜像照应功能，语气副词在一定程度上能够佐证语气词的层次分布和管控辖域，这些和“的话”具有相同层次分布的连词也和“的话”具有镜像照应关系，形成“连词＋被管辖句子＋的话”的结构形式，连词和“的话”对被管辖句子形成了前后夹击式的精准定位，例如：

（10）本田宗一郎在1963年总结自己的创业经验时说：“如果说现在是成功的话，那么我在过去却是不断地失败的。在失败的基础上，才有了今天的成功。”（CCL语料库）

（11）整个写作的风格是非常好笑、有趣的，就算你对于生物演化学没有很高的兴趣的话，其实也可以从这书里面得到很大阅读的乐趣。（《今天不读书》）

（12）乌尔古岱大铁棍一指说道：“俺劝你快些投降，不然的话，俺的兵马将踏平矿山，将你碎尸万段！”（《努尔哈赤》）

例（10）中，假设连词的变体形式“如果说”和“的话”具有相同的语义和逻辑关系，前者标志着“的话”语义管控辖域的开始，其间省略了主语的句子“现在是成功”，是二者共同管辖的句子。例（11）中，让步连词“就算”和“的话”连用，“的话”的语义管控对象为“你对于生物演化学没有很高的兴趣”，让步连词“就算”标志着“的话”语义管控辖域的开始。例（12）中，和“的话”共同连用的是假转连词“不然”，根据语境可知，二者之间被管辖的句子是“你不快些投降”，由于假转连词“不然”的构词具有特殊性，“然”为指示代词，可以指代“的话”被关联的句子，加上“的话”和“不然”连用时虚化程度极高，“的话”管控的句子不能补充出来，也无须补充出来。

（三）其他标识手段

当“的话”语义管控辖域的内容处于新的话轮或文本的开启时，在时间和空间上和之前的话轮或文本相间隔，“的话”语义管控的句子和其前的内容相区别。此外，标点符号也是假转关系开始的形式标志，我们对语言现象进行研究时往往忽略了书面语言中标点符号的特殊作用。一些书面语的语言形式，在具体的语境中，标点符号常常是一种辅助的形式标记，唯句成分就是如此。标点符号的有无、类别等都和唯句成分的性质密切相关。当“的话”其前的标点符号为句号、感叹号、分号等时，常常标志其管控辖域的开始，例如：

（13）“她要是过了二十五岁的话呢?”“我输你一瓶。”“行！说了不准翻悔，啊?”“还用说吗？快去！”（《夜总会里的五个人》）

（14）老太婆吩咐她的孙女，快把火拨大些，多添点子柴，说是客人要烘暖他的身子；你暖和了，还不觉得疲倦的话，你可以摸摸小孩子的下巴，拧拧他们的脸蛋，做一点奇怪的样子，给他们嬉笑。（《冬夜》）

例（13）中，“的话”所在句是新话轮开启的表达，所以“的话”语义管控的对象直接表现为其前句子“她要是过了二十五岁”，不需要任何标识手段。例（14）中，“的话”的语义管控辖域为其前的两个分句“你暖和了，还不觉得疲倦”，没有明显的辖域开启标记，其前的分号在一定程度上标识了“的话”管控辖域的开始。

通过对“的话”语义管控辖域的考察，可见开启“的话”的语义管控辖域手段包括句子手段和词汇手段，“的话”管控辖域和分布在同一层次的唯句成分，特别是具有相同或相近属性的词语如假设连词、假转连词和让步连词等密切相关。此外，分布位置严格制约词语的管控辖域，标点符号也和其语义管控辖域密切相关。

（四）“的话”和“如果”“吧”管控辖域的比较

“的话”和“如果”都是假设类的关联连词，“的话”又和语气词关系密切。我们尝试对“的话”“如果”以及语气词的代表“吧”的管控辖域进行比较，将辖域为1个单句或1个分句的情况，称为1个小句；将辖域为大于1个分句或复句等更大辖域的情况称为大于1个小句。关于“如果”和“吧”语义管控辖域的大小，我们将采取跟“的话”相同的辖域测量手段进行统计，这里为了避免内容重复，将不再展示具体的测量手段，只对辖域大小的测量结果进行展示。具体情况如表4-1。

表4-1　“的话”“如果”“吧”管控辖域的比较

管控辖域	的话	如果	吧
1个小句	95%	68%	97%
大于1个小句	5%	32%	3%

“的话”是后置关联标记词，其语义管控的辖域为“的话”其前的内容，语气词“吧”也是如此。“如果”是常规的关联标记，其语义管控的辖域为“如果”其后的内容。由表4-1可知，三者的语义管控辖域具有差异性。从总体上看，“的话”的语义管控辖域明显小于“如果”，“的话”和“吧”的语义管控辖域具有相似性。“的话”和“如果”都分布在复句关系中的先行句中，“的话”分布位置后置、处于辖域终点的位置，其前不适合出现较长、较复杂的成分，是制约其语义管控辖域小于“如果”的主要原因。前置在句首的假设连词“如果”处于辖域的起点位置，其管辖的内容在理论上可以不断延长，从而使多个分句形成较为复杂的多重复句，这样它就获得了管控辖域大于其所在句的功能。

“的话”和“如果”都是假设类的关联连词，属于同一词类范畴的唯句成分，二者的语义管控辖域的比较，为连句关联词语的语义管控辖域的研究提供了补充。结合语气词“吧”的语义管控辖域也再一次印证了分布位置对词语管控辖域的限制性。

三、“的话”的语用功能

关联词语主要表达逻辑关系，其主观性存在强弱之分。其中，假设类连词，是关联词语中主观性相对较强的类别，而且具有丰富的语用功能。就假设连词“的话”而言，其语用功能包括表达强调、标识管界和预示否定等。

（一）表达强调

表达强调是“的话”重要的语用功能。“的话”表达强调跟其与同类成分的复现用法和分布位置密切相关。“的话”常常跟分布在同一层面的同义形式的假设类连词复现使用，增强了“的话”的强调功能。而且，“的话”还可以和“要”“要是”等分布在不同层次的假设类助动词复现，或者和“若是”“如若”等具有文言色彩的假设类连词复现，加强了“的话”的强调功能。吕叔湘和朱德熙（2013/1952）注意到了因、果、目的重复表示现象，如“原因是因为”“因为……的缘故”“由于……的结果”式、“因为……所以”式、“因为……使”式和“因为……造成/引起”式等。假设连词“如果”等和“的话”引导的复句，属于广义的因果复句，“如果……的话”式也属于原因重复表示的现象。此外，从分布位置看，一般假设连词“如果”“假如”等都分布在句首（包括小句句首），“的话”是后置关联标记，非常规的位置分布具有强调性，强调了假设条件的重要性，例如：

（15）杨澜：如果同样这个问题问您的话，您也把中国历史都研究遍了，世界历史您也研究过很多了，您觉得你最希望做什么时候的人，哪里的人？（《李敖对话录》）

（16）杨太太：好啦，我的洗大嫂，听我的，准教你吃不了亏！你要怕面子太难看的话，我去向局长说，教他在外头另立一份家，各不相干。（《残雾》）

例（15）中，“的话”和假设连词“如果”复现，“的话”分布在句末，强调了说话者提出的假设性话题，期待受话者的回答。例（16）中，“的话”和具有假设义的助动词“要”复现，删除“的话”并不影响话语的语义表达。“的话”分布在句末，表达强调，从人际功能的角度看，“的话”的使用是维护“洗大嫂”面子的策略用语，符合合作原则。

（二）标识管界

标识管界是假设连词“的话”另一重要的语用功能。通过上文对“的话”的语义管控辖域的分析可知，“的话”和复现的假设连词、假转连词和让步连词等前后夹击，在形式上构成“的话”管控辖域被标识的封闭空间。假设复句中的假设分句，可以只有1个小句，也可能以多个小句并存，分布在句首的假设连词引导的假设分句是一个开放的空间，为大于1个条件句提供了可能。当“的话”出现在句末时，标志着假设复句中的假设分句到“的话”结束，“的话”其后的句子可能是假设复句中的结果分句，或其他类型的新的话题句，和“的话”引导的假设分句相区别，例如：

(17) 梦后有三个观念走到脑子里来，一是性，二是女，三是不净。如我是一位什么专家的话，把它们联起来，大概早已有数十万言的大著作出现了。幸而我不是。(《性（女）与不净》)

(18) 他接下去道：“他闻说你现在出来了，他把家眷送下乡去了。问你，你要是肯的话，可以搬进来住，你的两个孩子他当自己的一般看待。他今年五十七，坚道的同春堂是省城搬来的两百年老店，中环新近又开了支店。他姓窦，窦家的番禺是个大族，乡下还有田地。将来他决不会亏待了你的。”(《连环套》)

例（17）中，“的话”和假设连词“如”之间的句子“我是一位什么专家”，是二者共同管控的辖域，“的话”标志着假设复句中条件句的结束，“的话”其后的句子已经不再属于条件句，若“的话”放置到“把它们联起来”的句后时，“的话”的语义管控对象就扩展为“我是一位什么专家的话，把它们联起来”，可见，“的话”是标识管界的标记。例（18）也是如此，“的话”的语义管控辖域为“你要是肯”，“的话”其后的句子和“的话”引导的条件句相区别，若“的话”分布在“可以搬进来住”的句尾时，“的话”的语义管控辖域就扩展为两个分句“你要是肯，可以搬进来住”。

通过本节的研究可知，作为后置性关联词语“的话”，在一般情况下，其语义管控辖域并不大，分布位置是导致“的话”的语义管控辖域较小的原因之一。“的话”的语义管控辖域的大小等连句性特点为其他关联词语的唯句性研究提供了可供参考的对象，与“的话”有关的连句性等相关问题值得进一步研究。

（三）预示否定

贡贵训（2012）认为湖南永州方言“的话”具有否定功能，“的话”可以直接否定前述成分，与前句的语义相反，无须逆转连词配合，也不必后接小句，并指出“的话”的否定功能应是从表假设的助词逐步虚化而来。蒋协众（2014）对湖南邵阳方言“咯话”的否定与转折功能进行了考察。胡乘玲和孔国兴（2019）对湖南永州方言的“的话/咯话”进行了考察，认为“的话/咯话”是假设助词，并无否定功能，否定意义是其所处结构的意义，这种否定意义是受语境影响、通过语用推理获得的会话含义。从类型学的角度看，假设类后置连词具有否定功能，但是普通话中的“的话”还处在发展演变的过程中，我们认为其否定功能尚未形成，但是它可以预示否定。“的话”的语义管控辖域内的内容，有时具有否定的隐含义，例如：

（19）不过后来就有了经验了，于是，并不哭，呆愣着寂寞的小眼：要哭的话，回头母亲来了，总以为是来摇摇的了。拍拍！几个巴掌；或者栗暴，壳壳！“小冤孽！”（CCL 语料库）

（20）要是她在目前打从郑妈肚里挣出来的话，此刻想早已给丢在堂里了——那个南门外的育婴堂我是瞧见过的，一个奶妈养五六个孩子，便是头母牛也将愁供应不敷，于是生得好看一些的还吃得着几口奶，又黄又瘦的婴儿便只好在哭哑了喉咙后喝些豆浆过日子。(《拣妈妈》)

例（19）中，“的话”的语义管控辖域为“要哭”，根据后面的语义内容表达的动作和言语“拍拍！几个巴掌；或者栗暴，壳壳！”以及“小冤孽！”，可知话语表达者对“的话”语义管控中的内容持否定态度，即“不能哭”。例（20）中的“的话”管控的辖域为“她在目前打从郑妈肚里挣出来”，根据语境可知，话语表达者对这一假设性的条件持否定态度。

第三节　“看”类关联短语词的连句性及相关问题

已有的研究常从对比的角度对“看来”“看起来”“看上去”“看样子”等成分进行探讨，张谊生（2006）分析了“看起来”“看上去”由短语演变为插入语的过程，而且，在表达功用上，由于语言发展情态化和关联化的作用，由表方向、表时体开始，逐步发展到表观感和感知、表近似和比况、表对比和逆转。在个性特征上，两词在搭配关系、表达功用、观察视角和虚化程度等四方面存在着不同性质的区别。廖开敏（2006）从近义词辨析的角度对“看来”“看起来”“看样子”“看上去”进行了考察。刘楚群和颜为之（2009）指出虚化的“看起来”其基本语义是发表一种观点，可以分为评价义和推测义，评价义和推测义都是动虚结构“看起来”经过结构凝固和语义虚化的结果，但推测义比评价义的语义更虚。在篇章之间“看起来”有承上启下的过渡作用和总结作用。刘楚群（2009）指出“看起来”“看上去”和“看来”都可以表示一种主观判断，考察了三者的互换情况，“看上去”更倾向于表象观察的结果，更多地体现出某种评价意义；而“看来”更倾向于逻辑推理的结果，更多地体现出某种推测意义；“看起来”则居于二者之间，既可表推测，也可表评价。吴为善（2012）立足构式语法理论，对汉语“V起来”构式的历时承继、内部差异以及话语功能进行考察，并讨论该构式与英语中动句的差异。孙雁雁（2014）从教学的角度考察了话语标记“看来”“看起来”在语篇中的使用，统计了二者的出现频率，并从隐喻和语法化等角度分析了二者的出现频率失衡的原因，最后对二者在语篇中能否互换的条件及特征进行了细化。江洪波（2020）指出“V起来”主要有动作义、主观评价义，同时已经固化衍生出让转的关联用法。江洪波除了考察“V起来”共时语法表现，还利用主观化理论、语用推理、会话原则探讨其形成过程、演变关系和动因。

从汉语中的“看来”“看起来”“看上去”“看样子”等成分的性质看，一些学者将其看作话语标记，如孙雁雁（2014）、江洪波（2020）等；一些学者将其看作类似评注性准副词的插入语，如吕叔湘（1999：332—333）、张谊生（2006）等；一些学者将其看作词语，如廖开敏（2006）、刘楚群（2009）等；一些学者将其看作独立语，如胡裕树（1981：377—378）等；还有一些学者从构式语法理论的角度对其进行了考察，如吴为善（2012）等。我们认为以“看”类为代表的“看起来”“看来”“看样子”“看情况”“看光景”等是具有连句性的关联短语词。本节先梳理“看”类关联短语词的入句特征，再对“看”类关联词语的连句表现及连句差异性等相关问题进行研究，以深化对连句关联短语以及词语和句子关系等方面的认识。

一、“看”类关联短语词的入句特征

（一）“看”类关联短语词的关联对象

从词语构成上看，“看”类关联短语词从整体上可以分为两大类，一类是“看起来”“看上去”，一类是“看样子”“看情况”“看光景”。“看”类关联短语词多连接两个或多个独立的句子组成句群或语篇，也可以连接两个或多个小句组成复句。它一般分布在后一个句子的句首，与句子主要部分多用逗号隔开，但也可以与之相连，例如：

（21）当A决定聘请律师的时候，B就会有更大的可能性想要喝水，反之亦然！看起来，似乎是A和B之间有一种神奇的心灵感应，使得他们即使面临不同的质询时，仍然回答得出奇地一致！（《上帝掷骰子吗——量子物理史话》）

（22）树干纵错伸张，枝叶交相掩映，活赛一把乘凉大伞，看光景，即是落阵暴雨，也难滴下水来。（《野火春风斗古城》）

（23）他七孔流血，浑身乌青。看样子是中毒而死。（《努尔哈赤》）

例（21）中，“看起来”关联前后两个独立的句子，其中前一个句子是表示判断的依据，后一个句子表示判断的结果。例（22）中，“看光景”关联的前面三个小句“树干纵错伸张，枝叶交相掩映，活赛一把乘凉大伞”和后面两个小句“即是落阵暴雨，也难滴下水来”，前者表示判断的依据，后者表示判断的结果。例（23）中，“看样子”关联前后两个独立的句子“他七孔流血，浑身乌青”和“是中毒而死”，前者表示判断的依据，后者表示判断的结果。

（二）“看”类关联短语词所在句的主语

“看”类关联短语词所连接的两个句子，主语既可能不同，也可能相同。“看”类关联短语词所直接关联的后一个句子，主语可以出现也可以隐含。它所关联的前一个句子，一般主语必须出现，可以是物，也可以是人，两个主语一般不同，没有所属关系，但也可以相同。

“看”类关联短语词一般不是其后句子的核心构成成分。从语义关系上看，其所关联的前后两个句子是一种推断依据和推断结果，或评论对象和评论内容的关系，通过“看”类短语将两个句子连接起来后，凸显了这一关系。如果将它们删除，会使这种关系不那么显豁，但大多数时候并不影响句子的成立。“看”类关联短语直接关联的后一个句子，有时表面上存在一个句子主语，但还隐含着言者主语，即做出推断和评价的人，这就使得“看”类关联短语词所在的句子存在双视点的表达情况，例如：

(24) 有种说法：政府卖“衙门”表明政府是脱了衣服下海，来真的了，看样子市场经济的连续剧是一集比一集火爆，不会像以前那样犹抱琵琶半遮面了。(《报刊精选》)

(25) 他们的办公楼距我方的铁路交接所只有几十米，看样子他们当中有特工人员，经常观察我军的行动，如果部队一到达，他们是可以看到的。(《作家文摘》)

例(24)中，关联短语词“看样子”所引领的后一句，句子主语是“市场经济”，但实际上还隐含着表达这一判断的言者主语，可见，“看样子”是从隐形主语视角进行的推断。例(25)中，关联短语词“看样子”所引领的后一句，句子主语是“他们”，但实际上还隐含着表达这一判断的言者主语，即说话人，如果“看样子”省略，并不影响句子的成立，但前后句子之间的关系由推断性转化为客观事实性，这说明了“看样子”具有较强的主观性。

二、“看”类关联短语词的连句辖域

(一)“看”类关联短语词的辖域测量手段

1. 连句关联词语

通过对语料的考察可知，测量“看”类关联短语词语义管控辖域的手段主要是辖域外的形式手段。首先，和“看”类关联短语词分布在同一层次的连句关联词语是“看”类关联短语词重要的辖域测量手段之一。“看”类关联短语词的核心功能是表达关联，主要表达推断，出现在推断关系的后一句中，当出现其他类型的关联词语时，标志了“看”类关联短语词语义管控辖域的结束。如关联词语“但是”“可是”等的出现，标志着“看”类关联短语词语义管控辖域的结束，例如：

(26) 厂小、人少、设备旧，看起来它快要完成历史使命了，可是人们不会忘记它的历史功绩。(《人民日报》)

(27) 我还跟着去看他们见面呢，在北海公园白塔下的茶座，来了一位穿着整齐的女士，脸上略施脂粉，戴着金丝边眼镜，看样子，她挺中意大舅的，但是，陈先生没兴趣，不了了之。(《作家文摘》)

例（26）中，关联短语词“看起来”的语义管控辖域为“它快要完成历史使命了”，其后的转折连词“可是”的出现标志着关联短语词“看起来”的管控辖域的结束。例（27）中，“看样子”的语义管控辖域为“她挺中意大舅的”，其后的转折连词“但是”取消了“看样子”的管控辖域。

2. 主语句

“看”类关联短语词管控辖域内的语句，常常既包括句子主语也隐含言者主语，但句子主语为所推断或评论的主要对象。如果言者主语在后续句中出现，或者后续句的主语发生了变化，说明被推断或评论的内容结束，这也就标志着“看”类关联短语词的语义管控辖域的结束。因此，“看”类关联短语词语义管控辖域外的句子和“看”类引导的句子的主语相区别时，打断了句子的连续性，往往是取消“看”类关联短语词管控的辖域外的形式标志，例如：

（28）初踏上讲台，我惊呆了：坐在下面听课的一群高年级学生中，竟有怀抱婴儿的女生，看样子她们的年龄要比我大，我不禁产生几分紧张，于是把昨夜在灯光下备得十分充分的讲课内容，在下课铃未响之前，便以密集的语言口授完毕，剩下的课时我都是在局促而窘迫的境况中熬过。(《人民日报》)

（29）他说：“我姓张，外边有个同志想见你，你有没有时间出去见一见?”他没讲是什么人，看样子他不想讲，我迟疑了一下，便说：“可以。”跟他出了门。(《作家文摘》)

例（28）中，“看样子”所在句隐含的言者主语为“我”，句子中实际主语为“她们”，其后的语句主语为“我”，主语“我”取消了“看样子”的语义管控辖域。例（29）中，“看样子”所在句子的主语为“他”，但隐含了言者主语“我”，当其后的句子主语变为“我”的时候，标志着“看样子”语义管控辖域的结束。

3. 饰句副词

饰句副词也是取消“看”类关联短语词语义管控辖域的主要手段之一。饰句副词和连句关联短语词在性质上具有相似性，也具有篇章连接功能，具有准连词性。而且，从二者的演变来源看，饰句副词，尤其是饰句语气副词和关联短语词，大多由动词或动词性短语演变而来。当

“看”类关联短语词之后的另一小句出现位于句首、与其功能近似或相区别的饰句副词时，标志着即将开启新的话语内容，因此可以视为取消“看”类关联短语词的语义管控辖域的形式标志，例如：

（30）看起来这些公司是吃亏了，其实正是这些一时的经济损失为他们赢得了信誉，引来了更多的顾客，也就换来了公司发展的前景。(《人民日报》)

（31）看样子他不似用中文写作，难怪沈培说她不知道有姓靳的作家。(《异乡人》)

（32）那个材料在一个内部刊物上登出来，并通知该书不许借阅，要追查，看样子要大搞一下，也许要公开批判，以后不知道为什么又无声息了。(《报刊精选》)

例（30）中，连句关联短语词“看起来”表达推断，判断结果为“这些公司是吃亏了”，其后出现的饰句副词“其实”揭示真正的事实面貌，阻断了“看起来”的语义管控辖域。例（31）中，连句关联短语词“看样子”的辖域为“他不似用中文写作”，饰句副词“难怪”标志着“看样子”语义管控辖域的结束。例（32）中，“看样子”的语义辖域为“要大搞一下”，表示一种推断，其后的饰句副词“也许”打断了“看样子”的语义管控辖域，表示对“如何大搞一下”的推断，“看样子”和“也许”引导的内容是并列关系。

“看”类关联短语词的辖域测量手段主要取决于“看”类关联短语词所在句及其后句子句首的成分类别，而且这些成分类别大部分跟“看”类关联短语词的关系密切，同属于唯句成分，通过对“看”类关联短语词的语义管控辖域的研究，进一步深化了我们对唯句成分以及不同唯句成分之间关系的认识，也更加说明了唯句成分是具有系统的成分类别，值得进一步研究。

（二）“看”类关联短语词的辖域大小情况

表 4-2　“看”类关联短语词的辖域大小情况

管控辖域	看起来	看上去	看样子	看情况	看光景
1 个小句	33%	21%	25%	74%	68%
大于 1 个小句	67%	79%	75%	26%	32%

“看”类关联短语词的辖域大小情况如表4-2所示。根据表4-2的统计可知，“看起来”管控辖域为1个小句的情况为33%，大于1个小句的情况为67%；“看上去”管控辖域为1个小句的情况为21%，大于1个小句的情况为79%；“看样子”管控辖域为1个小句的情况为25%，大于1个小句的情况为75%；“看情况”管控辖域为1个小句的情况为74%，大于1个小句的情况为26%；“看光景”管控辖域为1个小句的情况为68%，大于1个小句的情况为32%。可见，整体上，“看”类关联短语词的管控辖域以大于1个小句为主。尽管“看”类关联短语词的核心语义功能是关联句子，但“看”类关联短语词和“如果”等关联词语的管控辖域相比，其管控辖域大于1个小句的情况远多于“如果”。这主要是因为，“看”类关联短语词多用于语篇连接，其所管辖的句子往往较为复杂，而“如果”主要用于连接复句，只有是连接多重复句时，才可能出现管控辖域大于1个小句的情况。此外，不同的“看”类关联短语词的语义管控辖域的情况差别较大，尤其在使用频率上，“看情况”和“看光景”远远不及“看起来”“看上去”和“看样子”，二者在CCL语料库中的有效用例不超过20例。

（三）“看”类关联短语词语义管控辖域的制约因素

那么，限制“看”类关联短语词语义管控辖域小于“如果”类前置型连词的原因和机制是什么呢？我们认为主要包括以下几个方面：

第一，“看”类关联短语词的虚化程度和其语义管控辖域密切相关。首先，从“看”类关联短语词的发展演变来看，“看”类关联短语词内部的虚化程度不同，一部分依然是趋向短语或动宾短语，一部分是关联短语词，在一定程度上还保留着一些概念意义，还有一部分处于短语形式向短语词发展过渡的中间形式。其次，从具体的关联短语词来看，“看起来”“看上去”“看样子”较为虚化，出现的频率也相对较高，“看情况”“看光景”则没有那么虚化，出现的频率也较低。根据我们对其他唯句成分的研究，一般来看，虚化程度越低，其语义管控辖域越小，如一些非唯句成分的虚化程度较低，其语义管控辖域往往是句子中的谓语部分，唯句成分的语义管控辖域是句级以上的语法单位。显而易见，“看”类关联短语词的虚实不一的情况制约了其语义管控的辖域。基本上“看”类关联短语词的虚化程度和关联短语词的出现频率成正比。

第二，“看”类关联短语词之后是否有后续关联词语、后续关联词语是否与其处于同一层次，决定了“看”类关联短语词的语域大小。“看”类关联短语词的分布位置一般是后一句句首，其后续句如果没有再出现关联词语，或没有出现与之处于同一层次的关联词语时，“看”类关联短语词语义管控的辖域往往是其后多个句子，这种情况占据了“看”类关联短语词语义管控辖域大于1个小句的大多数情况，例如：

（33）扫街的在树影下一阵扫后，灰土上留下来的一条条扫帚的丝纹，看起来既觉得细腻，又觉得清闲，潜意识下并且还觉得有点儿落寞，古人所说的梧桐一叶而天下知秋的遥想，大约也就在这些深沉的地方。（《故都的秋》）

（34）看起来，不仅仅现代战争打的是“后勤战”“消耗战”，就连审计与反审计，也是在打“后勤战”与“消耗战”呢。（《什么是审计》）

（35）看起来，对于业已存在的企业负债，以及由此而导致的银行信贷资产质量下降和资本金被侵蚀问题，或者深一步说，对于企业改革和国家专业银行改革这个相互连带的问题，我们不可能有一个皆大欢喜的解决办法。（CCL语料库）

例（33）中，“看起来”关联的管控辖域为“既觉得细腻，又觉得清闲，潜意识下并且还觉得有点儿落寞”，“既”“又”“并且”构成了并列关联复句的套合形式，但它们不与“看起来”处于同一层次，并不开启新的话语内容，而是被包含在“看起来”辖域之内。例（34）、例（35）与例（33）情况类似。

但是，在很多语境中，“看”类关联短语词所在的句子除了与其前句子组成推断关系之外，还往往与后续句子又组成另一种复句关系。当后续句出现与“看”类关联短语词处于同一层次的另一个关联词语时，往往就标志着“看”类关联短语词语义管控辖域被打断，其语义管控辖域就被限制在所在句本身。比如上述例（26）和例（27）。

第三，“看”类关联短语词的语义管控辖域决定于所在句子中推论或总结评价话语内容的复杂程度。“看”类关联短语词并非逻辑关系显著的关联词语，不像连词等关联词语那样表示清晰的逻辑关系，只是一种推断或评论。其语义管控辖域往往是对一个现象的推断或总结性评价，而推论或总结性评价的表达，既有可能比较简短，又会较为复杂。“看”类关联短语词的语义管控对象是1个小句还是大于1个小句，主要决定于其推论或总结评价话语内容的复杂程度。

三、“看”类关联短语词的语用功能

“看”类关联短语词的语用功能丰富，主要包括表达推断、表达评价、预示否定等，“看”类关联短语词的语用功能和其分布的语境密切相关。

（一）表达推断

“看”类关联短语词可以表达推断。“看”类关联短语词分布的语境和关系复句密切相关，这也进一步说明了其关联性的重要作用。“看”类关联短语词分布的语境可以形式化为“推断依据句＋‘看’类关联短语词＋推断结果句”。“看”类关联短语词之前的推断依据句往往是客观的现象或事实，其后为推断的结果。不过，其后推断结果的真伪，有时并不能得到验证，而且大部分情况下，也没有后续语句进一步交代推断结果的真伪，这说明，“看”类关联短语词的推断功能具有主观性，例如：

（36）只见老人趴在铺板上一动也不动，姿势很不自然。他感到不妙，便赶紧打电话给张茭芳，把她从学校喊了回来。张茭芳奔回家后，发现老公公浑身早已冰凉了。看光景，周作人是正要下地来解手时猝然发病的，连鞋都没来得及穿就溘然长逝了。在当时的情形下，家属不可能把遗体送到医院去查明死因，只好匆匆销了户口，送到八宝山去火化了事。（《苦雨斋主人的晚年》）

（37）村头有一片树荫坟地，最大的祖宗坟顶，长着棵大杜梨树。树干纵错伸张，枝叶交相掩映，活赛一把乘凉大伞，看光景，即使落阵暴雨，也难滴下水来。（《野火春风斗古城》）

（38）一匪徒走上前，喝道：“你们死到临头，不好好哭一场，却在这里嘀咕什么？再嘀咕你们也是死定了！我们大王还真没有将要杀的人再留下来的习惯！”致庸道：“茂才兄，看样子他说的不是假话，就是午时三刻再杀，我们也没多少时间了。多年以来，我就想等我闲了，万事不关心了，好好地票他一出戏。”（《乔家大院》）

例（36）中，关联短语词“看光景”所在表推断的句子“周作人是正要下地来解手时猝然发病的，连鞋都没来得及穿就溘然长逝了”，这一推断是根据其前句子“只见老人趴在铺板上一动也不动，姿势很不自然”，“张茭芳奔回家后，发现老公公浑身早已冰凉了”而得出的，根据语句“家属不可能把遗体送到医院去查明死因”可知，该推断结果没有得到验证。例（37）中，让步关系复句“即使落阵暴雨，也难滴下水来”是推断的结论，其推断依据为“树干纵错伸张，枝叶交相掩映，活赛一把乘凉大伞”。例（38）中，乔致庸根据匪徒的恐吓推断出“他说的不是假话”，由“看样子”引出具体的推断。

（二）表达评价

表达评价是“看”类关联短语词的又一重要语用功能。虽然表达评价表明“看”类关联短语词具有一定的主观性，但是根据其前的语句以及关联的评价句可知，“看”类关联词语表达评价时常常基于客观的事实，是一种大多数人都会有的相对客观的看法。其引导的评价句往往具有静态性，对人物或事件进行评价。这些都体现出“看”类关联短语词表达评价时，具有主观性和客观性的统一，例如：

（39）总共是30平方公里。看上去，一亩地仅2000元，一租七十年，太便宜了。（《报刊精选》）

（40）她继续说：“我想知道，我们这里有多少人害怕改变？”见没有人回答。于是她又提议：“请举手示意。”只有一个人举了手。“很好，看起来，我们之中总算还有一个诚实的人！”（《谁动了我的奶酪》）

（41）看样子，1992年以后，陈胜利这个名字，在电视观众的记忆屏幕上还只影影绰绰。这两年可就不同了。（《报刊精选》）

例（39）中，关联短语词“看上去”管辖的语句为“一亩地仅2000元，一租七十年，太便宜了”，“看上去”表示评价，是通过价格进行的如实评价。例（40）中，“看起来”管辖的对象是“我们之中总算还有一个诚实的人”，是“她”通过大家的表现给予的评价。例（41）中，“看上去”管辖的句子为“1992年以后，陈胜利这个名字，在电视观众的记忆屏幕上还只影影绰绰”，“看样子”表达评价，是基于事实进行的相对客观的评价。

（三）预示否定

预示否定也是“看”类关联短语词的语用功能之一，但语境起着重要作用。当“看”类关联短语词与后续句处于一种让步或转折语境时，它就具有预示否定的功能。这时，“看”类关联短语词引导的推断结果，多表达一种言者所认为的通过推断依据造成的可能误判，既而通过后续转折性语句对这种可能的推断结果进行否定。在这种语境下，“看”类关联短语词可以预示否定，例如：

（42）在企业内部实现市场化，由统一经营改变为分层经营，看上去企业被化整为零、各自为政，难以形成规模经济合力，其实不然。（《市场报》）

（43）他讲到在捣毁“战略村”、建立战斗村的过程中的许多英勇事迹时说：“美国侵略者和伪政权头子的罪恶太多了，激起的是广大群众的仇恨。看起来‘战略村’这些东西可怕，但是，‘战略村’在人民手里失败了，人民斗它，它就垮了，还是仇恨这个罪恶的‘战略村’的人民有力量。”（《人民日报》）

例（42）中，“看上去”管辖的语句为“企业被化整为零、各自为政，难以形成规模经济合力”，传递出消极、否定的语义，让转义饰句副词“其实”打断了“看上去”的管控辖域，否定词“不然”进一步直接表达否定，说明“看上去”具有预示否定的功能。例（43）中，关联短语词“看起来”的管控对象为“‘战略村’这些东西可怕”，转折连词“但是”结束了“看起来”的管控辖域，“看起来”是预示否定的关联标记，其后被关联的句子“‘战略村’在人民手里失败了，人民斗它，它就垮了，还是仇恨这个罪恶的‘战略村’的人民有力量”是表意重点。

本节的研究，引起了我们对以下问题的思考：

第一，位于小句句首、分句句首或与所联系的句子主体在形式上分离，是唯句成分的典型分布形式，大多数唯句成分都是如此。此外，一些唯句成分有时也可以分布在句中，如前面章节中所论及的饰句副词既可以分布在句首也可以分布在句中，一些连句连词也是如此，如“如果”“尽管”等有时可以位于主语之后。但是这些唯句成分分布在句首和分布在句中时，或者基本没有差别，或者虽有虚化程度的差异但总体上语义都较虚。但是，由于关联短语词一般由动词短语虚化而来，当它们位于句中时，常常仍有较实在的意义，充当句子的谓语，只有当它位于句首或与句子主体在形式上分离时，才属于关联短语词。这就体现出关联短语词与其他唯句成分的差异。

第二，一提起关联词语，人们往往会对其语义管控辖域形成一种思维定式，即关联词语只是分布在复句语境中。但实际上，并非所有的关联词语只用于连接分句以组成复句，它们常常还可以连接句子以组成语篇。另外，我们不宜将连词的所有功能笼统称作篇章连接功能，只有连接具有独立性的句子与句子时，才体现出篇章连接功能，对于分句与分句之间的连接，不能称作篇章连接功能，而应称作复句连接功能（或称作“分句连接功能”）①，而后者才是关联词语的主要功能。

第三，典型的关联连词和具有关联作用的关联短语相较而言，前者更侧重于复句连接，后者除了用于复句连接也常用于篇章连接。前者的虚化程度一般高于后者，后者除了具有关联词语用法之外，常常还有在句中充当句子成分的非关联用法。

第四节　本章小结

本章我们讨论了关联词语的连句性及相关问题。从分布位置上看，关联词语分为前置型和后置型两类；从凝固程度上看，关联词语可以分为关联词和关联短语词。我们在选取个案进行研究时，分别兼顾了这些不同的类型。

第二节对后置型关联词语“的话”的连接对象、语义管控辖域以及语用功能等相关问题进行了考察。“的话”的连句对象一般是复句中的前后分句。我们采用了把句前标记和句内标记相结合的方法，考察“的话”语义管控辖域的大小。标志“的话”语义管控辖域的标记中，句前标记包括句子手段和词汇手段，其中词汇手段包括呼语、称谓语等；句内标记主要包括与“的话”具有相同层次分布的假设连词、让步连词等关联词语。此外，对“的话”和“如果”“吧”的管控辖域进行了比较。最后，对“的话”的语用功能进行了考察，其语用功能主要包括表达强调、标识管界和预示否定等。

第三节对“看”类关联短语词的入句特征、连句辖域、管控辖域的制约因素和语用功能等问题进行了考察。“看”类关联短语词的入句特征主要和“看”类关联短语词的关联对象，以及所在句的主语密切相关，“看”类关联短语词一般连接两个独立的句子，也可以连接两个分句，多分布在后一句的句首。其语义管控辖域可以是一个单句或小句，还可以是复句。“看”类关联短语词所在句的主语常常既有句子主语又

① 若称“复句连接功能”，着眼于其接连的结果是形成复句；若称“分句连接功能”，则着眼于其连接的对象是分句。这与连接句子与句子以形成句群或语篇不同。

有言者主语，其句子主语与其前句子一般不相同，但特殊情境下也可以相同。句子主语可以是隐含的，也可以是显现的，但言者主语一般都是隐含的。“看”类关联短语词的辖域测量手段主要包括连句关联词语、主语句和饰句副词等。“看”类关联短语词管控辖域的制约因素主要有三：第一，“看”类关联短语词的虚化程度和其语义管控辖域密切相关；第二，“看”类关联短语词之后是否有后续关联词语、后续关联词语是否与其处于同一层次，决定了“看”类关联短语词的语域大小；第三，“看”类关联短语词的语义辖域决定于所在句子中推论或总结评价话语内容的复杂程度。“看”类关联短语词的语用功能丰富，主要包括表达推断、表达评价、预示否定等，后者与其分布的语境密切相关。

通过对关联词语和句子关系的考察可知，关联词语的唯句性体现为连句性，这一特点充实和丰富了唯句成分在句子中所体现出来的特有功能，关联词语因此是唯句成分中的重要成员之一。不同关联词语管控辖域的大小存在差异性，关联词语管控辖域大小情况跟很多因素密切相关。本章只选择了两个个案进行研究，其他关联短语词的连句性有何表现，有待进一步研究。

第五章　叹词的引句性

根据唯句成分的分类可知，第三大类的唯句成分是句子层面才有的较为独立的语用性成分，和其后句子或大于句子的语法单位有密切关系，包括呼语、叹词和外位成分等，它们与句子的关系主要体现为引句性。在这些语用性成分中，叹词虽然具有特殊性，但属于汉语中的词类范畴。本章我们将着重考察叹词的引句性表现及相关问题。

第一节　叹词的研究现状及其与唯句成分的关系

一、叹词的性质和分类

叹词，又称为感叹词，它是汉语中较为特殊的词类，这一说法得到学界的共识。例如：黎锦熙（1992/1924）指出“叹词是用来表示说话时一种表情的声音。常独立，不必附属于词和语句；以传声为主，本身也没有什么意思”。张志公（1958：162）认为叹词是记录应答、感叹的声音的词，表示应答的有“嗯、噢”等，表示感叹的有“啊、唉”等，叹词常常单独作为一个独语句，不跟别的词类合作。赵元任（1968）认为“感叹词是唯一永远独用的语式，感叹词没有声调，但有一定的语调，感叹词和它的语调，不但在不同方言之间，没有什么差别，甚至在不同语言之间也没有太大的出入”。胡裕树（1995：298）指出“叹词包括表示感叹和应答的词，如‘唉’‘呀’‘哟’‘哎哟’‘喂’‘嗯’‘唔’等。这些词在句子当中的位置比较灵活，通常不同其他实词发生特定的关系，也不充当一般的句法成分，但是它们能独立成句，所以是一种特殊的词类”。杨树森（2006）将叹词定义为“表示感叹、招呼或应答的词”。刘丹青（2011）指出“叹词是词类系统中最古老的、‘语言化’程度最低的类别，有一些词形体现了语音象似性或直觉生理反应，叹词的实质是代句词，代替句子、小句或有话语标记功能的简短小句”。马清华（2011）认为“叹词是语言中最早出现的词类，具有原始特征，它诱发了一般语言系统的形成”。周国光（2016）对叹词的语法、语义属性和句法表现进行了研究，并对现代汉语中叹词的词类地位进行分析，认为叹词是动词中的一类，可以叫作声音动词。可见，叹词在语义、句法和语音等方面都区别于汉语中其他的词类，具有特殊性。

叹词是相对封闭的词类，郭锐（2002：236）对现代汉语的词类进行了系统的研究，在 43 330 个词中叹词有 25 个。李丛禾（2007）指出感叹词的数量并不多，无论英语还是汉语，都有大约 30 个常用感叹词。也正因为叹词具有封闭性，且数量有限，所以能够较为方便地对其进行再分类。关于叹词的分类，权威的语法著作和语法教材一般将叹词分为表示感叹和招呼应答两类（吕叔湘，1982/1942；胡裕树，1995：298；邢福义，1996：210；邵敬敏，2016：179），具体如邵敬敏（2016：179）将叹词分为表示感情的和表示招呼应答的两类，其中表示感情的有“啊、唉、嗨”等，表示招呼应答的有“啊、喂、哼”等。也有学者将招呼和应答分开，把叹词分为三类，如刘蕾（2002）对叹词的分类：（1）表达各种感情的；（2）引起对方注意，招呼或呼唤别人的；（3）回答别人问话，同意或答应的。刘蕾还把第一类划分成更为细致的十一小类。还有个别学者从其他视角对叹词进行分类，郭攀（2015）指出现行汉语叹词的范围可分为广义和狭义两类。据历层模式研究的结论是，叹词的范围仅限于狭义的叹词，广义的叹词则应区分为原始叹词、原始动词和原始指示代词，它实质上反映的是准人类语言层次语词系统的基本面貌。

二、叹词和其他成分的关系

叹词和其他成分之间关系密切，主要包括叹词和其他实词的发展演变关系、叹词和其他词语的连用关系、叹词和拟声词的关系、叹词和话语标记的关系等。

吕叔湘（1982/1942）很早就发现了叹词和语气词的特殊关系，并指出感叹词就是独立的语气词。李明（2004）在讨论言语动词的功能扩展时就已谈到汉语史中的一类现象，即叹词的动词化或谓词化。刘丹青（2009）认为拟声化重叠是一种深度去范畴化的形态操作，叹词可以拟声化，叹词的拟声化用法与作为代句词的叹词在语音、语法和语义上都有区别，已经不再是真正的叹词。刘丹青（2011）认为各类实词也都有叹词化用法，并指出叹词也有转换为拟声词乃至其他实词的情况。刘丹青（2012）探讨了叹词和其他词类之间在语言使用中的流转机制，包括实词的叹词化和叹词的去叹词化。刘丹青认为去叹词化又包括拟声化和实词化，并指出叹词化是动词、副词、形容词、名词等实词或相关短语失去组合能力用作次生叹词的机制，叹词的实词化主要体现为叹词单独充当谓语，即谓词化的现象。郭攀（2014）指出汉语叹词、语气词共现所标示的混分性情绪结构是一种话语情绪结构，它以“叹词·「……+语气词$_1$［……+（语气词$_n$）］」”为语表形式，以“混整性情绪义·语气词所分解的情绪义”为语里意义。其中，在各种词类关系中，叹词和拟音词的关系最为密切，二者具有相似性但又互相区别。

从学界已有的研究来看，叹词和拟音词（又称“象声词”和“拟声词”）几乎是一对形影不离的独立成分，邢福义（1986：255，1996：210）、黄伯荣和廖序东（1992：100—102）、钱乃荣（2002：188）在对独立成分进行分类时，都将二者并列囊括在内。近几十年，语言学界有马庆株（1987）、文炼（1995）、袁毓林（1995）、郭锐（2002：236—238）等多位学者对叹词和拟音词提出过一些富有见地的观点。一些学者认识到叹词和拟音词的相似性以及二者之间的发展演变关系，张静（1986）认为“感叹词作了定语、状语之后，只是摹拟别人的声音……已经变成或活用为象声词了，不能拿这种理由来混淆象声词和感叹词的界限”。邢福义（1996：210）认为拟音词包括叹词和象声词，并通过框架、分布和形式三个部分的描写和分析，论证了叹词和象声词的一致性。

郭锐（2002：238）认为“叹词大多又同时兼有拟声词的功能”，“与叹词同源的这些拟声词都是人的发音器官发出的，也能临时用作动词”。一些学者也认识到叹词和拟声词的不同之处，耿二岭（1986：30）认为“感叹词作为一个整体不能被归到拟声词词类中；但感叹词毕竟全部可以跨类而取得拟声词的资格，因此拟声词词类应当包括所有感叹词的词形”。曹忠军（2005）指出“拟声词是对自然界各种声音的摹拟，这种摹拟都是有意识的，要经过说话人理智的加工……叹词特别是表示情绪的叹词往往是由于人们受到某种强烈的刺激而不自觉地发出的声音，往往不受理智的约束……接近于人类自然的原始的语音”。杨树森（2006）对《呐喊》《彷徨》以及最近出版的《中国式离婚》（前3章）

3部作品共18万字的语言材料中的象声词和叹词进行了检索和统计，统计数据表明：作品中的象声词大多数（79.5%）是入句使用（充当句法成分），只有少数（20.5%）独用；而叹词绝大多数（96.3%）独用，入句的比例仅占3.7%，且均属特殊用法，并不能说明叹词的语法特征。刘丹青（2009）指出“因叹词有拟声词用法而将叹词与拟声词合并的观点难以成立，因为拟声化不是叹词特有的功能，而是所有实词都有的功能，无法将所有实词都与拟声词合并”。刘丹青（2012）认为叹词的拟声化用法带有引语的性质，是说话人引述他人话语中的叹词。把叹词和拟声词合并实际上是把叹词的拟声化用法当成了叹词的本类用法。有些学者也发现了拟声词也能出现在动态的句子层面，如张斌（2010：257）指出“象声词的语法功能相当复杂，既能直接进入静态的语法单位——在抽象的短语中充当句法成分，也可以作为一种动态的语言单位——在具体的句子中充当句子成分”。

可见，叹词和拟声词都能分布在动态的句子层面，跟句子发生直接的关系。单独成句，这是叹词的典型功能，而活用为不同句法成分是临时的，和叹词相比，象声词的典型用法是在句中充当各种句法成分，独用是其非典型用法。因此，本章只讨论叹词的唯句性，对象声词的唯句性暂时不予考虑。

叹词除了和其他词语关系密切之外，和话语标记的关系最为鲜明。董秀芳（2007）指出话语标记是就语言形式的功能而言的，与语类并不具有对应关系，副词、连词、感叹词和一些插入语性质的短语等都可以具有话语标记的功能。刘丹青（2011）认为有些叹词可以用在一个单句的内部，这种叹词的成句功能有所压缩，有话语标记的作用。刘丽艳（2011：32）认为叹词与话语标记有许多相似之处，两者的界定范围互有交叉，表呼唤、应答的叹词可以充当话语标记，表达情感的叹词则不能。陈家隽（2019：48—49）与刘丽艳（2011：32）持相同的观点。李先银（2013）指出独立使用并表达祈使的“去”，在互动对话语境中由祈使驱离，发展出表达禁止和话语否定的话语标记。李先银实际上默认了表情叹词也可以是话语标记。李先银（2015）采用定量和定性相结合的方法，考察话语标记“真是”的话语分布、人际分布和话语意义。李先银（2016）从话语的角度，考察了话语否定标记“嘁”的话语功能和人际功能。杨扬和俞理明（2018）指出次生叹词“好”可作应对、惊叹和提顿用法。其中，用于表达负面情绪的惊叹词“好”具有反预期标记用法，提顿词“好”除了衔接前后话语，还具有类反证指示功能。姚双云（2020）指出神宗类、骂詈类、称谓类名词演变为话语标记的过程中都经历了叹词化的过程，都是通过转喻而形成，都只能表态度义和情感义。

三、与叹词有关的其他研究

此外，关于叹词的研究，还有一些学者从叹词和语境的关系、叹词的语用化过程、叹词的语义、叹词的句法位置等方面进行了相关考察。如曹忠军（2005）把叹词在具体的语言环境中通过语气和其他语音手段所表现出来的意义叫叹词的语境意义，需要听者根据具体的语言环境及语音上的诸多因素加以判断。方寅和段业辉（2015）考察了汉语单音节词的三次重叠现象，其中叹词的三叠式出现得较多。张秀松和张爱玲（2016）研究了“阿弥陀佛”向会话程式语的语用化过程，刘宇红和张雪梅（2018）讨论了感叹语“阿弥陀佛”的两套语义系统。吴春相和曹春静（2018）指出“‘简直了’表达对事情情状或事物性状所达到的极量程度的主观评价与感叹，可以充当谓语或单独成句，凸显言者的主观感叹，并且有进一步叹词化的倾向”。黄弋桓（2018）对叹词的句法位置进行了考察，指出“句首、句中和句末叹词在分布上依次递减。叹词的分布趋势与其不同功能有关，句首叹词主要突出情感，或用于呼唤、应答；句中叹词或凸显叹词前后句间的逻辑关系，或指向性不同，或为保持并继续话轮；句末叹词用于感叹前句或重复前句，故叹词的位置相当固定，不可任意变动”。司罗红（2020）对古代常用叹词“噫”进行了解析，指出“噫”主要表达感慨、悲叹或顿悟等唏嘘之情，当前在河南方言中仍在使用。

四、叹词和唯句成分

排除叹词活用为句法成分的特殊用法，叹词只和句子发生直接作用关系，是汉语中典型的唯句成分，叹词跟唯句成分的唯句性特征相吻合。

首先，叹词不参与句法成分的构造。邵敬敏（2001：182）指出，叹词的语法特点表现为一般不进入句子结构，独立成句。刘丹青（2011）指出“叹词的特殊之处就在于它是词类系统中唯一不和其他词发生句法组合关系的词类”。在外在形式上，叹词在句中总是用逗号、句号、叹号等标点符号跟后续句隔开，形成独立，不和句子中其他的句法成分产生关系。在句法位置上，叹词可以分布在句首、句末、句中（两个分句之间）和独用，叹词后面常常紧跟着后续句，进一步表示明确的意义或者感情。正因为其独立性，所以不跟后续句中任何语法成分发生句法关系。叹词充当句子成分只是一种活用或临时的用法，在句中一般要用双引号引起来，这种特殊的用法不属于我们考察的范围。

其次，叹词无构词能力。曹忠军（2005）在比较叹词和拟音词的构词能力时指出，“叹词没有任何派生能力，不能与任何语素组合构成新词”。叹词无构词能力，叹词的形成一般只是声音的简单模仿而来的，其声音属性显著，特别是原生叹词。双音节或多音节叹词内部的构成并无规律，不像汉语中其他的词类的构成那样遵循常规构词法（如联合、主谓、动宾、状中、述补等）的规律。也正因为叹词没有构词能力，所以叹词在语音上常常存在多音节，而且同一个叹词常常具有多个变体形式，如“哎呦”的变体“哎哟”“哎哟哟”“哎呦呦”等，“嘁”的变体“切”等。

再次，叹词具有引句性。在具体的语境中，尽管叹词不参与句法成分的构造，不充当句法成分，但是叹词和其后句子的关系密切。从性质上看，叹词具有引句性，对其后句子的出现具有引发作用。从语义关系上看，叹词对其后句子的语义具有引导作用，两者之间形成了和谐性与多样性相统一的关系。吕叔湘（1982/1942）指出：“我们感叹之声先脱口而出，以后才继以说明的语句。后面所接的语句或为上文所说的感叹句，或为其他句式，但后者用在此处也必然带有浓厚的情感。”李先银（2016）认为从话语内容上看，话语否定标记“嘁”和后续语段大致有以下几种类型：说明观点、评价结论、发出命令、解释原因、指明后果、刺激、开启新话题等。不同叹词和其后语句的语义关系如何、是否具有一定的规律性等，值得进一步研究。在本章的研究中也将会着重对叹词和其后语句的语义关系进行详细考察。

需要说明的是，一些叹词具有核心话语功能，常常可以独立成句，其后不存在后续句，或者和其后的主句之间有叹号等标点符号相隔时，叹词依然具有引句性。当叹词独立成句时，其引导的句子为其后的句子，叹词可以前置到被引句的句首；当其引导的句子没有出现时，其引导的句子可以根据语境补充出来。叹词的本质功能是表达感叹，叹词和其后的标点符号具有特殊性，当标点符号是逗号或感叹号等时，其功能都是表达感叹，此时标点符号的作用并非像常规的句终点号那样有严格的断句作用，并不影响和其后主句的引导关系。为了能更好地揭示叹词的引句性，本章对叹词进行分析时将使用较为典型的语料用例。

叹词是语用性成分，其功能表现为和其后的句子或大于句子的复句、句群等语法单位发生直接关系。但是叹词和其后直接作用的语法单位的关系并不同于传统的句法关系（修饰和被修饰、限制和被限制、支配和被支配、补充和被补充等）。叹词具有引句性，叹词在形式上具有独立性，和其后作用的语法单位在功能上具有解释和说明、原因和结果等多种关系，而且不像传统的句法关系那样具有一对一的配对语义关系。也就是说，同一个叹词在不同的语境中，和不同的句子或大于句子的语法单位具有不同的语义关系，二者的关系表现为一对多。和其他唯句成分相比，叹词不像饰句语气词和饰句副词那样和句子的关系属于传统的句法范畴；和关联词语相比，叹词尽管和其后的句子有语篇连接关系，但是并不是常规的逻辑关联关系；和插入语相比，叹词在形式特征上跟插入语最为接近。但是，值得注意的是，叹词是词类系统中唯一一个全部成员都具有唯句性的词类。

此外，从跨语言的角度看，不同语言的词汇存在较大差异性，但是不同语言中的叹词在语音、语义或功能的表达上存在极大的相似之处。从语音上看，叹词的声音属性非常特殊，很多叹词具有多音性，同一个叹词，不同的发音属性表达的语义和话语功能都不同，音同或音近的叹词在语义和话语功能上有什么特点？大部分叹词既可以是消极策略标记语，又可以是积极策略标记语，背后的原因机制是什么？为什么大部分次生叹词的来源或功能具有消极义、侮辱性？叹词的语用功能和话语功能都非常丰富，导致叹词的功能具有多元性的原因是什么？第二节和第三节对原生叹词和次生叹词的个案考察将对以上问题进行相关回应。

第二节　从生理反应到话语组织：原生叹词“哎哟”的功能演变

传统对于叹词的分类主要着眼于语义功能，一般认为叹词主要表示情感和呼唤、应答（邵敬敏，2016；郭锐，2018）。表示呼唤应答的数量相对较少、意义相对单纯。表示情感的则较为复杂：一方面，成员数量较多，不同成员表义多寡也不完全一致；另一方面，所表情感的涉及面比较广泛，各家的归纳都不尽相同。比如，刘月华等（2001）将叹词表达的情感列举为以下类别：得意、高兴、欢乐；恼怒、叹息、哀伤；赞叹、羡慕；惊讶；不同意、埋怨或申诉；轻蔑、不满或气愤；醒悟、领会；追问或出乎意料。张斌（2010）则将叹词所表情感概括为：喜悦或赞叹、提醒或领悟、悲伤或无奈、意外或惊讶、鄙视和唾弃。Ameka（1992）把叹词分为原生叹词（primary interjection）和次生叹词（secondary interjection）两类。原生叹词一般由拟音成分构成，传达一个由外界刺激导致的生理反应或心理反应；次生叹词则是由原本具有词汇意义的非叹词经过语法化或语用化转变而来的叹词，比如“阿弥陀佛”“好家伙”等。马清华（2011）、刘丹青（2012）等注意到有些叹词具有生理理据，马清华（2011）从生理理据角度将叹词分为表情的、表态的和表意的三类，前两类大致对应于传统的“情感类”，后一类大致对应于传统的“呼唤应答”类，其中第一类是最原始的叹词，其理据为直接的本能反射。国内外学界从不同角度对叹词所作的各种探讨，无疑都极具启发性。这些研究也引发我们进一步思考：叹词在情感表达、原生次生、生理理据等不同方面的特点和类别之间有没有什么联系？有什么样的联系？本节将以原生叹词“哎哟”的功能演变作为个案，试图从一个新的角度来整合叹词不同特点和类别之间的关系，并加深对叹词唯句性的认识。叹词在书面上的写法不太固定（刘月华等，2001），“哎哟”具有不定型性，可以叠用，存在“哎呦”“哎唷”“唉呦”“哎哟哟”“哎呦呦”等多种变体形式，下文对它们将不做区分，以“哎哟”为主要代表形式。

一、“哎哟”的初始功能：表达生理反应

马清华（2011）曾指出，就叹词的发展而言，其理据性经历了从直接的生理本能反射到间接的生理本能反射的过程，前者属于相对更原始的生理层次。若就单个叹词来看，有些原生叹词实际上也遵循类似的发展路径，即最早是用来表达生理反应的，然后逐渐扩展至传达其他的情感。“哎哟”就属于这种情况。

（一）“哎哟”表达生理反应的意义及用法

《现代汉语词典（第7版）》对“哎哟”的释义是“表示惊讶、痛苦、惋惜等”，我们认为，这些意义中，表示“痛苦”属于更为原始的

层次。不过，痛苦有生理性的也有心理性的，从生理反应来说，称为“疼痛”更合适。人受到某个作用于人体的刺激感到疼痛时，发出“哎哟”的喊叫，是一种无意识的生理性行为反射，同时也是出于宣泄和缓解疼痛的自我保护需要。这种表达直接生理本能的意义，当是“哎哟”的初始功能。“哎哟”的这一功能属于马清华（2011）指出的“最原始的叹词”中的“疼痛叹词”。“哎哟”所关联的实际言语行为，一方面是发出“哎哟”的喊叫，有时喊叫之后还会有解释说明的话语，表示喊叫的原因或造成疼痛的原因；另一方面，常常还伴随着其他本能的自我保护性生理反应，比如用手捂住或按揉痛处，例如：

（1）“哎哟”，随着一声惨叫，一个持刮刀的歹徒被撞倒。（《人民日报》）

（2）我们笑得喘不过气来，恨恨地捏了她一把，“哎哟沸（哎哟）！”她挠挠痛处，继续眉飞色舞地煲电话粥。（《看完没笑?！你绝对够狠！》）

（3）哎哟！我肚子好疼！（《现代汉语词典》）

（4）“哎哟，我的脚被夹住了！”（《作家文摘》）

上述4例中，“哎哟”表达的都是某个对人体的刺激引起疼痛之后人发出的本能喊叫。刺激一般来自人体外部，但也可以来自人体内部，如例（4）。“哎哟”既可以自成一个表义完整的句子，形成独词句，如例（1）、例（2），也可以有后续说明性语句，如例（3）“我肚子好疼”、例（4）“我的脚被夹住了”。“哎哟”及后续说明语句出自第一人称视角或者是直接引语。例（2）中，在直接引语“唉哟沸”之后还出现了其他本能反应“挠挠痛处”，但视角有所转换，改为第三人称进行间接描述。

可见，“哎哟”表达生理性的疼痛时，其语义模板可由“生理刺激→喊叫反应（＋其他本能反应）→解释说明”四部分构成。产生刺激的方式是生理的，且多为意外的。所产生的反应诉诸语言行为，就是发出“哎哟”的喊叫声。喊叫是一种自我保护，为了引起他人注意或寻求他人救护。喊叫之后常有解释说明的话语。“喊叫反应”和“解释说明”是第一人称视角或采用直接引语方式，至于与喊叫几乎同时发生的其他自我保护性生理反应行为，在语言中如果要进行描述，就会转为第三人称的叙述视角。

除了疼痛，“哎哟”有时也可以表达由外界刺激导致的身体不适感的反应，但相对较为少见，例如：

(5) 哎哟……水这么凉！(CCL 语料库)

(二)“哎哟”表达生理反应与拟声词之间的关系

从用法的角度，“哎哟”表达生理反应时，一般是用作独词句或句子中的独立成分，这些都是立足于第一人称视角。这符合马清华(2011)指出的直接的本能反射是“直抒胸臆的本能发声”。除了这种用法外，如果转换为第三人称视角，它还可以作定语（如“哎哟”一声）和状语（如“哎哟”直叫）。这些用法与拟声词的用法一致。郭锐(2018)指出，“哎哟”一声中的“哎哟”，实际是用作拟声词。我们认为，除了“哎哟”一声，“哎哟”直叫中的“哎哟”也是用作了拟声词。叹词的基本用法，无论是独立成句还是用作独立成分，是第一人称或直接引语，当它出现于第三人称描述性语言中，实际上是叙述者对他人发生的声音进行描述和模拟，从这个意义上来说，其性质与拟声词是一致的。马清华（2011）也认为，叹词处于组合关系中，如“他哈哈地笑了”，“表被叙说人情绪，属对象语言（严格地说，须加引号），是拟声词”。

此外，在描述他人的疼痛时，“哎哟”还具有动词用法，如“‘哎哟’了一声”。郭锐（2018：265）指出“模拟人或动物嘴中发出的声音的拟声词大多可以临时用作动词，表示发出拟声词所代表的声音”。周国光（2016）则认为这是叹词固有的功能。我们认为，“‘哎哟’了一声”仍属于第三人称视角，是叙述者对他人发声行为的描述，而非第一人称性质的自然发声，因此，并非“哎哟”固有用法，与它充当定语和状语一样，仍属于临时性充当拟声词[①]。

二、“哎哟”初始功能的扩展：表达心理感受

人受到的刺激，既有生理性的，即直接作用于人体任意部位的物理接触，也有心理性的，即作用于人脑的非物理性接触。对两者的反应也因此可分为生理反应和心理反应。前者是原始的本能性反应，后者则是

① “哎哟”用于表达下文要讨论的心理感受时，也可以作定语、状语和谓语，只是不太常见，本部分结论同样适用。需要注意的是，“哎哟”作状语修饰“叫”类动词时，一般表达的只能是生理反应。

相对间接的意识、情感性反应。从“哎哟”来看，在生理反应层次，它主要表达因受到意外性刺激产生疼痛而发出的本能的喊叫声；而意外刺激由生理刺激变为心理刺激时，“哎哟”的表达功能就转变为心理层面，表达一种对意外事件的心理感受，也就是“惊讶”，例如：

(6) 第一位医生这么想的：哎哟，他吃了这么多东西，一定是肚里有积滞啊，我给他用泻下之法给他泻下吧。于是就用的泻下之法。(《梁冬对话罗大伦》)

(7)“哎哟，冲到606点了，好像跌不下去了。还是买点股票吧。”老宁波回到正题。(《作家文摘》)

例(6)和例(7)中，“哎哟”分别表达对出乎意料的状况“他吃了这么多东西”“股市大盘持续走高”的惊讶感受。

意外状况或事件所造成的惊讶感受，往往会引发各种与之相关的情感态度，在具体语境中可表现为中性、积极、消极等多种形式。中性方面的，就是一般的惊奇、诧异，如例(6)和例(7)。积极方面的，主要是惊喜、高兴，例如：

(8)“哎哟，从哪里搞来的?”大家掩不住惊喜。(《人民日报》)

(9) 都旅长见小菲替他解军装纽扣，哈哈大笑，说：“哎哟我这贤惠妹子也!”(《一个女人的史诗》)

消极方面的相对多样化，包括惊慌、惊恐、惋惜、糟心、悔恨、厌恶、不满、痛苦等，例如：

(10)“哎哟! 床上有虫子!”宋霭龄一惊一乍地大呼小叫起来。(《宋氏家族全传》)

(11) 朱丹溪说：“哎哟，这油进去了，油太多了，进去恐怕要不好了。”(《梁冬对话罗大伦》)

(12) 说着说着，忽然身后传来一位“女高音”叫唤：“哎哟，又没票了，今天都是第4天排队了，这到什么时候才能走得了?”(《人民日报》)

(13) 低头一瞧这匹马七窍流血，“哎呦!”可真心疼了，为大将者最爱的无非是战马、兵刃。(《郭德纲相声集》)

例(10)至例(13)中，“哎哟”分别表示惊慌、糟心、不满和痛苦。

值得注意的是，上述各种积极和消极的情感态度，往往由叙述者以第三人称通过前言后语予以进一步指明，如例(8)中“大家掩不住惊喜”、例（9）中“哈哈大笑”、例（10）中“一惊一乍地大呼小叫”、例（13）中“可真心疼了”。当然，少数情况下也可以由感受主体的后续话语直接指明，如例（11）中“恐怕要不好了”。这一方面再次体现了“哎哟”所关联的语言行为常常是“第一人称直接表达＋第三人称叙述说明”的模式；另一方面说明“哎哟”所表达的这些情感态度比较依赖语境的提示作用，是“惊讶”感受在具体语境中的不同体现形式。

可见，在心理层面，“哎哟”主要表达惊讶，在具体语境中，其情感态度可表现为中性、积极、消极等多种形式。“哎哟”表达的各种情感态度，都来源于意外事件的引发，［意外性］是叹词“哎哟”最重要的语义特征。“哎哟”从表达生理反应到表达心理感受，可以通过［意外性］这一特征得到合理解释[①]。

需要指出的是，在表达意外和惊讶的心理感受时，与表达生理反应一样，“哎哟”一般都是以第一人称的视角由心理感受的主体直接说出，在形式上体现为直接引语。不过，有时也存在介于第一人称和第三人称的特殊形式，例如：

（14）小鬼一看，哎哟，这里还有一个人，就说：“喂喂喂，不要怕，出来，你替我们说一句公道话，这个尸体是哪一个的？”（《传媒大亨与佛教宗师的对话：包容的智慧》）

（15）忽一日，一群猕猴打从阳桃树下经过，小心翼翼地拣起几个无人问津的阳桃尝了起来。哎哟，肉质绵软，味道酸甜，还有缕缕芳香清凉之气沁入肺腑，不知比平常吃的桃杏梅李要好多少！（《人民日报》）

上述两例在形式上并没有使用直接引语，“哎哟”既可以看作没有打引号的直接引语（后一例是拟人用法），也可看作是叙述者处于全知全能视角模拟或代替被叙述者说出，还可以看作叙述者在叙述中穿插评论的话语标记。总之，这种用法具有一定特殊性，介于常规用法和修辞用法之间，同时也是“哎哟”由句内表达功能向句际话语功能拓展的一种临界形式。

① 近年来，学界对汉语的意外范畴较为关注。陈振宇和杜克华（2015）、强星娜（2017）、李强（2021）等均提及了感叹与意外范畴之间的关系，但已有相关研究似未关注叹词问题。我们认为，对于叹词“哎哟”，可以从意外范畴的角度进行更深入的研究。

三、“哎哟”的话语功能

“哎哟”无论是表达生理反应还是表达各种情感态度，都是着眼于传统的句子层面，只以说话人的视角来看待的。如果把“哎哟”置于语篇或者会话中来进行观察，其主要功能就体现为组织话语的程序性功能。Potts（2007：165）指出像叹词“damn”和“God alverty”这样的表达方式并不是对概念进行编码，它们一旦说出，就会对语境产生直接而有力的影响，它们是表达性的，揭示了话语产生的角度，并对人们如何感知当前和未来的话语产生巨大影响。“哎哟”所表达的“惊讶”感受，常会引发相关的情感态度，在此基础上，当它在语篇或会话中出现时，能起到衔接话语、引导听者理解话语的作用，从而具有多种话语功能，这包括语篇功能和人际功能。

从语篇功能来看，“哎哟”具有开启、延续、转接话轮和话语修正[①]等功能。其话轮延续功能来自类似上述例（14）、例（15）的用法，如果“哎哟”明确由叙述者说出，就成为延续话轮、穿插表达叙述者惊讶态度的话语标记，例如：

（16）我觉得关键是，这个喻嘉言太难做到这点了，一般人难做到，就是说患者不信任我，可是我知道这家人要出问题，然后他宁可要一张椅子在人家坐一晚上，他都去这么做。哎哟，我看到这时候我非常感动，说喻嘉言这个人既可爱，然后他又可敬，非常不容易。（《梁冬对话罗大伦》）

话轮转接功能主要体现为应答回应和话题转换，后者来自“哎哟”的恍悟用法，例如：

（17）“为啥要这么个条件?”“这地方我太寒心了，只要出去我决不再回来……”老徐听了很同情，马上答应了她的条件。说到这

① 关于话语标记的功能，目前学界的分类不太一致，本书采用语篇功能和人际功能的两分系统。话语修正包括自我修正和他人修正两种情况，两者都兼具上述两种功能：若着眼于话语标记对说话人自身话语的衔接连贯作用，标记其后话语为话语修正的内容，可视为语篇功能；若着眼于与另一会话参与者之间的互动关系，为方便对方理解或照顾其面子进行自我修正、对对方话语内容持否定态度进行他人修正，可归入人际功能。相对而言，自我修正更多体现为语篇功能，他人修正更多体现为人际功能。本书依据陈家隽（2019：68—69）的观点，暂将话语标记的话语修正（陈家隽称“语篇修正”）功能归为语篇功能。

里老徐忽然笑道："哎哟，说了半天话我还不知你叫啥名字，这手续咋办法？"(《作家文摘》)

例（17）中，"哎哟"表达对应该想到却没有想到之事的恍悟，同时标志转换新的话题。

从人际功能来看，"哎哟"首先表现为表明说话人的情感态度，从而对后续话语的理解具有指示作用。人际功能与语篇功能密切相关。比如，和认识的人意外相遇时常用"哎哟"表达惊讶，多位于始发话轮的起始位置以开启话轮，后逐渐语用化为程式较为固化的寒暄标记，具有拉近与听话人距离的语用效果，例如：

(18)"哎呦，您好，这是去哪儿啊？"身后的顾客碰到了熟人。"过年了，全家想到江南大饭店吃一顿团圆年饭，您这是要去哪儿啊？""带孩子去迎泽公园海底世界转转，让他们看看大鲨鱼，听说还有'美人鱼'呢。"(新华社)

当位于答话话轮的起始位置以转接话轮时，"哎哟"具有回应功能，回应内容一般都是由"惊讶"而引发，根据不同语境，可以表达感谢、道歉、同情、附和等态度，并对后续话语的内容具有暗示性，例如：

(19)"我想不开?!""哎哟得罪二大了，打嘴打嘴！"(《第九个寡妇》)

(20) 真不知道最近我儿媳妇怎么啦！她个矮，身材瘦小，可却赶起了时髦，穿什么长裙！难看死了，好像一条大长裙子在走来走去一样！

哎哟，太太，我儿媳妇也是这样！你看她那身材，横着比竖着还宽呢，还穿长裙，看起来好像没腿似的！(《读者》)

例（19）中的"哎哟"表道歉，例（20）中的"哎哟"表附和。

"哎哟"还可以表达说话人的评价立场，包括肯定性评价和否定性评价，多位于答话话轮的起始位置，既是回应，同时又引导后续评价结论。否定性评价的形式和内涵相对丰富，从而形成专门的话语否定功能。肯定性评价则相对单一，主要是表示"赞同""称赞"等，例如：

(21) 此时，宋美龄亲自掌勺做的花溪河鲤鱼端了上来。就见宋美龄先夹了一块放在宋庆龄的碗里，"二姐，尝尝我的手艺。""哎哟！"宋庆龄连声赞道："有滋味，有滋味！"(《宋氏家族全传》)

下面将重点讨论"哎哟"的话语否定和话语修正功能。

（一）话语否定

李先银（2017：2）认为，话语否定是话语或语篇中言者基于价值和情感系统对特定语境中的刺激做出的否定性反应或评价。“哎哟”所表达的话语否定多因会话中另一参与者的意外性事件或言语刺激而引发，是针对对方言语内容的一种否定性反应或评价。它具有以下几个方面的特点：首先，在话语结构上，一般体现为“哎哟＋否定性话语”，“哎哟”是引导性成分，它主要表达因惊讶而产生的否定态度，并标志其后即将出现否定性话语，否定意义主要由其后的否定性话语予以明确。其次，在否定方式上，“哎哟”之后的否定性话语既可以是否认、反对等直接性否定，也可以通过嘲讽、抱怨、责怪、呵斥等方式间接表示否定。再次，在情感态度上，“哎哟”常表达说话人的负面情绪，如不屑、烦躁、厌恶、不满、愤怒等，尤其是间接否定时更为明显，例如：

（22）鲁豫：我刚拿到一张写有藏头诗的纸，是你的“钢丝”写给你的：赞人民艺术家郭德纲。

郭德纲：哎哟，这我可不敢当。（《鲁豫有约》）

（23）鲁豫：你是班长或者学习委员什么的吗？

赵薇：哎哟，这种事情老师哪敢给我做啊？（《鲁豫有约》）

（24）“停，停。你看，我遇到谁了？”陈君竟像个孩子般，兴奋地嚷嚷着。“哎哟，我还当是什么呢，不就是一个林青霞嘛！”朋友在一边不屑一顾，倒是大惊小怪的陈君显得不好意思起来。（《作家文摘》）

（25）拿铁：米兰朵，你不要以为我们两个之间有婚约，你这样玩火自焚，我是不会救你的。

老板娘：玩火自焚？拿铁，我只是教训他。

拿铁：教训，你不要以为所有的男人都在你的掌握之中，话中有话啊。（下场）

老板娘：哎呦，真是的，这个人太情绪化了，没关系，过两天，我把这只熏鸭料理给他吃，他就会没事了。（《一妇五夫》）

（26）祝枝山：小姐，你是？

石榴姐：哎呦！吃干抹净了想不认账了？啊?!（《唐伯虎点秋香》）

例（22）至例（26）中，前2例是直接否定，例（22）用否定词

“不”否定，例（23）以反问形式表否定。后3例是以间接形式表达负面评价，例（24）是嘲讽，例（25）是抱怨，例（26）是呵斥，分别伴随着不屑、不满、愤怒等情绪。

此外，“哎哟”可以作为构词语素，和其他叹词组成新的叹词，如“哎哟喂”“哎哟喝”“哎哟哼”“哎哟嗬”等，有些词语的发展已经成熟，演变成具有话语功能的话语标记，如“哎哟喂”，基本上延续了“哎哟”上扬绵长的语音特性，还和“哎哟”保持相同的核心话语功能，即都可以表达话语否定，例如：

（27）杨刚一听，急了，赶忙张开不太够长短的双臂紧张地护住一面墙说：“宝贝求求你了宝贝，给我点面子，咱当一回球迷容易吗咱？怎么也得正儿八经的做一点样子给别人看看哪。”柳莺说：“哎哟喂！该是你当球迷都是给别人看的？不行！你趁早给我摘下去，别弄得我天天睡觉做噩梦。”（《作家文摘》）

（28）摆出一副很正义的样子，还质问人家！你屁都不懂就叫人家道歉，你以为你是法官吗?！哎呦喂～～～我看你是更年期加上离婚困扰吧？（BCC语料库）

例（27）中，“哎哟喂”表达对其前话语的否定，兼有说话人讽刺、厌恶的情感态度，其后的具体语句表达了对说话人杨刚观点的否定。例（28）中，“哎呦喂”前后的感叹句、反诘句和疑问句都是对“你”的行为的否定，表达了“我”的愤慨之情，“哎呦喂”把这种否定的行为推到了极致。

（二）话语修正

话语修正是“哎哟”因意外性言语行为而引发的另一话语功能。修正一定程度上意味着否定，和话语否定相区别的重要特征是，“哎哟”其后常常出现或能补出具体修正内容，以表达正面态度。而当“哎哟”表达话语否定时，其后不出现也很难补出类似修正话语的表达。Schegloff（1977：363）依据修正（repair）执行者的不同，将其分为自我修正（self-repair）和他人修正（other-repair），把需要修正的对象称之为可修源（repairable）或故障源（trouble source）。“哎哟”可以是自我修正的标记语，也可以是他人修正的标记语，以他人修正为主。国内一些学者对汉语“话语修正”现象进行了专门研究，如邵敬敏（1993）、匡小荣（1997）和郑贵友（2016）等，其中郑贵友（2016）从话语结构的角度对汉语“话语修正”过程中含有“否定语”“修正语”“批评语”“建议语”四个项目的构成情况进行了考察。以下我们结合相关研究成果，对“哎哟”的话语修正功能进行研究。

1. 他人修正

从交互性的角度看，“哎哟”是其后具体话语修正内容的修正标记语，标志其后的话轮内容是交际的重点，使得话语修正对象和具体修正内容框架化。“哎哟”引导的他人修正的基本框架为“［说话人甲：（被修正的话轮）＋说话人乙：（哎哟＋否定＋修正＋修正后的评论或解释）］”，其中，“否定＋修正”形成了先破后立的话语表达，这种话语修正建立在修正者主观认知的基础之上，有时在一定程度上具有面子威胁性。例如：

（29）戈玲：诶，咱们是不是不能太软弱。咱们既有妥协，还得有斗争。否则他狂了，这越来越……

牛大姐：哎唷，我们不是攻一个山头，夺一个碉堡，我们是争取一个人，只宜智取不便强攻。我们这么多人、这么多脑子，只要大家开动起来准有办法。三个臭皮匠……（《编辑部的故事》）

例（29）中，针对戈玲的观点，牛大姐使用“哎唷”引导的话语修正，首先进行了否定“不是攻一个山头，夺一个碉堡”，然后进行具体的修正“争取一个人，只宜智取不便强攻”，其后的话语是有关修正的相关评论。牛大姐的修正行为对戈玲产生了一定的面子威胁。

有时，话语修正是话语交际中的一种会话技术，可以成为维护礼貌原则和合作原则的交际策略，例如：

（30）卫国不好意思地说：“真对不起！给您们丢脸了，这些天越想越悲惨。”龙老爷老伴端详着黄金花头也没回地说：“哎呦！不是说公安局审查后不是你的问题嘛，自责啥啊？我看你这是大难不死必有后福啊！你看看这媳妇贤惠得让人眼馋啊！（《根的沧桑》）

例（30）中，卫国对龙老爷进行了道歉，该行为表明其处于会话中的不利地位，龙老爷老伴使用“哎呦”引导的话语进行修正，否定句“不是说公安局审查后不是你的问题嘛”指出不是卫国的问题，不需要自责，从而维护了卫国的面子。其后省略了具体的修正话轮（“谁的问题”之类的话轮），“我看你这是大难不死必有后福啊”是龙老爷对话语所述事件的评论。

修正他人区别于修正自我的一个重要特征是，修正内容是否被所涉及的话语参与者成功接受。“哎哟”分布在至少有两个以上的话语参与者的交互语境，当说话人根据自己的知识能力、情感态度或认知立场等对另一话语参与者进行主观修正时，就涉及另一话语参与者对“哎哟”引导的修正结果是否接受或认同，即修正结果是否成功。衡量修正成功的特征之一是话语互动者继续对话而没有产生进一步的问题（Egbert，2002：97）。话语修正失败常常表现为会话双方围绕修正内容展开持续对话，或者会话参与者使用反问、否定、转折等形式直接或间接拒绝修正内容。有时，话语参与者对修正结果的拒绝不仅体现在言语上，而且在行为举止上也有一定表现，例如：

（31）“噢，原来你们的女排都这么训练出来的。”“唉哟，这可不是，你可别瞎说。我们的女排女篮女乒都是正经八百的娘儿们，我那是小说，说笑话儿……”“你这个小说一定通不过审查。”洋人斜着眼儿看我，“反动”。（《一点正经没有》）

（32）“我们这个农场一方面搞科学试验，一方面还要搞劳、资合作。……这样子，大家都是劳工，——大家又都是资本家，那阶级什么的就不存在了，谁也不剥削谁了。”陈文娣听了，把舌头伸了出来道：“哎哟，我的上帝！你这就不只是一个事业家，还是一个不折不扣的政治家了。……依我看来，上、下之间，还是恩、威并用，刚、柔兼施为好。不然的话，你虽然一番美意，难保他们不给你搞个稀巴烂，还说是阶级斗争。——你犯得着么？”陈文婕听了，默然不语。又低头想了一会儿，才缓缓说道：“我总是相信，人到底还是有良心的。人不能恩将仇报。如果是那样，还有什么话可说呢！”（《苦斗》）

例（31）中，话语修正的主要内容为“我那是小说”，根据后续回应“你这个小说一定通不过审查”，说明认可了“是小说不是事实”，表明修正成功。例（32）是买办资产阶级家庭中两位姐妹之间的会话，陈文婕不相信有阶级差异，试图办一个劳资合作的农场，陈文娣通过“哎哟”引导的话轮对妹妹的话语内容进行了修正，认为劳资双方的对立关系是不可调和的，她这种幻想只会以失败告终，陈文婕一系列的动作神态“默然不语”“低头想”“缓缓说道”暗示其对陈文娣话语修正不接受的态度，其后的新一话轮也间接表达了自己不赞同的观点。

2. 自我修正

自我修正的话语框架一般为“[说话人：（哎哟＋否定＋修正＋修正

后的评论或解释）］”，即话语修正是由说话人主动发起的在自己所述的话轮中针对自我的言行或认知进行的修正。“哎哟”其后多紧跟显性的否定其前话语的标记语，如“不对”“不是”“错了”等，起到既承接修正标记语“哎哟”，又引导其后的具体修正话语的过渡作用。在这类会话中，修正的话语常常并非出现了事实性的错误，说话人话语修正的目的一般是为了达到一定的交际意图，比如迎合另一话语参与者。因此，自我修正多属于策略性修正，例如：

（33）周攀诡异地看着我说：“真是郭鑫的徒弟啊？那郭鑫不会早下手了吧？”“想什么呢？郭鑫压根儿就看不上这号的。”我大大咧咧地说。周攀有点儿不高兴了，不吱声儿地低下了头。我自知失言，赶紧拍着胸脯向周攀保证：“说哪去了，哥们不是这意思。我意思是说郭鑫丫只喜欢皮肤白的。哎哟，不是，反正不管怎么着吧，这事儿啊，包在哥们我身上了。”这周攀才笑嘻嘻地跟着我瞎乐了。（《校园侏罗记》）

（34）“您可说呢，哎呀，劳驾劳驾，大爷，您给帮帮忙，您给拣下来搁筐里。”这位呀也好俚谐：“我给你拣下来把它搁筐里，白拣吗？”“哎呀，不白拣哪，我受不了啦！您回头拣完了拿几个去得啦。”这位一沉脸：“胡说！我拿你鸡子儿吃去？我想吃我拿钱买，你不是卖鸡子儿的？你是拿鸡子儿雇人怎么着？”“哎哟，哎哟，大爷，我说错啦，我浑身不合适呀，不知道说什么好，劳您驾大爷，您给拣一下，您说怎么着都成。”“这不结啦，我拣完了你酬谢我。”（《中国传统相声大全》）

例（33）中，周攀看上了郭鑫的女徒弟，但担心被郭鑫下手了，“我”说“郭鑫压根儿就看不上这号的”，但随即意识到失言，于是进行了首次无标记的自我修正“我意思是说郭鑫丫只喜欢皮肤白的”，之后再次意识到不妥，又使用“哎哟”引导的话语修正语进行修正，否定短语“不是”是“哎哟”和具体修正话轮的过渡性内容，其后省略了郭鑫丫喜欢的男生的具体条件，“反正不管怎么着吧，这事儿啊，包在哥们我身上了”是关于修正话轮的具体解释内容，这里带有承诺性质的解释内容是为了保全周攀的面子，也为自己不当的言行进行策略性补救。例（34）中，卖鸡子儿（即鸡蛋）的人向“大爷”提出帮忙拣鸡子儿后拿几个回去的有偿性求助，但“大爷”认为自己是被雇佣的对象，面子受损，不能接受这种酬谢方式，对方为了解决当前面临的困境，对先前话语进行了修正：两个话语修正标记语“哎哟”连用，其后的否定句“我说错啦”直接否定之前的酬谢建议，并提出了新的无条件的酬谢方式，即“大爷”怎么着都成，话语修正的目的是希望“大爷”能帮忙拣鸡子儿。

无论他人修正还是自我修正，“哎哟”在使用过程中都具有一定的否定意味，郑贵友（2016）指出话语修正中的“否定语”表达说话人对前话轮内容或观点的否定，一般由否定词独词小句或其他具有否定意义的小句构成。充当修正标记语的“哎哟”具有否定功能，但是，在会话分析中，修正工作并不一定意味着改正错误，不意味着被修正的故障源表达的内容是错误的（Schegloff，1977）。有时，修正的故障源并非话语内容命题的真实性而是其合适性，即并非语义否定而是语用否定，例如：

(35) 为帮我尽快熟悉情况，林总决定带我去深圳实习一段时间。他的助理问，让李主任住哪里啊？我说：住集体宿舍就好啊，正好有机会和员工交流交流。助理说：那是不可能的，我奇怪地问：为什么不可能啊？助理说：你是理级干部啊。我说：哎呦，什么理级干部不理级干部的，晚上有个地方睡觉就行了。（《春路仕途观风景》）

例（35）中，根据“助理”的话语可知，“我”确实是“理级干部”，“哎呦”修正的并不是“我是理级干部”这一事实，而是“理级干部应该享受更好待遇”这一隐含义，其否定属于语用否定。

四、“哎哟”话语功能多元性的原因

很多叹词作为话语标记都具有多功能性。如：刘萍、邬德平（2017）将叹词“哦”的语用功能划分为认知标记、情感标记、话语结构标记和语用模糊标记；李咸菊（2019）指出北京话日常口语中共现的“嗯”“啊”“哎”“呃”具有不同的属性，作为话语标记，它们在话语组织、话语编辑进程中伴有表停顿、表话语拖延等七种话语功能。探讨“哎哟”话语功能多元性的原因，有利于深化对“哎哟”乃至整个叹词词类话语功能的认识。我们认为，促成“哎哟”具有多元话语功能，是以下一些因素综合作用的结果。

（一）语义的同源衍生性

上文已指出，［意外性］是叹词“哎哟”最重要的语义特征，它从表达生理反应到表达心理感受再到进行话语组织，各种功能的演变理据在于它们都具有［意外性］这一语义特征，通过［意外性］的特征在不同层面可以衍生出多种功能。“哎哟”的话语功能，实质上是从句内独立性成分的叹词用法到句际的话语衔接成分自然拓展的结果，因此，在语篇和话语中，“哎哟”同样可以通过［意外性］的特征向不同方向衍生出不同的话语功能，这些话语功能之间实际上具有内在联系性。

（二）语境的贡献性

“哎哟”话语功能的多元性和其所处的语境密切相关。尽管叹词的功能表达一般具有规约性（Kryk，1992；Schourup，2001；李丛禾，2007），如“呸”“嘁”（李先银，2016）等话语标记一般只表达话语否定，但部分叹词表达功能的规约性并不明显，如“哎哟”的话语功能具有多元性，这跟其所处的语境密切相关。“哎哟”的独用性在形式上表现为使用逗号或句号等标点符号与前后语句形成空间上的隔断，语境贡献性很容易被忽略。“哎哟”没有任何实质性的语义，命题具有空洞性，其具体功能受语境影响较大，在不同语境中通过“语境吸收”可向不同方向发展，实现各种表达功能。比如，上文已指出，和熟人意外见面时表达惊讶的“哎哟”，在会话中就能发展为寒暄功能；对于各种令人意外或非预期言行，在不同语境中，可以分别引发正面或负面的评价，从而使“哎哟”具有评价功能；如果特别强调否定、嘲讽、厌恶态度，则形成话语否定功能；若重在修正他人或自己的观点，则形成话语修正功能；等等。当然，“哎哟”在具体语境中的话语功能常常需要语用推理，由其后核心句具体指定或标明，例如：

（36）唐伯虎：我的百花争艳图……

某老婆：哎呦，这有什么大不了的嘛，给我们垫一垫桌子嘛，小气鬼！

某老婆：你还没死呢，没事再画一幅不就行了吗？

唐伯虎：可是这个……（《唐伯虎点秋香》）

（37）“对我说这句话的人可就多了。”她一面把弄着手指头，一面说：“但是，我是认真地这么认为。我只是说老实话而已，我从来没想过要有与众不同的想法，也不追求特别的东西。但是我说了实话，别人却以为是玩笑或作戏！所以常常增添许多麻烦。”

“所以你才想死在火灾里。”

“哎唷！不是啦！那只是一种好奇心罢了。”(《挪威的森林》)

例（36）中，某老婆把唐伯虎的百花争艳图垫桌子，当发话人唐伯虎点明或提醒这一情况时，“哎呦”开启了受话人的反应，根据“哎呦”后面的核心句可知，“哎呦”具有话语否定功能，表达漠不关心、毫不在意的情感态度。例（37）中，“我”根据“她”话语推断“她”想死在火灾里，根据“她”的回答可知，“哎唷”在这里表达话语修正。

（三）分布位置的交互性

在连续性话轮，无论处于问话还是答话话轮，“哎哟”一般都分布在话轮的起始位置，这种开启新话轮的起始位置具有交互性。Schegloff（1987）指出话轮起点是一个重要的初始位置，对于在该话轮起点处开始的话轮形状或话轮类型进行投影。Norrick（2009）认为 Schegloff、Schiffrin、Tao 等学者已经开始将话语初始位置理论化：仅仅基于一个词项通常出现在初始位置这一事实，就可以很好地描述它在交互对话中表达的各种功能。“哎哟”多分布在话轮起始位置，当它位于始发话轮的起始位置时，具有开启话轮的功能；当位于答话话轮的起始位置时，则具有转接话轮的功能。无论是开启话轮还是转接话轮，位于起始位置的“哎哟”，具体表达出来的话语内容都是由“惊讶”而引发，都是在第一时间对“惊讶”事件或言论的反馈。开启话轮和转接话轮在理论上可以表达多种情感态度或评价立场，比如寒暄客套、感谢、道歉、同情、附和、否定等，这就为“哎哟”具有话语多功能性提供了条件，例如：

（38）徐嘉丽：“快，趁热吃，我们南方的小馄饨。”

张一凡：“哎呦，徐姐，谢谢啊！”

张一凡端起馄饨吃了起来。(《春晓》)

（39）在某一次测血糖时突然血糖升高，问她前一天是否服用甜食，阿姨很肯定地说：“没有啊，我都没吃饭”，随后又说“我就吃了个桃！”我们异口同声地对阿姨说：“您这个桃也是含糖的啊。”她才突然意识到，说：“哎呦，我还说吃这个没事呢，我之前还吃苹果了。”(《人民日报》)

例（38）中，徐嘉丽做好小馄饨，又发出热情的邀请，让张一凡吃馄饨，张一凡可能盛情难却，充满惊喜、感谢之情，愉快地吃起了馄饨，也可能婉拒邀请，还可能做出其他反应，其所在的话语起始位置预设了可能出现的种种情况。在该会话中，“哎哟”具体表达的是感谢态度。例（39）中，血糖升高的“阿姨”不能吃甜食，她也坚称没有吃甜食，只吃了个桃，当“我们”提醒桃也是甜食时，“哎哟”引导的“阿姨”的反应，可能是恍悟，也可能是不以为然等，该例中，“哎哟”表达的是恍悟。

反之，如果“哎哟”分布在核心语句之后，其前话语则直接对其进行功能限定和匹配，则失去了预设多种话语功能的可能。

（四）语调与意义的关联

一些学者注意到了叹词的语调、调值、调形、音长等语音属性对其意义的重要影响，如刘宁生（1987）、谢仁友（2008）和邓文靖（2017、2019）等。跨语言的研究也注意到语音属性对于叹词的重要作用，Bolinger（1989）甚至认为一些感叹词如“huh”和“hm”仅仅是语调的载体。Fraser（1996）指出叹词在任何特定情况下的大部分意义都取决于它们的语调轮廓。“哎哟”的语调与意义之间也有一定的关联，它以最经济的语调变化方式取得了功能的多样性。例如，“哎哟”为下降语调且发音短促时，常表达寒暄、评价、话语修正等功能，同时伴随惊讶、痛苦、惋惜、责备、醒悟等情感态度，当语调上扬绵长，则主要用于表达话语否定功能，例如：

（40）唐伯虎：我没事，只是断了条手。

秋香：哎呦，怎么那么不小心呢？

唐伯虎：只要能帮你捡回纸燕，我不怕千刀万剐，情愿勇闯地狱，区区一条手臂，又何足挂齿？（《唐伯虎点秋香》）

（41）徐嘉丽：“去去！跟你有啥关系，吃你老婆给你做的去！”

刘德宝：“哎呦，还是单身好啊！”

徐嘉丽：“是啊，赶明你把婚离了，也跟我们一起搭伙吃饭。”（《春晓》）

例（40）中，“哎呦”的语调下降、发音短促，表示一种“情况糟糕”的评价，同时伴随既责备又心疼的情感态度。例（41）中，“哎呦”发音绵长，具有话语否定功能，同时带有调侃意味。

五、结语和余论

原生叹词“哎哟”，作为一个具有引句性的独用或独立成分，在句子中的功能经历了从表达对疼痛的生理反应到表达对意外事件的“惊讶”感受及各种相关的情感态度的过程。在语篇和话语中，“哎哟”丰富的情感态度表达功能，能发挥衔接话语、引导听者理解话语的作用，从而进一步发展出开启、延续、转接话轮及话语修正等语篇功能，以及表明态度、表达评价等人际功能。[意外性]是叹词“哎哟”最重要的语义特征，“哎哟”从表达生理反应到表达心理感受再到成为话语标记，各种具体功能的发展演变都可以通过[意外性]这一特征得到解释。“哎哟”具有多元性话语功能，主要是语义的同源衍生性、语境的贡献性、分布位置的交互性、语调与意义的关联等多种原因综合作用的结果。

通过对“哎哟”功能演变和拓展的研究，我们对与叹词有关的问题有了一些新的思考。

首先，叹词一般只出现于句子层面，或者独立成句，或者作为句子中的独立成分，因而是一种具有独立性的唯句成分，主要表达说话人的情感态度。同时，当它出现于语篇和话语中，就会演变为话语标记，具有组织话语的功能，这属于典型唯句成分向大于句子的语法单位拓展应用的现象，符合我们在绪论中对于唯句成分的有关解释说明。刘丽艳（2011）、陈家隽（2019）等认为，只有表示呼唤和应答的叹词才能充当话语标记，而表情叹词则不能充当话语标记。李先银（2017）指出话语否定标记不仅是话语标记，而且很多都是表情叹词。殷树林（2012）更是明确指出叹词都可以充当话语标记。结合“哎哟”的话语功能，我们认为，表情叹词表达说话人的情感态度，具有较强的主观性和交互主观性，可以提示后续话语的内容，引导听话人的理解，当它们从单句范畴拓展至语篇或话语中，常常就演变为话语标记，从而具有组织话语的功能。

叹词用于单句中表达各种情感态度，其独立成句或位于句首的独立成分的用法，预示并引发了后续句子的表义内容，叹词和后续句子之间具有一定的语义和谐性。叹词作为话语标记，主要处于话轮起始位置，具有提示后续话语内容、引导听话人理解的作用，也体现出其引导后续话语的特点。这些都较好地体现了叹词作为唯句成分“引句性”的特点。

其次，从发生学的角度，学界已将叹词分为原生叹词和次生叹词，我们认为，还可以分为生理理据叹词和心理理据叹词。原生和次生的划分，主要立足于是否经历了词类范畴的转变，即一开始就是叹词还是由其他词类转变而来的叹词。生理理据和心理理据的区分，则主要着眼于叹词产生时的理据是生理性的还是心理性的，总体来看，生理理据叹词出现在前，心理理据叹词产生稍晚。上述两种分类之间既有差别也有联系。一般来说，生理理据叹词都是原生叹词，次生叹词都是心理理据叹词，但原生叹词并不一定都是生理理据叹词。原生叹词产生时，既有主要体现生理属性的，也有与心理反应或社会属性相关的，前者为生理理据叹词，后者为心理理据叹词。

再次，目前最常见的将叹词分为表示情感和呼唤应答的分类法，主要是着眼于叹词的语义功能，它们都是就典型的叹词即原生叹词而言的。表呼唤应答的如“喂”“嗯”等只用于人际互动的场合，相对更为虚化，其理据并不来自生理反应，当属叹词中比较后起的心理理据叹词。表情感的叹词，一部分属于生理理据叹词，一部分也是心理理据叹词。其中，起源于因生理反应而引起的喊叫声的叹词是生理理据叹词，比如表示疼痛声的“啊”、表示笑声的“哈”、表示呕吐声的“哇”、表示吐痰声的“呸”、表示咋舌声的“啧”等等，这些叹词都经历了从表达生理反应到表达心理反应的过程，因此既是表情叹词，也是原生叹词，还是生理理据叹词。本文所研究的“哎哟”也属于这一类。其他的表情叹词，一开始就只表达心理反应，比如“哼”“嗨”“唉”“哟”“咦”等等，因此，它们虽是原生叹词，但不是生理理据叹词而是心理理据叹词。

“哎哟”处于原生叹词、原始叹词和表情叹词的交集之中，在叹词中非常具有代表性，能较好地体现“引句性”特点，具有较高的个案研究价值。

最后，我们将叹词中原生和次生、原始和后起、表情和呼应三种分类的关系列表如下（图 5-1）。

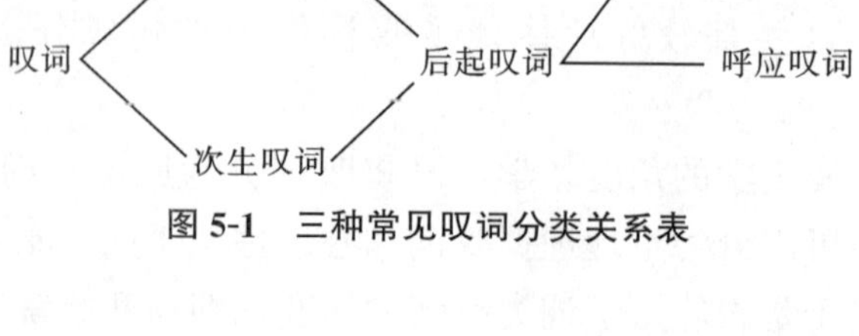

图 5-1　三种常见叹词分类关系表

第三节 从名词到次生叹词："妈的"类骂詈语的演变及相关问题

关于叹词的研究，传统的研究多集中在原生叹词上，如原生叹词的归属、分类、意义（黎锦熙，1992/1924；胡明扬，1981；姚锡远，1996）、性质（刘丹青，2011；周国光，2016）、功能（周国光，2016）等。近些年，次生叹词的研究也逐渐引起了学界的关注。刘丹青（2012）对实词的叹词化进行了分类分析，主要包括动词和副词在提示语、应答语等陈述句范畴中的叹词化，名词性、形容词性成分等在感叹语、呼唤语等句类中的叹词化，动词在祈使类句子中的叹词化，名词呼语叹词化等。李先银（2013）指出独立使用表达祈使的"去"在互动对话语境中由祈使驱离，发展出表达禁止和话语否定的话语意义，出现了主观化和叹词化。张秀松和张爱玲（2016）研究了"阿弥陀佛"向会话程式语的语用化，刘宇红和张雪梅（2018）探讨了感叹语"阿弥陀佛"的两套语义系统。杨扬和俞理明（2018）研究了次生叹词"好"反预期标记用法及衔接功能。姚双云（2020）指出神宗类、骂詈类、称谓类三类名词演变为话语标记的过程都经历了叹词化过程，都是通过转喻而形成，都只能表态度义和情感义。总的来看，关于次生叹词的研究不算太多，无论是宏观性研究还是专题性、个案性研究都有待加强。

本节以亲属类名词"妈"为研究对象。亲属名词"妈"可以发展演变为两类叹词系统。一类以"妈啊"为代表，其变体形式有"妈呀""我的妈呀""我的妈啊"等，其主要功能为表达惊讶、惊喜类感叹。另一类以"妈的"为代表，其变体形式包括"娘的""他妈/娘的""你妈/娘的""你他妈/娘的"等，由骂詈语（"骂詈语"也称作"詈骂语"）演变为叹词。我们将后一类称为"妈的"类次生叹词，其原始形式称为"妈的"类骂詈语。本节将重点研究"妈的"类次生叹词，详细梳理从包含亲属名词"妈"的骂詈语到次生叹词的发展演变、"妈的"类次生叹词和其后语句的关系、"妈的"类次生叹词的语用功能等相关问题，尝试填补亲属类名词演变为次生叹词的研究空白，以深化对叹词及其引句性的认识。

一、“妈的”类次生叹词的发展演变

从历时语料来看，宋元时期是“妈的”类次生叹词的叹词化起点，其表现是：“母亲”义词语出现在骂詈语句中。不过，这一时期出现的主要是“娘”，“妈”在明代以后才出现。但后来，在骂詈语及其形成的叹词中，“妈”比“娘”使用更广泛和频繁，这大概与“娘”和“妈”用于指称“母亲”义产生时代的先后以及它们在方言和通语中的消长有关。我们对“妈的”类次生叹词历时演变的讨论，分为“娘”系和“妈”系分别予以论述。

（一）“娘”系次生叹词的历时演变

包含“娘”的骂詈语句，较早出现的是用对方母亲的不雅生理现象作为辱骂的内容，例如：

（42）只见翠莲跳起身来，摸着一条面杖，将先生夹腰两面杖，便骂道：“你娘的臭屁！你家老婆便是河东狮子！”（《宋元明话本小说选·快嘴李翠莲记》）

（43）放你娘的臭屁！我几曾见他来。（全元曲·杂剧[①]）

例（42）和例（43）形式相近。例（42）为名词短语句，没有动词，“你娘的”直接修饰“臭屁”；例（43）为动宾结构，如果去掉“你娘的”，“放臭屁”这种骂詈形式在近代汉语中较少出现，这说明，“你娘的”也是“臭屁”的修饰成分。可见，早期的这类骂詈语中，第二人称代词“你”和“母亲义”词语“娘”都是实指的，是直接用辱骂对象母亲的不雅生理现象作为骂詈的内容。

包含“母亲义”词语的骂詈语句，其内容还可以是威胁与对方母亲进行性行为，以达到辱骂对方的目的。不过，其较为完整的形式，在书面文献中，暂时只检索到明代文献，例如：

（44）吕祥骂道：“贱瞎眼的狗头！我那里放着不巧？我不巧，我偷你娘的屄来了？”（《醒世姻缘传》）

---

① 本部分元曲和元杂剧的例句，均来自北京大学 CCL 语料库。该语料库中，这一类语料统称为“全元曲”，分为戏文、散曲、杂剧等小类。为标注一致和简洁，对于这些例句的出处，统一按 CCL 中的分类，标为“全元曲·戏文”“全元曲·杂剧”之类。

(45) 玳安道："我入日你娘的眼！"飕的只一拳去。（《金瓶梅》）

上述例子是完整的骂詈语句，第二人称代词"你"和"母亲义"词语"娘"也都是实指的，反映出该类骂詈语句的早期面貌。不过，在更早的元曲和元杂剧中，这类骂詈语句已出现了较为简省的形式"入娘的"，例如：

(46) 入娘的，我当初不要你出家，你强要出家。（全元曲·杂剧）

(47) 啊呀！入娘的，起初打的是我，方才打的又是我。（全元曲·戏文）

上述两例中，"入娘的"当是其完整形式"我入你娘的屄"的省略式，这种用法已可视作叹词，尤其是例（47）中，"入娘的"紧接"啊呀"，两者都独立于句外，相当于两个叹词连用，以加强语气。

"入娘的"叹词化之后，又出现再次词汇化，发展为一个具有指称性的体词性短语词，并可与"这/那"形成同位结构，成为一种新的骂詈语。例如：

(48) 这入娘的，想梦指望偷老婆。我见他打得他稀烂。（全元曲·戏文）

(49) 那入娘的平白揣与我个名儿叫作泼皮贼。（全元曲·杂剧）

上述两类骂詈语句"（V）你娘的 N"，"你娘"和 N 之间具有领属关系，如果"你"仍实指被辱骂对象，但"你娘"和 N 之间不再有领属关系，那么该结构就开始出现虚化，例如：

(50) 只愿的下雹子打你娘驴头！（全元曲·杂剧）

(51) 他伴当若打了我一鞭，我也就挎断你娘的脊骨。（全元曲·杂剧）

在这种用法基础上，将"你"替换为"他"或"那"，就进一步泛化，辱骂对象并非听话人而是第三者，该结构成为一种语义更虚的骂詈语句，例如：

(52) 你也不叫，我也不叫，饿他娘那老弟子。（全元曲·杂剧）

(53) 云阳市上血染了衣，出那娘的丑。（全元曲·杂剧）

随着语义的泛化，该结构逐渐不再局限于骂詈语义，"（你/他）娘（的）"与前后成分之间也不再具有句法关系，而是成为一个专门表达主观感情的语用标记，例如：

(54) 兄弟，我若有了钱，讨他娘四个小厮，都叫他兴字。（全

元曲·戏文）

（55）我着那好言语劝你你不听，那厮们谎话儿弄你且娘的灵。（全元曲·杂剧）

（56）这边噙泪而醒，啐了两声道："作你娘的怪，这番做这样的噩梦！"（《二刻拍案惊奇》）

（57）是你妹子，密地相认了，再做道理。不是妹子，睡他娘一晚，放他去罢！（《初刻拍案惊奇》）

后代较为常见的次生叹词"（他）娘的"，在文献中的典型叹词化的例子，出现相对较晚，最早出现在清代是在上述两类骂詈语句"（V）你娘的N"的基础上，保留了其定语，从而实现叹词化，例如：

（58）那些人把被卧卷打开一看，说："他娘的，真丧气，原来是赤身露体的一个死女人。"（《彭公案》）

不过，无论是"入娘的"还是"（他）娘的"，叹词化后，仍主要用于骂詈语境，作为叹词的表达情感功能尚较为单一。

通过对"娘"系次生叹词形成和发展的考察，我们对"妈的"类次生叹词的形成与演变，有以下几点认识：第一，如尹继群（1986）所言，由于中国封建社会男尊女卑的观念，人们在骂人时选择的对象多是女性，尤以辱及母亲最为常见。正因如此，从历时文献所反映的情况来看，大约于宋元时期首先产生了包含"母亲义"词语的骂詈语句。第二，包含"母亲义"词语的骂詈语句，主要是"（V）你娘的N"之类结构，"你娘"实指辱骂对象的母亲，骂詈的内容，既可能是对方母亲的不雅生理现象，也可能是威胁与对方母亲发生性行为。前一种情况，可作为对张谊生（2010）、张爱玲（2010）等基于现代汉语语料认为"妈的"仅来自"操你妈的屄"之类这一观点的补充。因为骂詈的内容具有多样性，即使以侮辱对方母亲为核心，也未必只有性行为这一种内容，还可以是其他具有侮辱性的语义内容。第三，最早叹词化的"妈的"类次生叹词是"入娘的"，元代就已产生，但它与张谊生（2010）所概括的现代汉语中存在的保留主谓语和定语的"我操你妈的"、只保留主谓形式的"我操"以及只保留定语的"（他）妈的"等都不一样，而是保留了谓语和定语，这一形式丰富了已有研究的认识。只不过它没有沿用下来，后来更常用的最简短的"妈的"类次生叹词是"（他）娘/妈的"。从历时文献来看，"他娘的"直至清代才产生。第四，叹词化后的"入娘的"向指称化方向继续发展为一个体词性短语词，这与张谊生

（2010）所指出的标记化、构式化两种后续发展模式也不太一样，同样丰富了对已有研究的认识。第五，包含“（他）娘的”的骂詈语句，在近代汉语中总的发展趋势是省缩，但存在两条各自独立的演化路径，一条是从骂詈语句虚化为话语标记，另一条是骂詈语句叹词化，这与从现代汉语语料得出的“骂詈语句→叹词化→标记化”的单向演变的观点不太一致。

（二）“妈”系次生叹词的历时演变

“妈”系次生叹词的历时演变情况与“娘”系大致相同，只是“妈”首先出现在骂詈语句中的时间比“娘”要晚，文献中最早见于明代，主要是假想的与对方母亲进行性行为的骂詈内容，例如：

（59）出来问说：“晁无晏小二子！谁是贼狗头没良心？你待入谁妈的眼？”（《醒世姻缘传》）

到了清代文献中，“（你/他）妈的”一方面用于非实指的骂詈语句中，另一方面省缩式的话语标记和次生叹词“（你/他）妈的”都出现了，例如：

（60）趁早儿滚开！真他妈的丧气，你怎么配当地方呢？（《七侠五义》）

（61）秋谷对他们说道：“你们怎么样？怎么七八个人，一个都不敢上来？你们这班没用的奴才，不要在这里现世，快些给我滚你妈的蛋罢！”（《九尾鱼》）

（62）贾明栽倒里面，口中喊了一声：“他妈的倒霉！往上一蹿，使过了劲啦，还挨了一下子摔，这给小贼们可解了恨啦。”（《三侠剑》）

（63）一个说：“道兄，今儿还算侥幸，险些跑不出他妈的田螺壳儿。”（《八仙得道》）

（64）那时徐骧眼望着对岸，愤愤地道：“他妈的！那矮鬼的枪炮真利害，凭你多大本领，皮肉总挡不住子弹。”（《孽海花》）

以上例句中，例（60）、例（61）中“（你/他）妈的”不再实指而是泛化，但仍用于骂詈语句；例（62）、例（63）中“他妈的”成为不与句中其他成分具有句法关系的语用标记；例（64）中的“他妈的”独用，成为一个叹词。

二、“妈的”类次生叹词和其后语句的关系

现代汉语中，“妈的”类次生叹词逐渐发展成熟，表现出多方面的特点。先来看它们在句子中与其后语句的关系。

“妈的”类次生叹词独用时，起到承上启下的作用，和其后语句是引导和被引导的关系，体现出叹词作为唯句成分的“引句性”特点。“妈的”类次生叹词一般表达对已经发生的事件或行为的不满。从语义关系来看，该类叹词和其后的语句主要有以下几种语义关系。

（一）引导补充

当“妈的”类次生叹词前后语句具有相同或近似的语义，其后语句在语义上对其前语句具有一定补充性，“妈的”类詈骂次生叹词体现出引导其后补充句的作用，例如：

(65) 丁宝：老掌柜，您说对了！连我也是逆产，谁的胳臂粗，我就得侍候谁！他妈的，我才十七，就常想还不如死了呢！死了落个整尸首，干这一行，活着身上就烂了！(《老舍戏剧》)

(66) 菊仙看着她心疼的大顽童，泪花乱转：“小楼，好！”听了一声彩，小楼回过一口气，又不满了：“你说，这革命样板戏有什么劲？妈的，无情无义，硬邦邦！”(《霸王别姬》)

例（65）中，“他妈的”前后语句是被补充和补充的关系，其前语句“我也是逆产，谁的胳臂粗，我就得侍候谁”，其后语句“我才十七，就常想还不如死了呢！死了落个整尸首，干这一行，活着身上就烂了”进一步补充自己的悲惨，“他妈的”起引导补充的作用。例（66）中，“妈的”是补充标记，前后语句关系是被补充和补充的关系，由其前语句可知，革命样板戏没劲，“妈的”其后的语句“无情无义，硬邦邦”进一步补充了革命样板戏怎么没劲。

（二）引导解释

当“妈的”类次生叹词其前句子和其后被引导句子是现象和解释的关系，“妈”类次生叹词是一种骂詈的表达方式，引导出其后的解释句，例如：

(67) 他和妻子都是本城人，亲戚朋友多，邻居街坊熟，按理生意好做，可一见面他就叫苦：“妈的，全坏在这帮人身上，眼看

要关门了。”(《报刊精选》)

(68)孙七没入过医院，不晓得医院是否就应当像这个样子。“我才不吃日本药呢！他妈的，用共和面弄坏了我的肚子，又给我点药；打一巴掌揉三揉，缺他妈的德！”(《四世同堂》)

例（67）中，次生叹词“妈的”引导解释，其后的语句“全坏在这帮人身上”解释了其前生意本好做却不好做的原因。例（68）中，次生叹词“他妈的”引导解释，其引导的语句“用共和面弄坏了我的肚子，又给我点药；打一巴掌揉三揉，缺他妈的德！”解释了其前语句“我才不吃日本药”的原因。

（三）引导顺承

当“妈的”类次生叹词其前的语句和其后的句子是被承接和承接的关系时，该类次生叹词具有承接其后语句的作用，例如：

(69)是呀，袁恢当着咱俩答应的。今天，我去，他又变卦了，说是要经过部里同意，让我再次找部里。他妈的，我马上就去找到部里，一个满脸疙瘩的小伙子（说是谁的秘书！）就跟我打官腔，说你这样的无影人，全世界才一个，是国家级保护对象，你要是出了国不回来怎么办？(《作家文摘》)

(70)旁边一个生着连鬓胡子的中年人用鼻孔哼了一声，接着说：“管他妈的啥金枝玉叶，龙子龙孙，封王封侯，为官为宦，平日作威作福，耀武扬威，骑在老百姓的头上过日子，只要犯到阎王手里，都不值一个皮钱。”(《李自成》)

例（69）中，“他妈的”引导的其后的话语“我马上就去找到部里”和其前话语“让我再次找部里”是前后紧接连贯的关系。例（70）中，“他妈的”引导的其后语句是对其前动作“哼了一声”的承接，顺接连词“接着”也说明了次生叹词“他妈的”的前后语句是顺承关系。

（四）引导评价

当“妈的”类次生叹词其前的语句和其后的句子是现象和评价的关系时，该类叹词具有引导评价的作用，例如：

(71)主任和李（作鹏）、吴（法宪）、邱（会作）、汪（东兴）都在会上挨了批。他妈的，活该！这都怪主任自找。主任翻了车，我从心里高兴，但这个代价太大，连首长的威望也受了损失……

(《作家文摘》)

(72) 还是忍不住，去中介转转，最近几个月，看的人多，买的人少，妈的，房价涨的时候人人抢，现在便宜了反而没人要了，中国人就是这点臭脾气，就他妈的喜欢凑热闹。(《老百姓是这样买房的》)

例（71）中，“他妈的”其前语句和其后表达“活该”是现象和评价的关系，叹词“他妈的”引出了具体的评价“活该”。例（72）中，“妈的”是引导评价的标记语，“妈的”其前的话语表达的是房地产的情况“看的人多，买的人少”，“妈的”引出了对当前这一现象的否定性评价“房价涨的时候人人抢，现在便宜了反而没人要了，中国人就是这点臭脾气，就他妈的喜欢凑热闹”。

三、“妈的”类次生叹词的语用功能

具有丰富的语用功能是叹词典型的功能特征，“妈的”类次生叹词也是如此。“妈的”类次生叹词来源于骂詈语，其叹词化之初，仍未完全摆脱骂詈语境，表达情感的功能较为单一，仅具有单向性，缺乏互动性。本部分主要讨论“妈的”类次生叹词在现代汉语中语用功能的发展。

（一）宣泄情感

作为骂詈语，“妈的”类次生叹词的核心功能是宣泄情感。吕叔湘（1982/1942）指出叹词之后一般会继以带有浓厚情感的说明性语句，Ameka（1992）指出叹词是对语言或语言外语境的反应，只能相对于产生它们的语境进行解释。“妈的”类次生叹词表达的情感需要结合上下文语境确定，而且在一些语境中表达的情感具有混合性。人际关系、指称对象和情感特征等是分辨其表达情感类别的重要参数。

“妈的”类次生叹词由核心语义［+骂詈］衍生出表达愤怒、急躁和害怕等消极情感。从人际关系上看，说话人和指称对象是冲突性极强的紧张关系，这也是该类叹词出现语境的人际支撑。从指称对象上看，“妈的”类次生叹词的指称对象一般是听话人，体现了冲突的直接性和当面性，有时指称对象也可以是说话人和听话人之外的第三方。从情感特征上看，骂詈本身就是一种具有杀伤力的言语行为，该类叹词表达的情感具有宣泄性和攻击性，常常和其他具有攻击性的动作和言语共现，例如：

(73) 突然，一声“炸雷”传入耳中：“妈的，花钱供你念书，你却旮旯胡同看闲书……”父亲的巴掌像一枚特制的大印章，雨点一样往我身上盖，又疼又麻，我拼命挣扎、连声求饶。（《人民日报》）

(74) 吴天成放下电话，又急又恼，骂道：“他妈的，想不到这个小痞子给我惹出这么大的麻烦来，看来还得小心对付。”（《苍天在上》）

(75)“妈的，那电，就跟蛇似的。”吴老汉事后还心有余悸地用手直摸脖子。（《佳作》）

例（73）中，“妈的”表达愤怒，指称对象为“我”，“巴掌像一枚特制的大印章，雨点一样往我身上盖”是具体的攻击性动作。例（74）中，“他妈的”表达急躁和恼怒，指称对象为“小痞子”，其后语句“看来还得小心对付”是“他妈的”表达急躁和恼怒的待施行为。例（75）中，“妈的”表达害怕，指称对象为电，“心有余悸地用手直摸脖子”是表达害怕的伴随动作。

来源于骂詈语的次生叹词是一种强大的、话语功能多样化的交际策略用语。“妈的”类次生叹词由于核心语义［＋骂詈］具有极性义以及对语境的依赖性，还可以表达欣喜、兴奋和开心等积极情感。在这些语境中，话语参与者的人际关系由冲突到冲突消解，指称对象由确指到指称虚化，表达情感由宣泄性和攻击性并重到只保留宣泄性。该类叹词表达积极情感时，常和性别、职业、阶层、社会地位等性别因素和社会范畴关系密切，其使用对象往往是身份特征明显的男性，例如：

(76) 满桂把土匪身上的鸟铳摘下来，放到一边。王大毛摆弄着崭新的鸟铳，兴奋地说：“他妈妈的，有这玩意儿，就不怕土匪了。”（《努尔哈赤》）

(77)“谁呀？”那个压寨夫人娇滴滴的声音。“小的是肖山，烟土抢回来了！”黄保温说：“快去开门。”那女人开了门，肖山随女人进了屋。黄保温看着肖山怀里的油布包，咧着大嘴笑着说：“他妈的，都是烟土？”（《努尔哈赤》）

以上两例中，说话人和在场的话语参与者关系融洽，“他妈（妈）的”仅宣泄情感，并非指称受话人或受话人之外的第三方。其中，例（76）中，“他妈妈的”表达兴奋，根据语境，其使用对象王大毛性格豪爽；例（77）中，“他妈的”表达开心，其使用对象肖山是阶级地位较为低下的男性土匪。

由此可见，“妈的”类次生叹词宣泄情感的功能，是一种融积极话语功能和消极话语功能于一体的复合功能。

（二）表达感叹或威胁

叹词最基本的功能就是表达感叹，当次生叹词“妈的”分布的语境不具有损害会话双方的实质利益时，“妈的”可以表达单纯的感叹。当“妈的”所在的语境牵涉到对某一尚未发生的事件有强制性促成作用时，“妈的”可以表达威胁。“妈的”表达威胁时，其后的语句一般是带有祈使语气的祈使句。“妈的”表达威胁的语用功能也是由其核心语义［＋骂詈］衍生发展出来的，例如：

（78）依山傍海的科技大学美得如同世外桃源，现代感的建筑更让我们爽眼。当时的一个哥们说：“妈的，就是用银子在荒山野岭堆出来的，这样的物质条件算是让我满足了。”后来得知就是亚洲最美丽校园，倒也丝毫不怀疑。（CCL 语料库）

（79）我们问：“哪有这个价?”旁边的几个人立即吼道：“他妈的，坐不坐？不坐下去!”我们说：“那你把钱退给我。”（《人民日报》）

（80）二强子棱棱着眼把钱接过去，一边往起立，一边叨唠：“放着你们这群丫头养的！招翻了太爷，妈的弄刀全宰了你们!”快走到街门了，他喊了声“祥子！搁着这个碴儿，咱们外头见!”（《骆驼祥子》）

例（78）中，次生叹词“妈的”表达感叹或夸张，承接上面“科技大学美得如同世外桃源，现代感的建筑更让我们爽眼”，是说话人就科技大学的美进行的感叹。例（79）中，根据语境可知，“他妈的”表达威胁，其后祈使句“不坐下去”更加明确了“他妈的”表达威胁的语用功能。例（80）中，“妈的”与其后语句虽然没有标点符号隔开，但实际上两者之间有停顿，“妈的”仍是叹词用法，表达威胁，其后的句子表达具体的威胁方式“弄刀全宰了你们”，该句子带有明显的祈使语气。

（三）表达呼唤

邵敬敏（2016）、郭锐（2018）等从语义功能的角度将叹词分为表示情感和呼唤应答两类。“妈的”类次生叹词既是表情叹词，也可以充当呼唤叹词①。表达呼唤是“妈的”类次生叹词进行人际互动的特殊功能。当使用这类叹词进行称呼时，发话人处于优势地位，面对外部刺激的即时性、冲突性降低，通过直接称呼的方式，将指称对象直接聚焦受话人，形式上，其前可出现“你”“你们”之类指示代词，两者连用形成复指，其后常常紧跟具体的祈使性指令行为，例如：

(81) 阿尔贝托的嘴唇贴近“奴隶”的面颊，低声说：“到里面去。那边有个离床远的衣橱。”“什么?”“奴隶”问道，一动也不动。阿尔贝托说：“他妈的，过来!”(《城市与狗》)

(82) 那个奉天兵过去踢了铁门两脚：“妈的，有人看你来了!”李景纯慢慢抬起头来往外看。(《赵子曰》)

(83) 公路上，忽然传过两个语音不同的叫骂声：“你们他妈的，走快点不行?”(《敌后武工队》)

例（81）中，阿尔贝托是主人，称呼“奴隶”“他妈的”，“过来”是祈使性指令行为。例（82）中，奉天兵处于主导地位，用“妈的”呼唤李景纯，“有人看你来了”表面是通知，实则是命令李景纯出来。例（83）中，根据语境可知，发话人为敌后武工队成员，受话人为被俘“敌人”，“他妈的”和“你们”连用，“走快点不行?”是带有弱疑问语气的指令行为。

（四）缓解尴尬

缓解尴尬是“妈的”类次生叹词另一重要的人际功能。尴尬是会话交际中不符合会话参与者心理表征或违反常规社交规则、偏离正常交际状态的情况。当事件或行为等对说话人产生面子威胁时，“妈的”类叹词以一种骂詈的方式宣泄对不利情况不满的同时，有缓解尴尬、缓和摩擦、活跃气氛，使话语交际回归正常轨道的人际功能。和宣泄负面情感时强硬而急促的语气相比，这类叹词缓解尴尬时，语气较为缓和，具体语境中往往有手势、表情等副语言辅助，例如：

(84) 他不许将领们多谈玛瑙山的失败，特别是不愿听到有谁提到他的几个妻妾的被俘和死亡。虽然他心中为这次挫败感到痛苦，但是他用满不在乎的口气说：“他妈的，这点损失算得鸡巴大

① 汉语的叹词中这种情况较为少见，除了“妈的”类叹词外，还有个别叹词如“哎”，也是既可表达感情又可表呼唤应答。

事！别说是这点损失，就是全部打光了，老子也要从头再来！”（《李自成》）

（85）她把半瓶白酒揣在怀里，对客人们说：“今天就喝到这儿。”大家看看她，又看看欧阳萸。她像个装小老师的孩子，对其他孩子说：今天的课就上到这儿。但欧阳萸不由自主地起身了，打着哈哈说：“他妈的，千金管老子，老子得给个面子。散啦！”他举起手臂伸个大懒腰，从那点难堪中过渡过来，手落在女儿肩上。（《一个女人的史诗》）

例（84）中，根据语境可知，这次行动是失败的，让他产生了痛苦，“他妈的”起到了缓解压力、掩饰痛苦的作用，满足了说话人的面子需求，满不在乎的口气起到了辅助缓解尴尬的作用。例（85）中，女儿的话“今天就喝到这儿”让欧阳萸陷入了尴尬，“他妈的”表达对女儿言行不满的同时，也起到了缓解尴尬的作用，“举起手臂伸个大懒腰”“手落在女儿肩上”是“他妈的”缓解尴尬的辅助性肢体行为。

需要指出的是，除了上述语用功能之外，上一部分讨论的“妈的”类次生叹词的各种引导功能，是专门从该类叹词在句子中与其后语句的关系的角度进行论述的，这些引导功能，可看作“妈的”类次生叹词的语篇功能，它们与本部分论及的各种语用功能具有互补性。

四、“妈的”类次生叹词形成的原因机制

（一）咒骂文化的基础

和“妈的”类次生叹词类似的由亲属名词演变而来的表骂詈的次生叹词还有“奶奶的”“他奶奶的”等。可见，在中国传统咒骂文化中，女性常常是污名化的对象，这和女性的社会地位密切相关。中国漫长的封建社会，是男权主导的社会，女性的社会地位低下，因此，女性在种种因素的作用下常常是骂人时被选择的对象，和女性相关的亲属名词就成为骂詈语中高频出现的词语，尤其是“母亲”义亲属名词。

（二）省缩与转喻

张谊生（2010）以现代汉语语料为研究对象，认为“妈的”类次生叹词的形成，与避讳和禁忌有关，是由“我靠/操/日你/他妈/娘的逼”骂詈句逐步省缩，最后只保留背称式定语“他妈/娘的”而来。前者实

际上是其形成的动因，后者则是机制。上文中，我们以“娘”系次生叹词为例，对其社会原因、省缩来源、省缩类型、继续演变等问题进行分析，进一步丰富和完善了此类叹词的认识。

省缩的结果，是用部分转指整体，从认知的角度来看，这属于一种转喻现象。转喻机制在“妈的”类叹词形成的过程中也发挥了重要作用。

（三）逃避禁忌的作用

“妈的”类骂詈结构的省缩机制跟 Hughes（1991）提出的“禁忌越强，逃避形式的数量越多”的原理类似。这里“逃避形式的数量”主要指语音的变化，由于禁忌原因，故意使禁忌词和源词发音不一致，禁忌力量越强，禁忌词和源词的发音差异越大，比如 Gehweiler（2008）指出语音伪装是“Jesus”由神圣的宗教名词演变为骂詈类次生叹词“gee!”的重要手段。“Jesus”类宗教名词的禁忌性来源于词语本身代表的神圣性，逃避的形式为词语自身的变化。这一观点很富有启发性。对于“妈的”类骂詈结构而言，禁忌性来源于通过性行为、性器官及其他不雅现象对“母亲”进行赤裸裸的侮辱，“逃避形式的数量”主要体现在由句法到词法的演变过程中，形式上“妈的”前后的禁忌行为和禁忌物逐渐省略，“妈的”吸收了前后成分的语义表征，进行重新编码。在双音化趋势的作用下，“妈的”其前的指示代词“他”“你”等也可以进一步省略，从形式上逃避指代的骂詈对象，“妈的”就成为“妈的”类次生叹词的最简形式。

有意思的是，作为语用标记的“妈的”，在形成过程中，非但没有逃避句法序列中的前后成分，而且“无限包容”。“妈的”前后成分为非禁忌行为和禁忌物，可为其组配成分无须省略且逐渐泛化提供条件。这与“妈的”类次生叹词的叹词化形成了鲜明的对比。

（四）语境和特定分布位置的促成

“妈的”类骂詈语所在的语境大致可以形式化为“刺激说话人的语句＋‘妈的’类骂詈语＋补充表达骂詈”的语句。“妈的”类骂詈语在语境中常分布于补充表达骂詈的语句之前，既与后续补充小句在形式上分离，又具有对其进行引导的作用，正好符合叹词的“独立性”和“引句性”特点。在上述省缩和逃避禁忌等机制的作用下，特定的分布位置决定了其省缩后演变为一个叹词。

此外，骂詈语具有较强的主观性和交互主观性，其所在的语境一般为多角色参与的交互性的语境，这些特点也对具有主观性和交互主观性的“妈的”类次生叹词的形成，具有一定的促成作用。

五、“妈的”类次生叹词的语义管控辖域

关于测量“妈的”类次生叹词语义管控辖域大小的手段，我们将采取与前面章节类似的方法，为避烦琐，不再具体交代。我们以“妈的”和“他妈的”作为代表，在CCL语料库中随机各选择500例语料，对它们的语义管控辖域大小进行统计。具体统计情况如表5-1所示。

表5-1　“妈的”“他妈的”的语义管控辖域

类别	妈的	他妈的
辖域为1个小句	205（41%）	216（43%）
辖域为大于1个小句	295（59%）	284（57%）
总计	500	500

可见，“妈的”类次生叹词的语义管控辖域，辖域为大于1个小句的情况过半。无论是与饰句性唯句成分如饰句语气词和饰句副词相比，还是与前置性关联短语词“如果”等，甚至与后置性连句关联词语“的话”等相比，“妈的”类次生叹词的语义管控辖域大于1个小句的情况远远多于它们，表现出较强的管控更大辖域的能力。

“妈的”类次生叹词和其后语句的语义关系，以及此类叹词的形式特征等因素共同决定了其语义管控辖域大小的特点。首先，从“妈的”类次生叹词和其后语句的语义关系来看，以骂詈的形式引导补充、解释、评价等时，证明其后的语句具有重要性，管控辖域大于1个小句也是其重要性的体现。其次，从分布位置上看，“妈的”类次生叹词常常以独立使用的形式分布在被引导句之前，其位置分布优势促使其语义管控辖域较大。

本节对由亲属名词“妈”经骂詈语发展而来的“妈的”类次生叹词的演变过程及相关问题进行了考察。本节的研究说明，汉语次生叹词的发展演变过程较为复杂，经历了多个演变环节。而且，次生叹词与其后引导的句子之间具有丰富的语义关系，结合上一节对原生叹词“哎哟”的考察，可知，汉语叹词的语用功能和话语功能十分丰富，导致其语用

功能和话语功能具有多元性的原因机制比较复杂，往往是多种原因机制共同作用的结果。通过对“妈的”类次生叹词的考察，进一步明确了叹词对其后句子的引句性，也进一步深化了我们对唯句成分的认识。

第四节　本章小结

本章首先对叹词的研究现状进行了梳理，其次从叹词的两大类别——原生叹词和次生叹词中分别选择个案进行研究。叹词的“引句性”表现为只和其后的句子或大于句子的语法单位发生直接关系，对其后句子的出现具有引发作用，对其语义具有引导作用。两者形成和谐性和多样性相统一的语义关系。此外，叹词的语用功能非常丰富，因此叹词较易发展成为话语标记。从叹词到话语标记是其唯句性功能的升发，话语标记是语用性成分，其作用的范围在句子之上。关于唯句成分和话语标记的关系，我们将在第七章理论总结部分进行论述。

第二节考察了原生叹词“哎哟”从表达生理反应到进行话语组织的功能演变。原生叹词“哎哟”作为一种独立成分，在句子中的功能经历了从表达疼痛的生理反应到表达各种心理感受和情感态度的过程。在语篇和话语中，“哎哟”丰富的情感表达功能，能发挥衔接话语、引导听者理解话语的作用，它通过对各种语境的吸收，进一步发展出多元性话语功能。从表达生理反应到进行话语组织，“哎哟”的演变理据在于它们都具有［意外性］这一语义特征。“哎哟”获得多元性话语功能，包括多种语篇功能和人际功能，话语功能多元性的主要原因在于语义的同源衍生性、语境的贡献性、语调与意义的关联等。

第三节考察了“妈”从亲属名词到“妈的”类骂詈语再到“妈的”类次生叹词的发展演变及相关问题。“妈的”类次生叹词由包含“母亲义”词语的骂詈语句发展而来，其叹词化过程大约开始于宋元时期，骂詈语句通过省缩的方式，至清代，先后产生了次生叹词“（他）娘的”和“（他）妈的”。“妈的”类次生叹词在现代汉语中，语用功能得到丰富和拓展，既是表情叹词、又是呼唤叹词，还是具有人际功能和语篇功能的话语标记。其语用功能主要包括宣泄情感、表达感叹或威胁、表达呼唤和缓解尴尬等。它们在句子中还具有引导后续小句的语篇功能，如引导补充、引导解释、引导顺承、引导评价等。“妈的”类次生叹词形成的原因机制包括咒骂文化的基础、省缩与转喻、逃避禁忌的作用、语境和特定分布位置的促成等。此外，本节还对“妈的”类次生叹词的语义管控辖域的情况进行了统计和分析。

通过本章对叹词的研究深化了我们对叹词的认识，也分析了叹词在唯句成分系统中的定位及其特殊性。叹词作为唯句成分，其主要特点在于引句性，和其后语句是引导和被引导的关系，这明显区别于饰句性唯句成分和连句性唯句成分。其引句性具体体现为：叹词独立成句或位于句首的独立成分的用法，预示并引发了后续句子的表义内容，它与后续句子之间具有一定的语义和谐性；叹词进一步发展为话语标记，主要处于话轮起始位置，具有提示后续话语内容、引导听话人理解的作用，也体现出其引导后续话语的特点。

汉语中的叹词是相对封闭的词类，特别是次生叹词，数量较为有限。关于次生叹词是否可以进一步进行分类，不同的次生叹词的话语功能是否具有相似之处，原生叹词和次生叹词除了在来源和语音属性上不同，二者是否存在其他方面的不同……都有待进一步研究。此外，叹词的引句性特点，与饰句性唯句成分和连句性唯句成分相比，进一步印证了叹词的特殊性。关于叹词和句子的关系以及其他与叹词有关的问题，还值得进一步挖掘。

第六章　相关理论问题的思考

前面我们对汉语三大类唯句成分进行了分类研究，本章将从整体上对唯句成分及相关问题进行理论探讨。具体来说，本章将围绕不同类别唯句成分的异同及原因、唯句成分的系统性、其他的唯句成分，以及唯句成分的语言地位等相关理论问题进行探讨。

第一节　唯句成分的异同及其原因

一、唯句成分的异同

汉语唯句成分之间具有共同的唯句特性，但在很多方面也存在一定的差异性。我们主要从形式特征、管控辖域、作用对象、和句子的关系，以及和所属上位概念的关系等方面考察唯句成分的异同。

（一）形式特征

从形式特征看，不同唯句成分的形式特征有相似性，但又存在一定的区别。从整体上看，唯句成分可以分布在句首、句中、句末，以及独用，不同唯句成分的形式特征在分布位置上具有选择性或倾向性。首先，饰句语气词分布在句子的最末端，修饰其前成分。饰句副词可以分布在句首和句中，在语用条件的作用下还可以后置于句末，一些还可以独用，如“也许”“大概”等，分布在句首和主语后的句中位置为典型句法位置。连句关联词语一般分布在句首，有的可以分布在句末，少数关联副词则可以分布在主语后谓语前的句中位置。叹词往往分布在句首或独用，引导出其后的核心句。可见，除了饰句语气词之外，其他的唯句成分基本上都可以分布在句首。句首和句末位置一般是句子的边缘性、非核心的位置，这两个位置往往成为和整个句子发生直接作用关系的最佳位置。能够分布在句中的唯句成分，以分布位置能够前置到句首为前提。只能分布在句中，不能放置到句首的成分不是唯句成分。唯句成分都以位置能够分布在句首或句末为必要条件。语言是不断发展变化的，一些非唯句成分可以演变为唯句成分，能够分布在句首或句末是必备条件，如饰谓副词演变为饰句副词时，其分布位置必须可以从句中前置到句首。可见，分布位置对语言成分的属性和功能具有重要的作用。此外，位置分布和管控辖域密切相关，一般来讲，分布在句首的唯句成分的管控辖域大于分布在句中的唯句成分，独用形式唯句成分的管控辖域又大于分布在句首的唯句成分。

（二）管控辖域和作用对象

不同唯句成分的管控辖域和作用对象同中有异，唯句成分的位置分布和韵律形式等密切影响其管控辖域和作用对象。从管控辖域看，饰句副词、关联词语等一般分布在句首，其作用对象都是右向性的，饰句语气词和少数后置型关联词语附加在整个句子的最后面，其直接作用的对象是其前成分构成的句子，跟后面的句子形成形式上的隔离。唯句成分管控辖域的方向又与作用对象的大小密切相关。从作用对象看，唯句成分的直接作用对象是句子或大于句子的语法单位，不同的唯句成分直接作用的对象有倾向性。根据前面章节定性和定量研究的结果可知，饰句语气词直接作用的对象往往是由 1 个小句构成的单句，或者是 1 个复句的中的分句，直接作用对象为复句或大于 1 个分句的情况较少；饰句副词的直接作用对象，一般为单句或复句，大约三分之二的饰句语气副词直接作用对象为单句或分句，近三分之一的饰句语气副词的直接作用对象为大于句子的语法单位；叹词引导的句子一般以大于 1 个小句的语法单位为主；关联词语语义管控的对象较为复杂，后置型关联词语的作用对象一般以 1 个小句为主，前置型关联词语的作用对象往往大于 1 个小句。除此之外，唯句成分的韵律形式和其管控辖域、作用对象也密切相关。饰句语气词基本上是单音节的；其他的唯句成分，如饰句副词和连句关联词语等基本上是双音节或多音节；叹词，特别是一部分原生叹词也表现为单音节形式，但是，单音节叹词的直接作用辖域也是右向的，与饰句副词和大部分连句关联词语相同；单音节形式还是识别副词为饰谓副词而非饰句副词的重要标准之一。

（三）和句子的关系

从和句子的关系的角度看，不同唯句成分直接作用的对象都是句子，但是由于不同唯句成分所处的平面有差异，不同的唯句成分和直接作用的句子或大于句子的语法单位的关系也不同。首先，从唯句成分分布的平面来看，饰句语气词、饰句副词具有饰句性的句法属性，是句法平面的成分，同时这些唯句成分具有丰富的语用功能，和语用平面也有密切的关系；连句关联词语和叹词分布在语用平面，这些唯句成分和句子的关系已经超越了汉语传统的句法关系。就与句子的具体关系而言，饰句语气词和饰句副词的共性是与被作用的句子形成修饰和被修饰的关系。从修饰的位置上看，饰句语气词和被修饰的句子形成了“被饰对象＋饰句句末语气词”的修饰框架，修饰成分后置，被饰成分前置，区别于汉语大多数句法修饰关系；饰句副词和被修饰的句子形成了“饰句副词＋被饰对象”的修饰框架，与常见句法修饰位序一致。连句关联词语和直接作用句子之间的关系是连接和被连接的关系，既可以是连接分句以组成复句，也可以是连接句子以组成句群或篇章。叹词和直接作用句子的关系是引导和被引导的关系。上述很多关系都已超越传统的句法关系。

（四）和所属上位概念的关系

不同唯句成分的所属上位概念有两个。从唯句成分的角度看，唯句成分是汉语中排除了和句级单位以下语言单位发生作用的所有成分、结构等的集合，可以分为饰句语气词、饰句副词、连句关联词语和叹词等不同的类别，这些类别的上位概念就是唯句成分。从词类的角度看，关联词语不属于词类系统，叹词几乎都是唯句成分，其他类别的唯句成分则多为所属词类系统的词类次类，如饰句语气词所属的上位概念为语气词、饰句副词所属的上位概念为副词等。唯句成分和两个层面的上位概念基本都是包含和被包含的关系。但是，不同唯句成分在所属上位概念中占比不同。首先，不同类别唯句成分在唯句成分系统中的占比不同，以及在所属上位概念中占比的具体情况也不相同。如饰句语气词和叹词是汉语中封闭的词类，数量相对有限，在整个唯句成分的占比也有限；饰句副词和连句关联词语所属的上位概念都是相对较为开放的、相应的，这些唯句成分在唯句成分系统中占据了相当大的比重。其次，从词类的角度看，不同类别的唯句成分在所属词类系统中的占比也不同。如尽管语气词和叹词是汉语中封闭的词类，但是除了表达时体、程度等的语气词之外，绝大部分的语气词都是饰句语气词；叹词除了在句中充当句法成分的特殊用法之外，几乎所有的叹词都是唯句成分；根据已有的统计可知，饰句副词在整个副词词类系统中的占比不过半。

二、唯句成分具有共同性的原因

（一）唯句成分是句子的可有成分

唯句成分和非唯句成分的一个很大区别在于唯句成分都是作用在句子上的成分，在唯句成分和句子发生直接作用关系之前，句子就已经是句子了，和短语相区别。因此，唯句成分一般都不是句子核心的必有成分，才能够与句子产生各种各样的关系。就饰句性唯句成分而言，饰句语气词和饰句副词都属于可修饰成分，在句中省略后并不影响句子的成立。例如，表示疑问的饰句语气词“吗”省略后，原句子依然可以使用疑问语调表达疑问，排除疑问语调后，原来带“吗”的疑问句可以转化为陈述句，句子依然成立。其他类别的饰句性唯句成分也是如此，一般属于句子的可有成分。此外，连句关联词语的核心功能是连接句子，对句子没有实质性的语义贡献，主要发挥句子连接和篇章连接的功能，张谊生（2000：180）指出关联连词的句法功能可分为衔接和成句两方面。所谓衔接，就是指关联连词超越句子层面的连接功能。具有成句功能的关联连词如“并”等单音节的并列关系连词，其功能为关联句子的谓语，不属于我们的研究对象。贺阳（1994）指出“有些成分之所以没有完句功能，是因为它们具有篇章上的接续或预示功能”。连句关联词语基本上就是没有完句功能的成分，具有完句功能是判断某一成分为非唯句成分的参考因素之一。此外，叹词更是与其后引导的核心句无论在形式还是语义的表达上都更为松散。可见，唯句成分不是句子的必有成分，因此，唯句成分和句子的关系可以超越常规的句法关系，为和句子发生各种各样的关系提供了基础。

（二）唯句成分具有较强的主观性

唯句成分一般具有较强的主观性，也是不同类别的唯句成分具有相同点的原因之一。饰句语气词是汉语中典型的主观性较强的词类。饰句副词，尤其是饰句副词中占比最大的饰句语气副词也是如此。连句关联词语虽然主要用于篇章连接，和上述主观性较强的唯句成分相比，整体上看，其主观性不及上述唯句成分，但是，一些学者对关联词语主观性也有所论及，如邢福义（1996）指出“复句语义关系具有二重性，既反映客观实际，又反映主观视点……对复句格式的选用中直接起主导作用的是主观视点。即客观实际→主观视点→格式选用”，这里的复句格式指的就是配对使用的关联词语。不过，连句关联词语主要表达句子的逻辑语义关系，其语义较为虚化。此外，主观性越强的成分越容易分布在句子的外层，这也是不同的唯句成分具有相同点的原因之一。

三、唯句成分具有差异性的原因

唯句成分除了在形式特征、作用对象、管控辖域、和句子的关系，以及和所属上位概念的关系等方面存在异同之外，还在很多方面也体现出差异性。那么，造成唯句成分具有差异性的原因是什么呢？我们认为，虚化程度不同、分布位置不同及韵律形式不同等原因共同导致了唯句成分之间具有差异性。

（一）虚化程度不同

从语法化的角度看，语言成分的发展往往呈现出由实到虚、由虚到更虚的演变趋势。因此，某一词类内部，不同成员的虚实情况存在参差不齐的现象。一般来看，唯句成分就是从所属上位概念中较为虚化的成分划分来的。汉语很多词类次类都可以根据词语是作用在动态的句子层面还是作用在静态的短语层面进行分类，这种两分的关系跟词语的虚化程度密切相关。此外，虚化程度和唯句成分的分布位置也具有关联性，虚化程度越高的成分，越容易分布在句子的外层，如句首或句末的位置。一些饰句副词分布在句中的位置，一定程度上就是其由饰谓副词演变为饰句副词时饰谓性滞留的形式表现。再者，只出现在句子层面的成分之间语义管控辖域的大小也与其虚化程度有关。不同唯句成分所在词类的虚化程度，从低到高的大致情况为：饰句副词→连句关联连词→饰句语气词→叹词→连句关联短语词[1]，排除后置型关联词语等特殊情

[1] 对于叹词虚化程度的认定，存在不同的标准。若认为其有代句性，可以独立成句，那么，它们的虚化程度相对较低；若从它们具有大量话语标记用法考虑，它们与主要具有篇章和话语连接功能的连句关联短语词一样，可认为其虚化程度较高。这里我们采取后一种认定方式。

况，从整体上看，唯句成分的语义管控辖域由小到大的大致情况为：饰句语气词→饰句副词→连句关联连词→叹词→连句关联短语词。饰句语气词由于分布在句末、其管控辖域方向为非常规的左向性等原因的制约，虽然它在唯句成分中属于虚化程度较高的成分，但其语义管控辖域从整体上看是最小的。除了饰句语气词外，其他唯句成分的虚化程度和语义管控辖域基本成正比，语义越虚化，语义管控辖域越大，如关联短语词语义最为虚化，其往往更倾向于连接复句、句群或者更大的语法单位。而且，相同性质唯句成分的不同小类的差异性也和词语的虚化程度密切相关。例如，饰句副词包括饰句时间副词、饰句语气副词等，几乎所有的副词次类中都有成员可以和句子产生直接作用关系，但是不同的副词次类中饰句副词的占比并不相同。由于时间副词和语气副词是副词中相对较为虚化的次类，所以和其他饰句副词相比，饰句时间副词和饰句语气副词在整个饰句副词的占比就很高。由此可见，虚化程度不同是造成不同唯句成分之间唯句性表现具有差异的重要原因。

（二）分布位置不同

上面讨论唯句成分的“形式特征”时，已经对唯句成分的句法位置进行了详细交代，不同唯句成分的句法位置有同有异，句法位置的差异性也是唯句成分在一些方面具有差异性的另一重要原因。罗耀华和齐春红（2007）指出“心理实验证明，句首和句末都有可能成为焦点信息安排的位置，因为副词的常规位置是在主语后、谓语中心语前，但为了突出表达说话人的态度、观点、看法，很多副词都可以放在主语前面，甚至采取将其与主语断开（或停顿）的方式，以达到强调或凸显的目的，从而形成‘表态＋命题’的行文方式，因此是一种后依赖”。饰句副词和连句关联词语的分布位置以分布在句首为常，语义管控辖域的句子为右向性内容。饰句语气词分布在被修饰内容的右侧，跟常规的修饰和被修饰的关系相反，不符合常规的认知方向，致使其语义管控辖域较小。此外，述补关系跟饰句语气词的修饰结构具有一致性，充当述语的成分往往是双音节的词语或短语，补语也往往较为简单，同样跟句法位置的分布密切相关。通过和其他唯句成分以及述补结构等的对比可知，分布在句末的位置对饰句语气词的语义管控辖域具有很强的制约性。再者，分布位置对连句关联词语的语义管控辖域大小具有明显的限制作用。例如，连接句子的连词常常配对使用，通常情况下，先行句中连词的语义管控辖域大于或等于后续句连词的语义管控辖域。连接句子的连词中有后置性的关联词语，如“的话”“则已”等，这类后置关联词语的语义管控辖域也较小，也跟其后置的分布位置密切相关。此外，有些唯句成分既可以分布在句首也可以分布在句中，那么，同一个唯句成分分布在句首时的语义管控辖域一般会大于分布在句中时的情况，如在第三章对饰句副词辖域大小的研究时就对此问题进行了相关探讨。

（三）韵律形式不同

韵律形式也是导致唯句成分内部具有差异性的重要原因。首先，韵律形式是在语音方面筛选唯句成分的重要标准。受韵律的限制，单音节的副词基本被排除在唯句成分之外。无独有偶，不能连接句子的词语连词大部分也都是单音节形式，如“和”“并”等；而跟句子发生直接作用关系的关联词语，语音形式大多都表现为双音节或多音节形式。很多和句子产生直接作用关系的叹词是单音节形式，但是，叹词可以独用，弥补了叹词韵律形式的限制。可见，单音节形式的词语一般情况下很难成为唯句成分。其次，非唯句成分转化为唯句成分时，其音节形式也常常需要作出相应的转变。例如，非饰句时间副词“渐渐”“逐渐”“常常”以及非饰句方式副词“悄悄”等演变为饰句副词时，常常需要独用在句首，而且其后需要添加标识其唯状性助词“的/地”。非叹词演变为和句子产生直接作用的叹词时，也是如此，如亲属类名词“妈”演变为次生叹词时，其后需要添加语气词“啊/呀”或“的”，有时需要进行重叠，语音形式表现为双音节或多音节，如“妈呀/啊”“妈的”“妈妈的”等。最后，从总体上看，双音节或多音节形式的唯句成分，其语义管控辖域一般大于单音节形式唯句成分的语义管控辖域。例如，大部分饰句语气词都是单音节形式，其语义管控范围在整个唯句成分的系统内是最小的。可见，韵律形式的不同也是造成唯句成分方方面面具有差异性的重要原因。

第二节　唯句成分的系统性

唯句成分的系统性主要表现在三个方面，一是唯句成分的关系具有多样性，二是唯句成分的发展走向具有相似性，三是唯句成分的功能具有丰富性。

一、唯句成分的关系具有多样性

唯句成分将看似不同的词类或成分串联起来，实际上存在千丝万缕的联系，这和唯句成分具有系统性密切相关。《文心雕龙·章句》将语助分为三类："至于'夫''惟''盖''故'者，发端之首唱；'之''而''于''以'者，乃劄句之旧体；'乎''哉''矣''也'，亦送末之常科。"第一类多是发语词，第二类有连词、介词和副词，第三类是语气词。可见，古人将连词和句末语气词等都归入"语助"，已经认识到了它们之间的相似性。概而言之，汉语唯句成分之间的关系具有多样性，主要包括互证关系、连用关系和转化关系等。

（一）互证关系

互证关系是唯句成分之间具有系统性的表现之一。尽管不同的唯句成分的性质可以通过对其句法表现或语用表现的分析得知，但是不同的唯句成分之间也可以相互佐证，从侧面印证不同唯句成分的性质。唯句成分的互证关系建立在唯句成分之间属性具有相似性的基础上。古川裕（1989）在考察现代汉语中修饰"是"的副词的情况时指出句中副词F和句末语气词Y，这两类虚词的小类构成以谓语为中心点的对称关系（symmetric relation）。即表情态的虚词成分（f_1·y_1）和谓语靠得远，表示非情态的虚词成分（f_2·y_2）和谓语靠得近（f_1代表"本来、毕竟、大概、当然"类通常所说的语气副词，y_1代表表达说话人的疑问、命令主观情感等情态范畴的语气词，如"啊、哎、吧、吗、呢$_1$"等。f_2代表表示范围、程度、时间等的限制性副词，y_2代表表示完成、持续、过去等时态范畴的语气词，如"了、呢$_2$、来着、的"等）。可见，句末语气词和语气副词之间存在镜像照应关系。第二章我们进一步明确了严格意义上讲只有分布在相同层面的句末语气词和语气副词才存在镜像照应关系，饰句语气词和饰句语气副词的层次分布相同，饰谓语气词和饰谓语气副词的层次分布相同，当语气副词的饰句或饰谓性质明确时，语气副词成为判断句末语气词的句法属性和管控辖域大小的重要标准。再如，饰句副词中饰句语气副词是较为虚化的类别，当饰句语气副词和其他副词连用时，如果其前的副词具有饰句性，其直接作用辖域是句子或大于句子的语法单位，那么证明其前的语气副词一定是饰句语气副词。

（二）连用关系

不同的唯句成分可以连用。从成分性质的角度看，唯句成分的连用分为相同性质唯句成分的连用和不同性质唯句成分的连用；从连用形式的角度看，唯句成分的连用分为连续连用和断续连用。首先，相同性质唯句成分的连用，如饰句性单音节语气词和单音节语气词的连用（如“吧啦”）、单音节语气词和双音节语气词的连用（如“而已吧/呢/啊”）等。语气词的连用具有规律性，跟语气词的分类密切相关，如朱德熙（1982：208）将语气词分为三类：第一类“了、呢$_1$、来着”，第二类“呢$_2$、吗、吧”，第三类“啊、呕”。再如饰句副词和饰句副词的连用（如“大概也许”），连词和连词的连用（如“否则的话”）。其次，关于不同性质词语之间的连用，已有一些相关研究，不过学者们大多并未严格区分词语的层次分布，或对分布在句子层的词语和分布在短语层面的词语的连用进行考察，或恰好考察的连用对象都分布在句子层面，如语气词和语气副词的连用（齐春红，2007；汪敏锋，2017；匡鹏飞、刘华林，2019；刘红妮，2019；刘佳，2019）、语气词和连词的连用（杨德峰，2018）。学者们对这些成分的连用研究说明一定程度上意识到了这些成分之间的相似性，也为本文将这些成分纳入唯句成分提供了一定的依据。准确地认识唯句成分的性质，再考察成分之间的连用关系，有利于更加准确地认识唯句成分的性质，也能够更准确地揭示与之有关的语言现象。

（三）转化关系

根据语法化发展演变的规律可知，唯句成分也在不断地发展演变，而且不同的唯句成分存在转化关系。转化关系是唯句成分具有系统性的又一重要体现。首先，副词和语气词之间存在转化关系，董丽梅和戴昭铭（2017）指出神木话和东北话中的语气副词“还”、湖南新田话的时间副词“才/是”，从原本的状语位置移位后到句末时，实现了语气词化，语气副词“才”表示一种“自我尝试”的语气，时间副词“是”相当于普通话中的“正在”。戴昭铭还指出“方言中的传闻语气词还可以表达‘出乎意料’等情绪义，这在普通话中通常要借助语气副词‘竟然/居然’等加以表现”。语气副词和句末语气词都是表达语气的语法手段，而时间副词和句末语气词看似没有任何关系，但是二者都是唯句成分，从这个角度可以为建立二者之间的联系提供新的支撑。语气词和叹词关系密切，一些学者提出猜测，认为语气词是从叹词演化来的。根据一些方言的研究可知，句末骂詈语发生了语气词化，董丽梅和戴昭铭（2017）指出汉语普通话及不少方言中，句子末尾或句中的一些骂詈语已经语气词化，表达某种情绪义，如四川话某些方言中的句末詈骂语“球”，在长期的语言使用过程中由于频率过高，语义已经极度虚化，逐渐演变成表示强调肯定兼表已然的句末语气词。唯句成分之间的转化关系，主要体现在方言中，而普通话中唯句成分之间的转化关系值得进一步研究。

二、唯句成分的发展具有相似性

唯句成分完整的发展脉络为“非唯句成分→唯句成分→话语标记”。从发展的角度看，唯句成分的发展具有相似性，主要体现在两个方面：第一，唯句成分的发展具有动态性；第二，唯句成分的发展走向具有相似性。

（一）发展具有动态性

唯句成分都是由非唯句成分发展而来的，非唯句成分是逐渐发展的。理论上讲，随着时间的推移，会有更多的非唯句成分和唯句成分的特性越来越相似，逐渐演变为唯句成分。从唯句成分所属的上位概念来看，句末语气词整体上表现为饰谓语气词向饰句语气词演变的动态发展；饰谓副词在特定条件可以向饰句副词发展；连词的发展表现为词语连词向句间连词的发展靠拢，一些词语连词已经呈现出具有句间连词的功能；非叹词成分也能通过特定动因和机制演变为唯句性的次生叹词。汉语语中的唯句成分是一个开放的系统，随着时间的变化，一些词语或结构会由非唯句成分逐渐发展为唯句成分。

（二）发展走向具有相似性

唯句成分的发展除了非唯句成分可以演变为唯句成分外，唯句成分还可以继续发展，演变为话语标记。在绪论部分，我们指出唯句成分主要立足于句子，侧重于观察它们与句子之间的关系，多指的是汉语传统语法中被看作是游离于句法结构之外的“特殊成分”。如果将视野进一步拓展到语篇或会话，大部分唯句成分可以发挥篇章衔接和话语组织功能，那么就可以看作话语标记。话语标记是基于语篇或话语的一个概念，是从言语交际（说话或作文）的角度提出来的，强调的是句际关系及听说双方的关系，在话语分析里一般认为它们不是句子里的句法成分或语义成分，而是一种元话语成分。因此，很多唯句成分可以顺其自然地演变为话语标记。唯句成分和话语标记之间具有发展演变关系是不同唯句成分发展具有相似性的另一表现。本书关于叹词的有关研究，涉及它们向话语标记发展的问题。为了体现唯句成分和话语标记的关系，附录部分我们专门做了一个关于建议标记“要不”的个案研究。“要不”是从用于句首表建议的饰句语气副词虚化为表建议的话语标记，附录对“要不”话语功能的个案研究能在一定程度上反映唯句成分向话语标记的发展演变。此外，很多唯句成分在充当话语标记时，既可以充当积极策略标记语，也可以充当消极策略标记语，这是一种特殊的现象，值得进一步研究。

三、唯句成分的功能具有丰富性

唯句成分的功能不是单一的、排他独立发挥作用的，而是同时身兼不同的功能，只是这种职能由于受到来自语音、语法、语用，以及自身所属上位概念的规约等多种因素的共同作用，而使得其有了典型、非典型和主要、次要之分。唯句成分的功能具有丰富性，主要表现为不同唯句成分在具备自身的典型功能之外，还具有丰富的篇章连接功能和语用功能等。具体来讲，饰句语气词和饰句副词的主要功能表现为对句子进行修饰，但是句法平面和语用平面不是截然分开的两个平面，饰句语气词和饰句副词语义管控辖域的范围有时会超过1个小句，具有篇章连接功能。围绕副词，尤其是语气副词，已有研究已经揭示了不少其篇章功能方面的情况。此外，连句关联词语的主要功能表现为句子连接和篇章连接功能，同时还具有丰富的语用功能。也正因为很多唯句成分处在句法平面和语用平面的接口，所以功能具有多样性。

第三节　汉语的其他唯句成分及唯句成分的语言地位

一、汉语的其他唯句成分

除了本文提到的研究对象，一些象声词、介词、介词短语、助词、副词性短语，以及一些构式等也可以充当唯句成分。例如，张斌

(2010) 指出象声词的语法功能相当复杂，既能直接进入静态的语法单位——在抽象的短语中充当句法成分，也可以作为一种动态的语言单位——在具体的句子中充当句子成分。一些介词也可以充当唯句成分。陈昌来（2002）指出，“关于”“至于”“及至”等是专用于介引句子话题的，可以单独称为话题介词。这些话题介词实质上就是唯句成分。介词在一定程度上跟连词具有相似性，属于“联系词”（relator），汉语中存在一些介连兼类词，由于很多介词和连词都是由动词或动词性的跨层短语虚化而成，导致二者在功能上具有相似性。还有一些介词短语具有篇章功能，张谊生（2000）指出：“如果将观察的视角扩大到比句子更大的语境——整个篇章中去，那么，就会发现一些在句子平面不易发现的介词短语的篇章功能”。很多助词也是唯句成分，张斌（2010）指出：“助词是附着在词、短语或句子上的，具有黏着、定位的性质，同时又表示一定附加意义的虚词。”张斌（2010）进一步谈到，汉语的助词不但可以附在词的后面，还可以附在短语，甚至小句的后面。附在小句后面的助词就是唯句成分。在很多语法论著中，本书作为重点研究对象的唯句成分——句末语气词就归属于助词，其特点就是附在小句后面。

但是，这些唯句成分与本书作为重点研究对象的其他唯句成分还是存在一些区别：要么只占其全部成员的一小部分，比如作为话题标记的话题介词；要么词类属性和句子特有成分的属性较为模糊，比如象声词，其主要出现在句子层面，但有时也可以出现在短语层面；要么不属于词类范畴，如介词短语、副词性短语甚至构式。因此，这些唯句成分的典型性程度都不是太高，连同我们在前面提到的“标句性”唯句成分，都可视作唯句成分中的非典型性成员。

二、唯句成分的语言地位

所有的唯句成分都是只出现于句子及大于句子的语法单位中的成分。作为语言交际单位的句子，其内部构成，包括主体成分和外围成分。主体成分包括主语、谓语、宾语等主干成分，以及定语、状语、补语等非主干成分，它们一方面在形式上占据了整个句子组成成分的绝大多数，另一方面是表达句子命题意义的主要承担者，属于句子核心表义成分。外围成分主要是各种非核心表义成分以及语用性成分，表现为各种句子层面才有的独立成分、全句修饰成分、关联成分、标记成分等，它们属于句子中的特殊成分。这些外围成分，基本就是本书所研究的

"唯句成分"。

从句子与短语和词的根本性区别来看，句子是交际单位，交际单位中必然会存在各种体现交际性、互动性、连接性、标记性的因素，以使表达更顺畅、交际更顺利。这些因素的有无也是句子区别于短语和词的关键所在，表现在句子中，就形成了唯句成分。

可见，唯句成分存在的意义，不在于句子命题的表达，也不在于使句子更通畅，而在于体现句子的交际作用。句子的命题主要由主体成分来表达，在主体成分本身已经具有表义的完整性和句法的合格性的情况下，体现交际作用的唯句成分所处的位置，往往是句首或句末或者独立使用，这是在不影响主体成分完整性和合格性的前提下，最便于出现或最易于添加的位置。因此，唯句成分在句子中一般体现为外围成分。

有意思的是，句子中的主体成分，虽然从语义上对句子的贡献最大，但如果缺少完句成分，它们就是短语，也就是说，这些成分并不具有"唯句性"，也可以在短语中出现。但句子中的外围成分，虽然对句子基本不具有语义贡献度，处于句子中的边缘位置，但它们却是句子的特有成分，只在句子及以上语言层面出现，与句子相生相伴，具有"唯句性"。

唯句成分不同于完句成分。虽然完句成分是一个不依赖语境或上下文支撑的句子（即"独立句"）通常必须具有的结构成分，但大多数完句成分本身是可以在短语层面出现的，如动态助词、数量短语等。它们一方面会助力其他句子成分一起形成一个合格的句子，但另一方面并非只具有"唯句性"，这也可以在短语中出现。而唯句成分是只在句子中出现的成分，一般要么独立成句，要么是在句子已经成句后再附加上去的成分，与完句成分作为句子必有成分恰恰相反，唯句成分大多是可有成分，没有它们，句子仍能成立。

综上，唯句成分是句子中特有的成分，但属于可有成分而非必有成分，在句法位置上处于句子边缘或外围，其作用主要是增添句子的交际功能，加强句子的交际性、互动性、连接性、标记性等，使句子的表达更顺畅。

当然，汉语的唯句成分涉及的语言现象非常丰富，尚有大量与唯句成分有关的理论问题有待进行专题性的深入研究。在对唯句成分进行研究时，除了考虑句子，也要兼顾语篇，还可以从语篇分析的视角切入，这对于唯句成分的功能将会有更全面的认识。

第四节 本章小结

本章我们对与唯句成分相关的理论问题进行了思考。

第一节探讨了唯句成分的性质，主要从唯句成分的共同点和差异性、唯句成分具有共同点的原因、唯句成分具有差异性的原因这三个方面展开论述，唯句成分在形式特征、作用对象、管控辖域、和句子的关系、和所属上位概念的关系等方面既有共同点，又有差异性。造成唯句成分具有共同点的主要原因包括唯句成分是句子的可有成分和唯句成分具有主观性。不同的唯句成分在形式和功能等方面存在一些差异，其原因主要包括虚化程度不同、分布位置不同以及韵律形式不同等。

第二节讨论了唯句成分的系统性，主要表现在三个方面，一是唯句成分的关系具有多样性，二是唯句成分的发展走向具有相似性，三是唯句成分的功能具有多样性。其中，唯句成分关系的多样性包括互证关系、连用关系和转化关系等。唯句成分是一个开放性的系统，呈现为越来越多的非唯句成分演变为唯句成分，已有的唯句成分逐渐发展出话语标记的用法。唯句成分多样的功能值得进一步研究。

第三节简单总结了汉语中的其他唯句成分，并概括了唯句成分的语法地位。无论是对与唯句成分有关的语言事实的挖掘，还是对其研究价值、语言地位等方面的探讨，都是我们以后需要持续研究的着力点。

通过本章的研究，我们进一步坚信，汉语句法或词语的研究应该建立“句子观念”，从句和非句差异的角度研究汉语各种语法单位和语法现象，为汉语的研究提供一个新的角度，以深化对汉语特点的认识。

第七章　结语

一、本书的主要结论及创新之处

（一）主要结论

本书的研究对象是唯句成分，我们把汉语中只出现在句子或比句子更高一级的句群、语篇中的语言成分称为“唯句成分”。唯句成分的特征主要表现为：只出现在动态的句子或高于句子层面上，不出现在静态的短语层面上；不与句子中的其他句法成分组合，不参与句法成分的构造，只出现在句子外层；其主要作用是体现句子的交际功能、加强表达效果，属于句子中可有的非核心表义成分或语用性成分。

从唯句成分的类别来看，根据其所属的语法单位层级和语义管控对象的性质，本书重点研究的现代汉语唯句成分大致可分为三类。第一类是作用于全句、体现句子的主观情态和交互主观性的成分，包括饰句语气词和饰句副词等，它们与句子的关系主要体现为“饰句性”。第二类是连接分句以组成复句或者连接句子以组成句群和篇章的连接性成分，主要是关联词语，它们与句子的关系主要体现为“连句性”。第三类是句子层面才有的较为独立的语用性成分，和其后句子或大于句子的语法单位有密切关系，以叹词为代表，它们与句子的关系主要体现为“引句性”。此外，还有一些具有“标句性”的唯句成分，因其较为庞杂，未列入本书研究范围。

从唯句成分的管控辖域来看，汉语唯句成分以 1 个小句或单句为最小的作用单位，还可以分布在复句、句群、段落等乃至更大的句级以上的单位。具体而言，饰句语气词以 1 个小句或单句为主要的作用对象，饰句副词的语义管控辖域依然以 1 个小句或单句为主，但是有不少数量的饰句副词语义管控辖域为多个分句或复句等更大的单位。连句关联词语常常分布在复句语境中，其语义关联的辖域一般为复句或句群等更大的语法单位。后置型关联词语及分布在后续句的关联词语的语义管控辖域一般小于前置型关联词语和分布在先行句的关联词语的语义管控辖域，连句关联短语词的语义管控辖域又高于连句连词。叹词不管在汉语词类还是唯句成分中，都是较为特殊的成分，其语义管控对象主要以单句和复句为主。以上的管控辖域大小和管控对象仅是就唯句成分的整体而言的，特殊唯句成分需要做具体分析。

饰句句末语气词和饰句副词都具有饰句性，其修饰内涵与传统意义上的“修饰”既有联系也有区别。句法上，饰句句末语气词和饰句副词是依附于被饰句子的全句修饰语，它们与句子之间是词对句子的依存关系；语义上，其修饰性主要体现为对被饰句的语气修饰或情态修饰，增强了句子的主观性或交互主观性。由于饰句副词和饰句句末语气词所分布位置的差异，两者与句子分别形成了“被饰句子＋饰句句末语气词”和“饰句副词＋被饰句子”的不同语序格局。当两者同时修饰一个句子时，会形成“饰句副词＋被饰句子＋饰句句末语气词”的饰句框架，这时，饰句副词和饰句句末语气词具有首尾镜像照应功能，两者的饰句特点在互证中可以得到更好的体现。此外，句末语气词和副词并不都是唯句成分，它们既有属于唯句成分的饰句性成员，也有属于非唯句成分的饰谓性成员。这一区分，可以为语气词和副词的次类划分提供新的视角和思路。

关联词语具有连句性，关联词语和句子的关系表现为连接和被连接的关系，既可以连接分句以组成复句，也可以连接句子以组成句群、语篇等更大的语言单位。相对而言，关联连词和关联短语词的连句功能较为典型，关联副词的连句能力则相对较弱。基于连句性特点，关联词语可以从不同角度进行分类。从分布位置上看，可分为前置型和后置型；从处于所连接对象的前后句的情况来看，可分为先行句关联词语和后续句关联词语；从凝固程度上看，可分为关联词和关联短语词。不同类型的关联词语之间在连句性特点方面存在一定差异。

叹词具有引句性，对其后句子的出现具有引发作用，预示并引发了后续句子的表义内容，它与后续句子之间具有一定的语义和谐性。叹词既可以作为句子的独立成分，也可以独立成句。独立成句时，所引导的句子为其后的句子，若没有后续句，可以根据语境补充出来。叹词的语用功能非常丰富，因此较易发展成为话语标记，主要处于话轮起始位置，具有提示后续话语内容、引导听话人理解的作用。叹词是词类系统中唯一一个全部成员都具有唯句性的词类。

从唯句成分分布的平面来看，不同的唯句成分和句法平面、语用平面的关系不同。首先，饰句性唯句成分如饰句语气词和饰句副词等分布在句法平面，但处于句法平面和语用平面的接口，如饰句副词都有一定的篇章连接功能，所以很多学者将语气词和语气副词等处理为语用成分。其次，连句性唯句成分和引句性唯句成分分布在语用平面，常常被排除在句法平面的分析之外。但是句法平面和语用平面不是截然分开，连句性唯句成分和引句性唯句成分并非完全和句法平面无关。例如，连词是关联词语的重要组成部分，连词可以分为连接词语的词语连词和连接句子的句间连词，只有句间连词属于唯句成分，词语连词关联句内成分。但连词是一个从词语连词发展演变为句间连词的连续统，说明语用平面的成分和句法平面的关系密切。再如，叹词具有代句性，可以形成独词句，这也是句法平面的一种体现。

（二）创新之处

本书的创新之处主要包括以下几点：

第一，基于对句子及句子以上的语法单位与词、短语等句子以下语法单位的差别进行探讨，本书提出了“唯句成分”这一概念，并对其进行了界定、分类，揭示了其各种特点和语言地位。本书认为，从短语到句子，是从语言的备用单位到使用单位的变化，属于从静态层面到动态层面的质变。对唯句成分进行研究，有助于认识词、短语与句子及句子以上语法单位的本质区别，从而为更深入地了解整个语法系统及语言系统的特点提供了一个新的视角。

第二，通过对唯句成分的研究，加深了对汉语词类性质的认识。首先，关于词类性质的认识更加明确，如汉语句末语气词，很多学者认为其是语用成分，将其排除在句法分析之外，但在句法结构或构式的分析中，又将其包含在内。本书通过考察，认为句末语气词是具有丰富语用功能的句法成分，具有修饰性。其次，进一步认识到同一个词类内部的句法属性或功能表现并不一致。比如，句末语气词和副词的修饰对象可以是句子中的谓语，也可以是句子或大于句子的语法单位。再次，对于有争议的词类归属提供了划分依据。在各家词类划分的体系中，一些学者将叹词和副词归入实词，一些学者将叹词和副词归入虚词。根据本书对唯句成分的研究可知，饰句语气词和关联词语中的连词一般归入汉语中的虚词，叹词和饰句副词都属于唯句成分，而唯句成分具有系统性，所以将叹词和饰句副词纳入虚词类别较为合适。但副词中除了饰句副词还有饰谓副词，饰谓副词比饰句副词的虚化程度低，一些具有描摹性的双音节副词仍保留了相当程度的词汇意义，因此，副词的虚实问题不宜一概而论，可看作是介于虚实之间的特殊类别。可见，通过对唯句成分的研究，为一些归属实词还是虚词仍然存在争议的词类提供了一些新的依据。

第三，通过对唯句成分的研究，加深了对句法平面和语用平面关系的认识。句法平面和语用平面是三个平面的重要组成部分，关于“句法平面和语用平面是如何产生关系的”“句法平面和语用平面的接口”等问题一直是学界研究的重点。通过对唯句成分的研究，可以认识到，汉语中很多成分都是句法平面和语用平面的接口，汉语没有纯粹只出现在语用平面的词类。比如，语气词和副词根据句法属性可以分为饰句和饰谓两大类，饰句语气词和饰句副词修饰句子，处在句法平面和语用平面的接口；连词分为词语连词和句间连词，词语连词连接的对象一般是小于句子的句中成分，句间连词则是典型的语用平面的成分；叹词也是典型的语用成分，但是一些叹词在一定的语境中可以分布在句中充当句法成分。这些现象再一次说明了句法平面和语用平面不是截然分开的，两个平面之间没有明显的界限。

第四，通过对唯句成分的研究，为从超句范围研究词语提供了新的角度。汉语词语的分类常常从语义、形式、分布位置或语法功能等角度进行分类。通过对唯句成分的研究可知，短语和句子是汉语中非常重要的两种语法单位，句子是汉语中最小的、最基础的交际单位，从短语到句子的发展实现了质的飞跃，而传统的关于词语的研究一般局限在句子内，我们认为应该树立超句范围的观点对词语进行研究。探讨词语在超句范围的句法表现或语用表现，将其句内特征和超句表现相结合，能够更加全面和准确地认识汉语词语的性质。本书为词语的超句范围的研究提供了新的角度。比如，不同的唯句成分和句子的关系可以是句法层面的修饰和被修饰关系，也可以是超越句法属性的语用表现，如连接和被连接的关系、引导和被引导的关系等。再如，唯句成分的语义管控辖域和作用对象的测量可以采取域内和域外相结合的手段。

第五，唯句成分的研究对自然语言的处理和对外汉语教学具有参考价值。唯句成分直接作用的对象为句子或大于句子的语法单位，但是不同的唯句成分作用的对象有倾向性，通过对不同唯句成分语义管控辖域的考察可知，其管控辖域的大小大致表现为：连句关联短语词＞叹词＞连句关联连词＞饰句副词＞饰句句末语气词。通过确立判定不同唯句成分管控辖域的测量手段，明确不同唯句成分直接作用对象的大小，不仅可以加深对唯句成分和句子关系以及唯句成分相互之间管控辖域差异的认识，而且，这些规律的揭示，对于自然语言的处理和对外汉语教学，也具有一定的参考价值。

二、本书的不足之处及研究展望

（一）不足之处

本书的不足之处主要包括以下几个方面：

第一，汉语中的唯句成分，除了书中重点研究的语气词、副词、叹词和关联词语之外，还有其他词类如介词、助词、象声词，以及其他语用性成分如插入语、外位语、各种句子标记等，并且有很多只出现在句子层面或大于句子的层面的唯句成分，但由于其庞杂性，限于篇幅和精力的限制，暂时没有对它们进行详细的研究。

第二，本书对不同的唯句成分进行了专题研究，特别是不同唯句成分的语用功能是考察的重点。但是，每一类唯句成分都有众多成员，语气词、叹词等较为封闭的词类成员数量就达几十个，而关联词语、饰句副词等都具有半开放性，其成员数量则很难准确估计。每个唯句成分的特点既有共性也又各有特点，但限于篇幅，本书无法对每个唯句成分进行穷尽性研究。

第三，唯句成分包含的对象既包括具有明确词类归属的词语，也包括非词类范畴的各类近似词语的成分，本书的研究对象主要集中于属于词类范畴的唯句成分，缺乏对其他更广泛的唯句现象的考察。

第四，本书考察的对象主要注重汉语普通话中的唯句成分，没有对古代汉语和方言中的唯句成分进行考察。比如，就句末语气词而言，古代汉语的语气词在现代汉语中没有保留，是汉语中最为特殊的词类，现代汉语的语气词是一套全新的词类系统，那么古代汉语的语气词和句子的关系如何，方言中存在的唯句成分与普通话中的唯句成分有何异同，这些问题都值得进一步深入研究。

第五，汉语的唯句成分是一个开放的类别，哪些语言成分将会演变为唯句成分？不同语言成分发展演变为唯句成分的条件是什么？不同词类性质的成分演变为唯句成分的条件是否一样？有什么共同点或不同之处？制约非唯句成分演变为唯句成分的条件是什么？本书的研究对这些问题只有少量涉及，还有大量有待解决的疑问。

（二）研究展望

本书中提到的宏观层面的研究不足，是今后有待继续研究的内容。除此之外，以下微观层面的问题也值得我们进一步关注。

第二章通过对语气词句法属性和层次分布的考察，启示我们思考汉语中别的附着性的成分，如助词等。那么，助词对句子的依赖程度如何，语气助词之外的其他助词和句子的关系如何，它们与语气助词相比、和句子关系的差异性何在，其原因是什么，这些问题都值得进一步考察。

第三章对饰句语气副词和饰句时间副词进行研究时，尽管我们选取了不同的研究视点，在个别方面注重二者的对比，但整体上没有进行全面的对比。此外，该章只选取了饰句副词占比较大的饰句语气副词和饰句时间副词作为研究对象，对其他类型的饰句副词暂未进行考察。其他饰句副词的饰句性如何；它们与饰句语气副词、饰句时间副词有何异同；制约它们在饰句副词中占比较小的原因是什么；不同的副词小类修饰性存在差异的原因是什么；等等。这些都需要进一步研究。

第四章研究了连句关联词语的唯句性，关联词语内部的句子篇章连接功能是不同的。那么，不同连词篇章连接功能的梯度应该怎么分等级，以什么样的标准进行梯度划分，是否有连接功能强弱和连接功能作用域大小的区别，作用域的范围怎样确定，这些都需要进一步研究。

第五章研究了叹词的唯句性，叹词是表达情感，也是表达语气的手段。那么，叹词和句末语气词的唯句性有什么区别，叹词表达的情感、语气跟句末语气词有什么相同点和差异性，这些问题都值得进一步考察。

此外，关于句法平面和语用平面的接口问题、唯句成分和语体之间的关系、唯句成分的应用关系等等，都值得我们继续关注和进一步研究。

参考文献

[1] 曹秀玲，张磊．“否则”类连词的语法化梯度及其表现［J］．汉语学习，2009（6）：11-21.

[2] 曹秀玲．汉语话语标记多视角研究［M］．北京：中国社会科学出版社，2016.

[3] 曹忠军．关于叹词和拟声词的词类归属问题［J］．语言与翻译，2005（3）：40-43.

[4] 陈家隽．汉语话语标记的语用功能与历时演变［M］．上海：复旦大学出版社，2019.

[5] 陈若君．“要不（要不然）”的篇章连接功能［J］．语言教学与研究，2000（3）：66-72.

[6] 陈振宇，杜克华．意外范畴：关于感叹、疑问、否定之间的语用迁移的研究［J］．当代修辞学，2015（5）：71-80.

[7] 程乐乐，李向农．连接语“我是说”的篇章功能考察［J］．汉语学报，2012（3）：17-24.

[8] 戴昭铭；董丽梅．汉藏语言句末语气助词的蕴含共性［J］．学术交流，2016（12）：158-165.

[9] 邓思颖．汉语句类和语气的句法分析［J］．汉语学报，2010（1）：59-63.

[10] 邓文靖，石锋．叹词与单字调音高特征辨析：兼谈叹词的标调［J］．当代语言学，2019（1）：139-149.

[11] 董丽梅，戴昭铭．汉藏语言句末功能词语语气词化的类型学性质［J］．学术交流，2017（7）：149-159.

[12] 董秀芳．词汇化与话语标记的形成［J］，世界汉语教学，2007（1）：50-61.

[13] 范晓，胡裕树．有关语法研究三个平面的几个问题［J］．中国语文，1992（4）：272-278.

［14］方梅. 北京话句中语气词的功能研究［J］. 中国语文，1994（2）：129-138.

［15］方梅. 饰句副词及相关篇章问题［J］. 汉语学习，2017（6）：3-11.

［16］方梅. 浮现语法：基于汉语口语和书面语的研究［M］. 北京：商务印书馆，2018.

［17］冯胜利. 论汉语书面正式语体的特征与教学［J］. 世界汉语教学，2006（4）：98-106.

［18］郭攀. 叹词、语气词共现所标示的混分性情绪结构及其基本类型［J］. 语言研究，2014（3）：47-51.

［19］郭锐. 现代汉语词类研究：修订本［M］. 北京：商务印书馆，2018.

［20］郭锡良. 先秦汉语语气词初探［J］. 古汉语研究，1989（1）：54-59.

［21］贺阳. 试论汉语书面语的语气系统［J］. 中国人民大学学报，1992（5）：59-66.

［22］贺阳. 汉语完句成分试探［J］. 语言教学与研究，1994（4）：26-38.

［23］胡明扬. 北京话的语气助词和叹词［J］. 中国语文，1981（6）：416-423.

［24］胡明扬. 语体和语法［J］. 汉语学习，1993（2）：1-4.

［25］胡裕树. 试论汉语句首的名词性成分［J］. 语言教学与研究，1982（4）：13-20.

［26］黄伯荣，廖序东. 现代汉语［M］. 北京：高等教育出版社，1992.

［27］黄国营. 句末语气词的层次地位［J］. 语言研究，1994（1）：1-9.

［28］黄南松. 试论短语自主成句所应具备的若干语法范畴［J］. 中国语文，1994（6）：441-447.

［29］黄弋桓. 汉语叹词的句法位置研究［J］. 齐齐哈尔大学学报（哲学社会科学版），2018（3）：116-119.

［30］江蓝生. 跨层非短语结构“的话”的词汇化［J］. 中国语文，2004（5）：387-400.

[31] 江洪波. 评注类“V起来”话语标记的功用与成因 [J]. 新疆大学学报（哲学社会科学版），2020（2）：149-156.

[32] 竟成. 汉语的成句过程和时间概念的表述 [J]. 语文研究，1996（1）：1-5.

[33] 匡鹏飞，刘华林. 语气副词与句末语气词同现的语气融合及语用功能：以“也许”为例 [J]. 语文研究，2019（3）：50-55.

[34] 匡小荣. 试析日常交谈语体中的话语修正现象 [J]. 修辞学习，1997（6）：6-7.

[35] 雷冬平，胡丽珍. 语气助词“也罢”的功能及语法化过程 [J]. 北方论丛，2008（4）：66-69.

[36] 李强.“怎么”表达意外：疑问、反问和感叹 [J]. 汉语学报，2021（1）：33-45.

[37] 李泉. 试论现代汉语完句范畴 [J]. 语言文字应用，2006（1）：56-63.

[38] 李先银. 表达祈使的“去”在对话语境中的主观化与叹词化 [J]. 世界汉语教学，2013（2）：192-201.

[39] 李先银. 口语对话中的话语否定标记“嘁”考察 [J]. 汉语学习，2016（4）：41-51.

[40] 李先银. 现代汉语话语否定标记研究 [M]. 北京：世界图书出版公司，2017.

[41] 李小军. 先秦至唐五代语气词的衍生与演变 [M]. 北京：北京师范大学出版社，2013.

[42] 李宇明. 汉语语法“本位”论评：兼评邢福义“小句中枢说” [J]. 世界汉语教学，1997（1）：17-24.

[43] 李宗江. 近代汉语语用标记研究 [M]. 上海：上海教育出版社，2019.

[44] 李宗江，王慧兰. 汉语新虚词 [M]. 上海：上海教育出版社，2011.

[45] 廖开敏. 试析近义词群“看来”“看起来”“看样子”“看上去” [J]. 社会科学家，2006（2）：315-316.

[46] 廖秋忠. 现代汉语篇章中的连接成分 [J]. 中国语文，1986（6）：413-427.

[47] 林华勇. 现代汉语副词语义辖域的类型 [J]. 南开语言学刊，

2005（1）：139-149.

［48］刘楚群．“看起来”与“看上去”“看来”差异浅析：兼论趋向短语的语法化［J］．江西师范大学学报（哲学社会科学版），2009（4）：69-73.

［49］刘丹青．叹词的本质：代句词［J］．世界汉语教学，2011（2）：147-158.

［50］刘丹青．实词的叹词化和叹词的去叹词化［J］．汉语学习，2012（3）：3-13.

［51］刘丽艳．汉语话语标记研究［M］．北京语言大学出版社，2011.

［52］刘宁生．叹词研究［J］．南京师范大学学报（社会科学版），1987（3）：49-56.

［53］刘顺，潘文．“便是（了）”的词汇化与语法化：兼论语气词“就是（了）”的形成［J］．语言科学，2014（1）：66-73.

［54］刘宇红，张雪梅．感叹语“阿弥陀佛”的两套语义系统［J］．五台山研究，2018（3）：36-39.

［55］刘月华，潘文娱，故韡．实用现代汉语语法（增订本）［M］．北京：商务印书馆，2001.

［56］卢烈红．“也罢”源流考［J］．苏州大学学报（哲学社会科学版），2013（3）：125-132.

［57］陆俭明．副词独用考察［J］．语言研究，1983（2）：168-183.

［58］陆俭明，马真．现代汉语虚词散论［M］．北京：北京大学出版社，1985.

［59］罗进军．“如果说p的话，q”类有标假设复句检视［J］．汉语学习，2008（5）：21-26.

［60］罗耀华，牛利．“再说”的语法化［J］．语言教学与研究，2009（1）：73-80.

［61］罗耀华，齐春红．副词性非主谓句的成句规约：语气副词“的确”的个案考察［J］．汉语学习，2007（2）：27-35.

［62］吕叔湘．中国文法要略［M］．北京：商务印书馆，1982.

［63］吕叔湘．汉语语法分析问题［M］．北京：商务印书馆，1979.

［64］吕叔湘，朱德熙．语法修辞讲话［M］．北京：中国青年出版

社，2013.
[65] 马清华. 论叹词形义关系的原始性 [J]. 语言科学，2011 (5)：482-496.
[66] 齐春红. 现代汉语语气副词研究 [M]. 昆明：云南人民出版社，2008.
[67] 齐沪扬. 语气词与语气系统 [M]. 合肥：安徽教育出版社，2002.
[68] 齐沪扬. 语气副词的语用功能分析 [J]. 语言教学与研究，2003 (1)：62-71.
[69] 齐沪扬，邵洪亮. 交流性语言和非交流性语言 [J]. 语言教学与研究，2020 (3)：41-49.
[70] 强星娜. 意外范畴研究述评 [J]. 语言教学与研究，2017 (6)：103-112.
[71] 饶宏泉. 连词化与话语标记化：以“包括”的双重演化模式为例 [J]. 中国语文，2019 (3)：311-318.
[72] 邵敬敏. 汉语口语失误研究 [J]. 语言文字应用，1993 (4)：35-42.
[73] 邵敬敏. 现代汉语通论 [M]. 3 版. 上海：上海教育出版社，2016.
[74] 沈威. 连词“所以”的嬗变 [J]. 汉语学报，2020 (2)：38-43.
[75] 沈家煊. 词序与辖域：英汉比较 [J]. 语言教学与研究，1985 (1)：96-104.
[76] 沈家煊. “有界”与“无界” [J]. 中国语文，1995 (5)：367-380.
[77] 石吉梦. “也罢”与“也好”及其相关格式研究 [D]. 上海：上海师范大学，2008.
[78] 石毓智. 汉语语法 [M]. 北京：商务印书馆，2011.
[79] 石毓智. 语法构式的标记性差异：以现代汉语的语法现象为例 [J]. 浙江外国语学院学报，2018 (1)：34-39.
[80] 史金生. “要不”的语法化：语用机制及相关的形式变化 [J]. 解放军外国语学院学报，2005 (6)：6-13.
[81] 史金生. 现代汉语副词连用顺序和同现研究 [M]. 北京：商

务印书馆，2011.
[82] 孙锡信. 近代汉语语气词 [M]. 北京：语文出版社，1999.
[83] 孙雁雁. 从教学角度观察话语标记语在语篇中的使用：以话语标记语“看来”“看起来”为例 [J]. 北京邮电大学学报（社会科学版），2014（4）：101-106.
[84] 谭庸. 连接词使用法 [M]. 上海：上海北新书局，1953.
[85] 陶红印. 试论语体分类的语法学意义 [J]. 当代语言学，1999（3）：15-24.
[86] 陶红印，刘娅琼. 从语体差异到语法差异（下）：以自然会话与影视对白中的把字句、被动结构、光杆动词句、否定反问句为例 [J]. 当代修辞学，2010（2）：22-27.
[87] 涂光禄. 贵阳方言语气词初探 [J]. 贵州大学学报（社会科学版），1993（1）：78-83.
[88] 完权. 信据力：“呢”的交互主观性 [J]. 语言科学，2018（1）：18-34.
[89] 万光荣. 语气副词对复句中分句语气异类组配的影响 [J]. 汉语学报，2013（3）：51-58.
[90] 汪敏锋. “还是……吧”的人际语用功能 [J]. 新疆大学学报（哲学社会科学版），2017（1）：135-139.
[91] 汪维辉. 汉语史研究要重视语体差异 [J]. 南京师范大学文学院学报，2020（1）：1-10.
[92] 王珏. 汉语双标句符假设试说 [J]. 汉语学习，2013（1）：3-12.
[93] 王珏. 关于设立源点词、中间词、临界词和终点词的思考：以语气词为例 [J]. 对外汉语研究，2014（1）：59-71.
[94] 王珏，陈丽丽，谭静. 句子的三层结构及其分析程序 [J]. 华东师范大学学报：哲学社会科学版，2008（3）：19-26.
[95] 王力. 中国现代语法 [M]. 北京：商务印书馆，1943.
[96] 王力. 汉语语法纲要 [M]. 上海：开明书局，1946.
[97] 王灿龙. “否则”的篇章衔接功能及其词性问题 [J]. 汉语学习，2008（4）：17-23.
[98] 王弘宇. “一边 A，一边 B”的内部语义关系分析 [J]. 中国语文，1997（2）：122-125.

[99] 王伟丽，邵敬敏．“一面 p，一面 q”的语义类型及相关句式 [J]．语言教学与研究，2000（3）：59-65.

[100] 文炼．关于象声词的一点思考 [J]．中国语文，1995（1）：29.

[101] 吴春相，曹春静．论新兴结构“简直了”形成的机制与动因：兼论“副词+语气词”独用在当代汉语中的新发展 [J]．当代修辞学，2018（3）：67-76.

[102] 吴为善．“V 起来”构式的多义性及其话语功能：兼论英语中动句的构式特征 [J]．汉语学习，2012（4）：3-13.

[103] 谢仁友．叹词的本质特点、注音和词形 [J]．辞书研究，2008（3）：9-16.

[104] 谢晓明，陈琳．“的话”的话题标记功能及相关问题讨论 [J]．语文研究，2012（4）：31-35.

[105] 邢欣．试谈语用成分的句法分析 [J]．新疆师范大学学报（哲学社会科学版），1993（4）：50-55.

[106] 邢欣．主谓谓语句的范围 [J]．新疆师范大学学报（哲学社会科学版），1995（1）：76-80.

[107] 邢福义．汉语语法学 [M]．长春：东北师范大学出版社，1996.

[108] 邢福义．汉语复句研究 [M]．北京：商务印书馆，2001.

[109] 邢福义．现代汉语 [M]．武汉：华中师范大学出版社，2003.

[110] 徐杰．词组与小句之间的差异及其蕴含的理论意义 [J]．汉语学报，2005（3）：51-64.

[111] 徐晶凝．现代汉语话语情态研究 [M]．北京：昆仑出版社，2007.

[112] 徐式婧．汉语假设结构“如果……的话”的产生及演变 [J]．外文研究，2017（3）：7-13.

[113] 杨扬，俞理明．次生叹词“好”反预期标记用法及衔接功能 [J]．语言科学，2018（1）：49-56.

[114] 杨德峰．副词修饰动词性成分形成的结构的功能 [J]．汉语学习，1999（1）：18-21.

[115] 杨德峰．语气副词作状语的位置 [J]．汉语学习，2009

(5)：28-34.

［116］杨德峰．也说饰句副词和饰谓副词［J］．汉语学习，2016（2）：11-17.

［117］杨德峰．连词带语气词情况及语气词的作用［J］．华文教学与研究，2018（1）：70-78.

［118］杨荣祥，李少华．再论时间副词的分类［J］．世界汉语教学，2014（4）：473-485.

［119］杨树森．论象声词与叹词的差异性［J］．中国语文，2006（3）：206-215.

［120］姚双云．名源话语标记的语义类型、形成机制与语用功能［J］．语文研究，2020（2）：45-52.

［121］姚锡远．现代汉语叹词研究［J］．河南大学学报（社会科学版），1996（4）：60-63.

［122］姚小鹏，姚双云．“不妨”的演化历程与功能扩展［J］．世界汉语教学，2009（4）：487-494.

［123］尹洪波．饰句副词和饰谓副词［J］．语言教学与研究，2013（6）：73-80.

［124］尹继群．说短语词“他妈的”［J］．语文建设，1998（6）：20-22.

［125］殷树林．现代汉语话语标记研究［M］．北京：中国社会科学出版社，2012.

［126］袁毓林．词类范畴的家族相似性［J］．中国社会科学，1995（1）：154-170.

［127］翟燕．清代北方话语气词研究［M］．济南：山东大学出版社，2013.

［128］张斌．现代汉语描写语法［M］．北京：商务印书馆，2010.

［129］张静．新编现代汉语［M］．上海：上海教育出版社，1986.

［130］张爱玲．面子理论视角下詈词“他（妈的）”的词汇化研究［J］．乐山师范学院学报，2010（6）：78-80.

［131］张伯江．以语法解释为目的的语体研究［J］．当代修辞学，2012（6）：13-22.

［132］张秀松，张爱玲．“阿弥陀佛”向会话程式语的语用化［J］．当代修辞学，2016（2）：57-68.

［133］张亚军．副词与限定描状功能［M］．合肥：安徽教育出版社，2002.

［134］张谊生．副词的篇章连接功能［J］．语言研究，1996（1）：130-140.

［135］张谊生．“看起来”与“看上去”：兼论动趋式短语词汇化的机制与动因［J］．世界汉语教学，2006（3）：5-16.

［136］张谊生．试论骂詈语的词汇化、标记化与构式化：兼论演化中的骂詈语在当代汉语中的表达功用［J］．当代修辞学，2010（4）：1-13.

［137］张谊生．句法层面的语序与句子层面的语序：兼论一价谓词带宾语与副词状语表程度［J］．语言研究，2013（3）：40-51.

［138］郑贵友．汉语“话语修正”过程内部项目的构成［J］．汉语学习，2016（3）：12-21.

［139］周刚．连词与相关问题［M］．合肥：安徽教育出版社，2002.

［140］周莉，王静．建议类虚词“要不”和“不如”［J］．汉语学习，2020（2）：40-52.

［141］周国光．叹词的语法功能、语义功能及其定位［J］．语言科学，2016（3）：225-233.

［142］AMEKA F. Interjections：the universal yet neglected part of speech［J］. Journal of Pragmatics，1992，18（2-3）：101-118.

［143］BELLERT I. On semantic and distributional properties of sentential adverbs［J］. Linguistic Inquiry，1977，8（2）：337-351.

［144］COSTA J. A multifactorial approach to adverb placement：assumptions，facts，and problems［J］. Lingua，2004，114（6）：711-753.

［145］COUPER-KUHLEN E. What does grammar tell us about action?［J］. Pragmatics，2014，24（3）：623-647.

［146］CROMPTON P. The effect of position on the discourse scope of adverbials［J］. Text & Talk，2006，26（3）：245-279.

［147］DIESSEL H. The ordering distribution of main and adverbial clauses：A typological study［J］. Language，2001（77）：433-455.

［148］DIXON R M W. A semantic approach to English grammar［M］. Oxford：Oxford University Press，2005.

[149] ERLEWINE M Y. Low sentence-final particles in mandarin Chinese and the final-over-final constraint [J]. Journal of East Asian Linguistics, 2017 (26): 37-75.

[150] FRASER B. Pragmatic markers [J]. Pragmatics, 1996 (6): 167-190.

[151] FRIES P. Patterns of information in initial position in English [J]. Advances in Discourse Processes, 1995 (50): 47-66.

[152] GEORGALIDOU M. The contextual parameters of linguistic choice: greek children's preferences for the formation of directive speech acts [J]. Journal of Pragmatics, 2008, 40 (1): 72-94.

[153] GEHWEILER E. From proper name to primary interjection: the case of gee! [J]. Journal of Historical Pragmatics, 2008, 9 (1): 71-88.

[154] HERITAGE J, SEFI S. Dilemmas of advice: aspects of the delivery and reception of advice in interactions between health visitors and first-time mothers [J]. Talk at work: Interaction in institutional settings, 1992, (359): 417.

[155] HERITAGE J. Epistemics in action: action formation and territories of knowledge [J]. Research on Language and Social Interaction, 2012, 45 (1): 1-29.

[156] HILMISDÓTTIR H. Giving a tone of determination: the interactional functions of nú as a tone particle in Icelandic conversation [J]. Journal of pragmatics, 2011, 43 (1): 261-287.

[157] HO-DAC L M, PÉRY-WOODLEY M P. A data-driven study of temporal adverbials as discourse segmentation markers [J]. Discourse, 2009 (4): 1-20.

[158] HUGHES G. Swearing: A social history of foul language, oaths, and profanity in English [M]. Oxford: Blackwell, 1991.

[159] IFANTIDOU-TROUKI E. Sentential adverbs and relevance [J]. Lingua, 1993, 90 (1-2): 69-90.

[160] JACKENDOFF R S. Semantic interpretation in generative grammar [M]. Cambridge : MIT Press, 1972.

[161] KIM J. On the meaning and it's classification of sentential

adverbs in modern Chinese [J]. The Journal of Chinese Language and Literature, 2005 (33), 73-89.

[162] KIM M. From connective to final particle: Korean tunci "or" and cross-linguistic comparisons [J]. Journal of Pragmatics, 2018 (135): 24-38.

[163] KRYK B. The pragmatics of interjections: the case of polish no [J]. Journal of Pragmatics, 1992, 18 (2-3): 193-207.

[164] LI YEN-HUI A. Indefinite wh in mandarin Chinese [J]. Journal of East Asian Linguistics, 1992, 1 (2), 125-155.

[165] LOWE I. Sentence initial elements in English and their discourse function [J]. Occasional Papers in Systemic Linguistics, 1987 (2): 5-34.

[166] MATTHIESSEN C. Interpreting the textual metafunction [C] // DAVIES M, RAVELLI L. Systemic linguistics: recent theory and practice. London: Printer, 1992: 37-82.

[167] PAN V J. Derivation of the apparent narrow scope of sentence-final particles in Chinese: a reply to Erlewine (2017) [J]. Studies in Chinese Linguistics, 2018, 39 (2): 99-126.

[168] POTTS C. The expressive dimension [J]. Theoretical Linguistics, 2007, 33 (2): 165-197.

[169] SCHEGLOFF E A, JEFFERSON G, SACKS H. The preference for self-correction in the organization of repair in conversation [J]. Language, 1977, 53 (2): 361-382.

[170] SCHEGLOFF E A. Recycled turn beginnings: a precise repair mechanism in conversation's turn-taking organization [J]. Talk and social organisation, 1987, 1 (1): 70-85.

[171] SEARLE J R. A classification of illocutionary acts [J]. Language in Society, 1976 (5): 1-23.

[172] STOKOE E. "Have you been married, or…?": Eliciting and accounting for relationship histories in speed-dating interaction [J]. Research on Language and Social Interaction, 2010, 43 (3): 260-282.

[173] THOMASON R, STALNAKER R. A semantic theory of adverbs [J]. Linguistic Inquiry, 1973 (4): 195-220.

附　　录

话语标记的唯句性
——以建议标记“要不”的功能扩展为例

唯句成分和话语标记关系密切，唯句成分可以发展演变为话语标记。关于二者的关系，本书前面章节已经详细提及。此外，从个案研究的角度看，如“要不”是副连兼类词，那么不论作为副词还是作为连词，“要不”都是唯句成分。为了更好地说明唯句成分和话语标记的关系，附录部分我们将以建议标记“要不”为例，从话语标记的角度对建议标记“要不”的功能扩展等相关问题进行研究。

“要不”在现代汉语中的用法较多，史金生（2005）将其概括为表假设性否定（相当于“否则”）、表选择（相当于“或者”）、表建议、表醒悟（相当于“难怪”）四种，并认为前两者为连词，后两者为副词，同时梳理了这四种用法之间的演变过程。曹秀玲和张磊（2009）把“要不（然）”[①] 归入“否则”类连词，认为它是这类连词中语义最复杂、口语色彩最强、主观化程度最高的成员。陈若君（2000）则从功能语法的角度，把“要不”的篇章连接功能概括为逆因性结果、非此即彼性选择、理解性推论和建议性转题四种。近年来，随着篇章、话语、互动等视角的汉语研究不断深入，“要不”表建议的用法受到学界较多的关注。李宗江（2011）认为“要不（然）”是引出下文建议的语篇关联语，所谓“语篇关联语”，类似于“语用标记”（pragmatic marker）。李宗江（2019）则进一步明确了“语用标记”这一概念，他赞同学界的“语用标记是上位概念、话语标记是下位概念”看法，并将“要不”归入“否定”类前置建议标记。曹秀玲（2016）指出从“选择”到“建

① “要不”和“要不然”在已有研究（陈若君，2000；史金生，2005；曹秀玲、张磊，2009；周莉、王静，2020）中一般都被看作等义形式，本书亦不做区分。

议”的演变具有普遍性，把“要不……（吧）”归入由“排除选”发展而来的表“建议”的话语标记。周莉和王静（2020）在互动语言学背景下，基于“要不”和“不如”共同的建议类语用功能，从语法化、语义及其语用动因方面深入阐释了二者语用差异的内在理据。

已有研究无疑取得了丰硕的成果，但还有继续探讨的空间。仅以学界讨论较多的“要不”表建议的用法而言，既有判定它为副词的，也有认为它仍是连词的，甚至有些辞书如《现代汉语词典（第七版）》尚未收录这一义项，那么，它到底应该如何定性才比较准确？此外，我们发现，在实际会话中，“要不”的某些用法，既与“建议”有关，但又不能完全用“建议”来概括，似是表“建议”用法的进一步扩展，例如：

（1）饭端来了，铁锁说：“要不你就叫老掌柜在这里睡吧，你家也住得满满的了！”王安福的儿子说：“也可以！”（《李家庄的变迁》）

（2）侦查员没有去和他握手，稍稍带着几分责备地问道：“我满足了您的请求，那您对我的请求该怎么办？要不您听我说说？”（《法医宿舍的枪声》）

（3）“我说，要不，咱们俩离婚吧！我带着孩子。我想，你舍不得的，不过是那些钱，我们一人一半。”老婆突然说。宋思明半晌问：“为什么？”“也许，有些女人可以忍耐，我不行。我宁可玉碎，不要瓦全。”（《蜗居》）

（4）方珍珠：我擦桌子总可以了吧？要不然我坐在这儿擦铜痰盂，省得来回乱转，裹乱你。

方大凤：（一边做事一边说）好吧，你安安顿顿地坐下。哼，咱们家里有一口猪，一头驴！

方珍珠：（擦着铜器）谁是猪？

方大凤：你！我是驴！（《老舍戏剧》）

例（1）中“要不（然）”表建议，但例（2）、例（3）、例（4）中，已不再是建议，而分别表达请求、要求和不满。后三种用法，尚未得到学界关注。

我们认为，大量研究已揭示了“要不”表建议的用法，《现代汉语词典》在新修订时应考虑新增这一义项。从词性的角度，它应是副词。但由于它主要用于互动性会话中，具有标记“建议”言语行为的话语功能，从篇章、语用的角度，它可以看作一种语用标记。本书赞同李宗江（2019：245）的分析，将“要不”这一用法称作“建议标记”。本书以具体的互动会话为研究背景，对建议标记“要不”的功能扩展进行梳理，概括“要不”不同话语功能的共同特征，并剖析“要不”引导命题被拒的原因机制。

一、“要不”的功能扩展模式

指令性言语行为被认为具有言外之意（Searle，1969），根据 Searle（1975）、Wootton（1981）和 Georgalidou（2001）对言语行为的分类，“要不”表达的建议、请求、要求、不满是发话人利用不同的交际策略使得受话人和其具有相同的心理表征，并希望受话人能采取相应的行动，都具有指使性的语力。从功能的衍生路径看，“要不”表达建议的功能分别发展出表达请求、要求和不满三种功能，形成了三条平行并列的衍生路径。不同功能的“要不”引导的不同言语行为在施受关系、语气类型、人称、命题性质，以及面子和礼貌程度等语用维度有不同表现。根据表达功能和礼貌原则的关系，我们将“要不”的功能分为两大类：遵循礼貌原则的功能有表达建议、表达请求，可称之为正向话语功能；违反礼貌原则的功能有表达要求和表达不满，可称之为负向话语功能。

（一）正向话语功能

Couper-Kuhlen（2014）从会话行为的施事者和受益者两个维度对建议（suggestion）、提议（proposal）、提供（offer）和请求（request）四种言语行为进行了区分。其中，“建议”的施事者和受益者均为受话人，“提议”的施事者和受益者分别为听说双方，“请求”的施事者为受话人，受益者为说话人。Couper-Kuhlen 从多维度对与建议有关的话语行为进行分类，对于我们研究“要不”的话语功能具有一定的启发性。

1. 表达建议

“要不”表达建议的功能来源于表达选择（史金生，2005；曹秀玲、张磊，2009），表达建议的语境为会话双方共同参与的协商会话活动，发话人期待受话人认同其所述命题，并希望受话人能采取相应行动，以达到有利于受话人或会话双方满意的结果。发话人针对所面临事件进行

"建言献策"，这种解决问题的主动性，将其置于道义权威（deontic authority）的高度。"要不"表达建议的功能继承了选择功能的条件性，将涉及未来行动的所述命题视为一个较为优化的选项。在形式上，常使用"要不（然）这么办（吧）""要不（然）这样（吧）""要不（然）呢"等标记建议的短语句，以引导出其后具体表达建议的语句，并体现出兼有陈述和祈使的商询式弱疑问语气。人称上常使用第一人称"我（们）""咱（们）"，显示发话人将和受话人共同参与未来的行动，具有情感上的共情性；或采用第二人称"你（们）""您"等直接关涉受话人，以期待所提建议能够被受话人认可和采纳。由于受话人具有受益性，所以当受话人接受建议时，除了使用常规的同意标记语反馈发话人，还常携带表达赞同、感谢、默许等具体言语行为的语句，形成了话语的交互性，例如：

(5)"您瞧您……要不这么办，咱俩把尾巴拴在一块儿，要吃咱爷俩全让它吃了；咱们要得手，咱爷俩把它吃了，怎么样?""好好好……"说完把两条尾巴拴在一块儿，找驴去了。(《中国传统相声大全》)

(6)满喜说："没有！那老大娘很难说话，我不想去丢那人!""只要说对了脾气，我姐姐也不是难说话的人！要不婶婶去替你问问!""婶婶要能帮我点忙，我情愿先请婶婶吃顿饭!""好孩子！不知道的人都说婶婶顽固，其实婶婶不是顽固的人！婶婶可肯帮人的忙哩!"(《三里湾》)

例（5）中发话人采用"要不"引导的建议短语句，然后引出具体的建议"咱俩把尾巴拴在一块儿"，表明自愿跟受话人一起分摊获得利益需要承担的风险，使受话人直接给予了肯定的承诺。例（6）中发话人"婶婶"主动提议帮受话人"满喜"问问，满喜并非使用常规的赞同标记"好""行"等，而是提出了具体的感谢条件"请婶婶吃顿饭"，使婶婶也成为会话中的受益者，形成了互利共赢的局面，这是"要不"表达建议功能在会话中实现的良好的互动表现。

2. 表达请求

在会话交际中，当发话人失去了对所述事件的控制，只有受话人的行动才能缓和或解决当前的困局且未来行为的受益者只是发话人时，"要不"就从建议衍生出表达请求的功能。Heritage（2012）指出："请求信息是许多社会行动的基本特征，考虑说话人和听话人的（相对）认知地位是一个基本的和社会行动建构中不可避免的因素。”无论发话人和受话人的身份地位如何，当发话人向受话人提出请求时，强调了受话人在会话过程中的重要性，这意味着受话人作为请求的接收者对发话人有绝对的控制权。这种有求于他人的状态使得发话人的身份地位在一定程度上被放置在低于受话人的层级上，从而体现出会话双方的等级性差异。并且，请求行为避免了试图控制或强加于受话人的表现，符合礼貌原则，有利于受话人接受发话人的请求并采取对发话人有利的行动。在语气上，“要不”引导的命题常采取跟请求密切相关的祈使语气，句末常出现语气词“吧”，和分布在句首的语气副词“要不”首尾镜像照应。人称上为了突出受话人对话语行为的控制权、重要性和发话人处境的被动性、艰难性，施事主语一般仅限于第二人称的“你”或“您”，受事一般仅限于第一人称“我”，施受关系显著，更具针对性和直接性，例如：

(7) 身后的人说：“今天不找东家，就找你！”小得急着说：“大爷，我啥也没有，要不你把我的褂子脱走吧！”身后的人说：“我不要褂子，要票子！”小得说：“大爷，我一个穷喂马的，哪里会有票子?”身后的人说：“你敢说你没票子? 你睡觉床下有个小泥罐，里头藏的是什么?”(《故乡天下黄花》)

(8)“我找了好久，就是没看见，要不你帮我瞧瞧去。”兰薇心里仍存一线希望，但愿是自己看走了眼，它依然好端端地留在那儿。“好，你等着，我马上回来。”喜娃快步跑了出去。(《真假花贼》)

例（7）中发话人“小得”称呼受话人“身后的人”为“大爷”，在称谓上体现了会话双方身份地位具有等级性，而且“小得”又处于有求于受话人的弱势地位，协商条件是“要不你把我的褂子脱走吧”，看似为受话人利益着想的建议，但根据下文的语境可知，实则是“小得”为自己利益着想而提的请求，“小得”床下小泥罐里头藏有票子。受话人直接拒绝了“小得”的请求，并指明了自己希望达成的命题条件。该例中的“要不”滞留了一定程度表达建议的功能，说明了表达建议和请求具有衍生关系。例（8）中发话人“兰薇”向受话人“喜娃”提出帮忙找箱子的请求，把找箱子的希望寄托在受话人的身上，这种有求于受话人的状态，突出了受话人在事件中的重要性，也是促使受话人采取行动的原因。

（二）负向话语功能

在常规的会话语境中，发话人如有需要可以采用直接陈述、商询建议或请求等符合礼貌原则和合作原则的方式促使受话人做某事，不需要采用具有面子威胁性的表达方式。当会话的受益者仅为发话人时，在双方的身份地位悬殊或发话人处境艰难，受话人难以取得和发话人相同的心理表征时，迫使发话人采取具有面子威胁性的话语指使受话人采取相关行动，这是一种变相的“建议”行为，“要不”表达要求和不满意的话语功能得以衍生。

1. 表达要求

发话人向受话人提出要求常常是有目的地、迫切地指使受话人去采取相关行动，以受话人为直接导向的要求是常规的范式，人称一般为第二人称，语气上常采取强烈的祈使语气。考虑到面子需求和礼貌原则，提出要求是一个敏感的交际性问题。当发话人主动把自身的道义权威凌驾于受话人之上，发话人和受话人的身份地位产生了上对下的不对等性。发话人提出要求的语境一般具有紧急性，所以才使用较为生硬的威胁受话人面子的言语策略。“要不”在表达要求时，其前常有表达非指令形式的语句或词汇作为要求策略的组合，例如：

(9) 刘志彬插话，“我也看出来了，这件事你是不会秉公处理的，不管你说得多么好听?”年轻民警的脸涨得通红，“你这是对我个人，我所从事的职业的侮辱。”“你怎么说都可以的，要不你就做出个样子来，立刻把他铐走。”“是不是他干的还要看调查结果，我不能凭你一说就抓人。”(《顽主》)

(10) 陈杰“哼”了一声道：“要不，麻烦你先说说为啥推荐杜拉拉吧。”老猎来劲了，鼓起三寸不烂之舌道：“哦，你不是再三嘱咐我别给你弄个土头土脑的来嘛！这回这个是典型的大公司培养出来的经理，你一看就知道了，模样气质，包你满意！……”(《杜拉拉升职记》)

例（9）中，发话人“刘志彬”对民警的行为提出了质疑，“要不”引导的要求言语行为就是质疑的具体表现，“要不”之前的语句非指令性的语句“你怎么说都可以的”，为“要不”引导的要求句提供了铺垫，共同形成了要求策略的组合。例（10）中，“要不”引导的要求句之前出现了表达发话人立场和态度的叹词“哼”，其后是发话人“陈杰”提出的具体要求。这一表达体现了一个较为生硬的道义权威主张，暗示了语域内会话双方不对称的道义权威关系。

2. 表达不满

"要不"表达不满时，并非执意要受话人采取某种行动，而是通过指使受话人采取行动借以表达不满的情绪。"要不"引导的话语具有处置性，和建议相比，发话人为了达到所述命题的目的，从仅对受话人进行建议转变成没有商量余地地直接指使受话人采取某种未来的行动，更能体现出"要不"表达的不满。和要求相比，发话人的身份地位往往低于受话人，导致发话人只能以不满的方式表达自己的诉求，而不直接命令受话人采取一系列的未来行动。与此相应，"要不"所在句的主语往往是会话中被指令的第二人称"您"，句中常出现表达谦敬或礼貌的标记语，形成了既有礼貌又有威胁的矛盾统一体。投射到"要不"的话语功能上，就产生了请求和要求之间的折中功能，即表达不满。这类句子的语气常具有弱祈使性，明显有别于表建议时的弱疑问语气，但又低于表要求时强烈的祈使语气，例如：

(11) 她抿嘴一笑，宽宏大量地瞟了我一下："你呀？老土，我教你。""别价，维纳斯的胳膊就是半截子。我看你也挺欣赏。全中国，我还没听见一个人敢说维纳斯老土。"我有点儿火了："外国人没胳膊也是好的，我两臂俱全就是老土。我还就这么土了，要不，您跟上头说说，换个洋娃娃来。"她忽地止住笑对我说："严肃点儿，这是外事任务。"(《安娜小姐和杨同志》)

(12) 马林生："这我知道，我心领……"

儿子："可要老这么下去——您也得照顾点我的面子。人小也不能没面子！要不您就别来这假招子，咱们还回老样子，我比现在这么成天谢您还省点力气……"

马林生："别别，还是现在这样好。"(《我是你爸爸》)

例（11）中，据对话语境可知，和"我"进行交际的是"我"的领导"她"，会话双方是典型上下级关系，"要不"后小句主语"您"也点明了二者不对等的身份地位，其前小句"我还就这么土了"为其后"要不"引导的不满意表达做了铺垫。例（12）中，会话双方是父与子的等级关系，"要不"引导的否定意味祈使句点明了儿子对父亲马林生不满的态度。

根据上述分析，我们把"要不"的功能扩展模式和不同功能的特点归纳为图 1 和表 1：

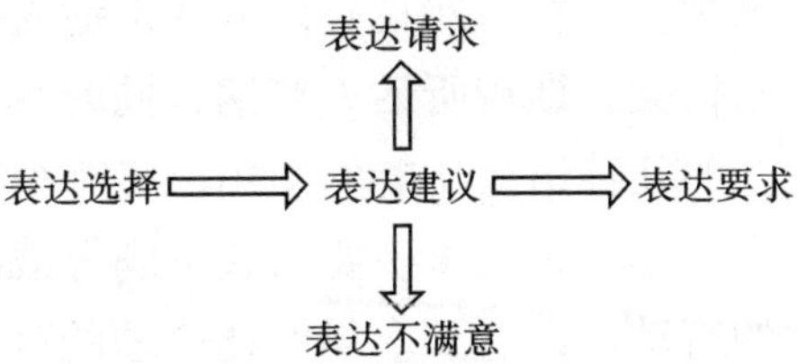

图 1　“要不”的功能扩展模式

表 1　“要不”不同功能的特点

语义类型	未来行动的实施者	未来行动的受益者	语气类型	“要不”所在句主语	命题性质	身份地位
建议	发话人/受话人	发话人/受话人	弱疑问	第一/二人称	共情性	对等性
请求	受话人	发话人	祈使	第二人称	降级性	等级性（下对上）
要求	受话人	发话人	指令/祈使	第二人称	指令性	等级性（上对下）
不满	受话人	发话人	弱祈使	第二人称	处置性	等级性（下对上）

二、“要不”话语功能的特征

“要不”从表达建议的功能分别发展出表达请求、要求和不满三种话语功能，以前者为纽带，后三者得以串联起来，因此不同的功能之间存在一定的共性特征，主要包括具有主观性或交互主观性、会话双方道义权威具有不对称性、引导命题具有被拒的高风险性等。

（一）具有主观性或交互主观性

首先，“要不”的这几种功能引导的言语行为都是从发话人转移到受话人的交互活动。发话人使用“要不”在提出建议和请求时，表明他们不把自身心理诉求强加于受话人的立场，而这种信号是会话双方的面子需求所驱动的；“要不”表达要求和不满意时，受话人可能接受要求、屈服威胁，也有可能拒绝要求、不惧威胁，受话人无论做出何种回应或选择都会在言语或行动上有所反应。这些都是“要不”具有主观性和交互主观性的具体表现。其次，“要不”的主观性和交互主观性在反馈期待值上得到了具体体现。完权（2018）认为“发话人提出一个话题，就是期望共享一个言谈框架，期待听话人接纳，同时具有高信据价值和强反馈期待”。“要不”的几种语义功能的使用语境都处于言谈对话的语言背景，发话人通过表达建议、请求、要求或不满等战略性手段促使受话人在未来采取相关的行动，以达到取得所述命题的有利结果，受话人一般都会直接或间接、主动或被动地做出回应，具有高反馈性。

（二）会话双方道义权威具有不对称性

“要不”的这几种话语功能，在具体的会话语境中，会话双方道义权威都存在不对称性。无论发话人以商询的语气提出一个解决问题的方案，还是以请求的态度提出利己的解决办法，或是以要求或不满意等生硬的口吻达到诉求，都是通过“要不”采用不同的交际手段，在某种程度以自己拥有的道义权威或把自己放置在道义权威的高度上争取达到会话的目的。由于这种不对称，导致“要不”的不同功能具有两极性和矛盾统一性。首先，在语用功能上，表达建议、请求和表达要求、不满分别是积极礼貌策略和消极礼貌策略的表达手段，从而呈现出两极性；其次，随着发话人态度由谦敬到强硬，表达建议和请求可以转化为表达要求和不满，它们之间实际上是一个言外力量由弱到强、逐渐增加的连续统。会话双方道义权威具有不对称性制约着“要不”表达的语力和语用功能。

（三）引导命题具有被拒的高风险性

在理想的话语中，发话人希望所述命题能被受话人顺利接受。因此，发话人需要用特定的话语策略将自己的诉求传递给受话人。语言是在互动中构建社会关系的一种手段，是社会关系的缩影，在实际的会话语境中，会话双方的身份地位、所处语境和利益施受情况等因素往往会影响发话人向受话人传递信息的方式，这时发话人需要运用话语策略来促进信息向受话人传递。“要不”的多重话语功能具有不同的表达效果，代表了不同的话语策略，发话人在不同的互动语境中有优先的偏好选择，可以选择建议、请求，也可以选择要求、不满。当发话人在会话互动中提出一个关于未来的行动，受话人理论上应向发话人的诉求作出承诺或拒绝。Couper-Kuhlen（2014）根据 Searle（1976）对言外行为的分类，指出“就对话分析的角度而言，对建议、提议、提供和要求这几种言语行为作出反应的首选方式是接受、默许或遵守，即同意或承诺实施未来行动、参与未来活动或实现未来情况”。但“要不”的情况似乎与此相反。我们对北京大学 CCL 语料库的现代汉语语料库中涉及“要不”四种话语功能的语料，随机选取了 500 条，对其中受话人的回应情况进行了统计，结果发现，直接或间接拒绝（如转移话题）的比例大大高于承诺。具体情况如表 2 所示。

表 2　“要不”四种话语功能受话人的回应情况

功能类型	拒绝		承诺		总计
	数量	占比	数量	占比	
建议	273	62%	166	38%	439
请求	20	80%	5	20%	25
要求	9	90%	1	10%	10
不满	25	96%	1	4%	26
总计	327	65%	173	35%	500

由表 2 可知，在上述功能中，表达建议仍是“要不”最常用的功能，使用频率占绝对优势，由它衍生出的请求、要求和不满等更为虚化的话语功能，使用频率还不太高，尚处于发展状态。在 500 例中，有 327 例收到了拒绝回应，占比高达 65%。其中，表达建议收到拒绝回应 273 例，占比 62%，请求、要求和不满分别是 20 例、9 例和 25 例，占比分别为 80%、90%和 96%。可见，“要不”引导的话语具有极高的被拒绝风险。

此外，需要特别指出的是，“要不”表达建议和请求时可以给予话语的选择等级（preference organization）更多的自由度。近年来，会话中的选择偏好是会话分析的研究热点之一（Georgalidou，2008；Reynolds，2011；Drake，2015），和“要不”有相似功能扩展模式的英语“or”、瑞典语“eller”和韩语“tunci”在话轮结尾的位置表现出一个共同的核心功能，即给予话语的选择等级更多的自由度，允许受话人更自由的表达一个不合意的（dispreferred）的回应（Lindstrom，1997；Stokoe，2010；Drake，2013、2015；Kim，2018）。汉语的“要不”表达建议和请求时也具有相同的话语功能。尽管并非处于话轮结束位置，但在表达建议和请求时，发话人使用“要不”可以保全会话双方的面子需要：对受话人而言，提供了非强迫性的礼貌表达，使受话人能更自由地做出拒绝的回应；对发话人而言，这一表达方式为被拒绝保全了面子。遵循礼貌原则和保全面子需求一般是会话交际中考虑的普遍参数。

三、“要不”引导命题被拒的原因

“要不”表达要求或不满时引导的命题具有祈使性和威胁性，这种不符合礼貌原则和合作原则的会话表达容易收到拒绝的回应。但是，“要不”表达建议或请求时也会收到拒绝性回应，如表2所显示，从表建议到表不满，被拒的占比逐步增高，但即使是表建议，被拒的比例也达到62%。其背后的原因值得讨论。

（一）言语行为具有面向未来性

话语总是由会话双方共同管理，因此，规范的模式不是不可侵犯的规则，接受者的反应也不是“预先写好的”（Schegloff，1986）。在事件时态上，发话人希望受话人采取的行动是未来的行为。而且，“要不”引导命题的表达本就是对问题进行协商的，发话人关于所述命题和受话人的回应是一个协商互动的空间，这种缺乏对命题承诺性和确定性的空间，为受话人的拒绝回应提供了时间和空间条件。因此，“要不”标记的这几种言语行为都存在被拒绝的风险，例如：

（13）杜涛想了想说：“要不，等过完年，我陪你去一趟北京？”拉拉赶紧摆手道：“这算什么，你别掺和了。”（《杜拉拉升职记》）

（14）“何处长，要不咱们就这么办，马上给省公安厅打报告，干脆就说我们已经破获了‘1·13’特大杀人抢劫案，已经找到了‘1·13’一案的元凶，然后再通报给省委省政府和省政法委，通报给省司法厅和省监狱管理局，等到把声势造起来了，看他古城监狱还交不交出这个王国炎。”何波轻轻地站了起来，一边在办公室里踱着步子，一边慢慢地说道：“……如果真是有了这么一个声势，真的迫使古城监狱不得不交出这个嫌疑犯王国炎，这样一来，到了我们手里的王国炎，那还会有什么价值？岂不是早已打草惊蛇，让这个王国炎变成了一个空壳子？”（《十面埋伏》）

例（13）中，发话人“杜涛”提议陪受话人“拉拉”去一趟北京，去的时间是“过完年”，这种面向未来的提议收到了拉拉的拒绝回应。例（14）中，发话人提出的建议是由多种言语行为组成的具有整体性和系统性的组合体，时间副词“马上”表明建议所涉及的行动具有面向未来的即时性，受话人“何波”通过一系列的分析，间接地拒绝了发话人的提议。

（二）命题具有非优选性

“要不”所在句子所处的大语境往往是已经出现或发生了某些棘手或偶然的事件，受话人对发话人所述命题本身可能存在不满，尽管有时说话人针对该事件提出已经经过筛选的最优化的解决办法，但事件本身的性质导致受话人的利益受损或受话人需要采取额外的行动，甚至不得不承担一些原本与自己无关的责任或风险。因此，在这种语境下，“要不”表达建议引导的命题往往具有补偿性或补救性。作为补救性措施，其面临被拒绝的风险自然就比较大。“要不”表达请求时引导的命题对发话人来说是较优选项，而受话人是为发话人实施行动争取利益的一方，从道义权威和利益施受的角度看，拒绝的概率无疑更高。当表达要求和不满时，如果发话人所述命题能够较易取得受话人的认同，并能使受话人主动或乐意采取相应的行动，那么使用要求等具有威胁受话人面子的表达不会是发话人的优先选择。此外，命题表达出的不满本身就传递给受话人一种不合作或无所谓的行为态度，这种没有经过深思熟虑的表达诉求也容易遭到拒绝的回应，例如：

（15）守望：这么大风，会感冒的，街上尾气又多，你存心对我不好。

烧饼：要不我让栾云平用QQ送咱们一趟。

守望：得了吧，他那QQ连后座都没有，你让我躺地上呀。

烧饼：那我去请李菁用BMW送咱们一趟。

守望：我天亮前还想到家呢！（《郭德纲相声集》）

（16）小乐：“现在很多同学家里都有电脑，大家没事就经常在一起比赛，看谁的电脑玩技高，谁的电子游戏得分高。还比谁懂的网络知识多，谁认识的网友多。我们班里很多同学会上网，大家经常交流谁知道更多更好的网站，我一句也插不进去。要不这样，您今年就不用请我们同学去饭店吃饭了，给我买个电脑吧，爸爸！”

爸爸：“孩子，你渴望接受新生事物的心情爸爸很欣赏，电脑也不是不可以买。但如果你想跟同学攀比，看谁家有钱，爸爸坚决不答应。”（《说服孩子的对话》）

例（15）中，发话人“烧饼”提出建议“要不我让栾云平用 QQ 送咱们一趟”，实际上，栾云的 QQ 连后座都没有，可见，建议对受话人来说具有不合理性，不是优选项，因此遭到了受话人的拒绝。例（16）中，“要不”引导的命题是小乐对爸爸的请求，第二人称谦敬“您”的使用是“要不”表达请求在人称上的典型表现，希望爸爸能给自己买电脑，符合发话人小乐的优选利益，但从受话人“爸爸”的立场看，出于攀比买电脑不符合爸爸对儿子的期待，请求的理由对爸爸来说不具有说服性，所以予以拒绝。

（三）话语表达具有威胁性

言者的身份地位（李先银，2017）、权势性（方梅等，2018）、利益和风险的施受情况等使得“要不”的话语表达具有威胁性。从面子策略或交际原则的角度看，“要不”表达建议的功能来源于表达选择，它实质上就是双项或多项选择的择一性表达，而这种受话人为受益者或受益者包含受话人在内的行动却是由发话人提出的。因此，当寻求问题的解决方式时，发话人将自己置于更高的位置（Heritage and Sefi，1992）。从这个意义上说，受话人对建议的拒绝是阻止自身身份地位贬低或降级的自卫性防御。当发话人提出一个请求时，侵犯了受话人原先不用做某事的自由。当受话人觉得请求将对自身带来一定麻烦时，那么请求在一定程度上对于受话人来说就是威胁。“要不”表达要求时具有指令性，尤其当发话人以要求的口吻指使受话人做某事以达到所期待的诉求，对受话人产生了面子威胁。当“要不”表达不满意时，说话人将不如意的情绪通过指使受话人做某事直截了当地反映给受话人，受话人当然多采取否定回应，拒绝实施发话人指令的行动；和表建议、请求和要求不同的是，受话人表面拒绝了发话人的指令，但实质上可能倾向于理解发话人的处境，取得跟发话人相同的心理表征，例如：

（17）“你就踏踏实实跟我聊着吧，我想和你说的话多着呢。”“你没正经的，要不你请我吃饭去吧，我这儿坐着听你说都听饿了。”“要是咱俩单独约会我肯定请你吃，这会儿我是办公呢，要请你吃饭得请示我们经理。”（《顽主》）

（18）交通民警面临的寒冰是常人所无法体会的。以往每到冬季，交警执勤时溜岗的，进岗亭取暖的，操袖的，跺脚的，搓手的，大有人在。有群众说：“交警咋这形象？”领导找谈话，冻得发

冷的交警甩出一句更冷的话："冷！要不你试试！"（《人民日报》）

例（17）中，发话人使用"要不"表达要求时，跟受话人的时间安排产生了冲突，使受话人处于两难的境地，受话人并没有直接爽快地答应。例（18）中，当交警被群众投诉形象后，交警对谈话的领导说出"要不你试试"表达自己的不满，领导面子受损，当然不会真的去"试试"，但也基本理解和体谅了交警进岗亭取暖、搡袖、跺脚、搓手等行为。

四、结语

汉语中的建议标记"要不"在互动性会话语境中衍生出了表达请求、要求和不满的话语功能。这些不同的话语功能在施受关系、语气类型、人称、命题性质，以及面子和礼貌程度等语用维度上，既具有联系又存在一定差异，从而体现出不同衍生路径的理据性。根据表达功能和礼貌原则的关系，"要不"的话语功能可分为正向和负向两大类，表达建议和请求为正向功能，表达要求和不满为负向功能。不同话语功能之间存在共性特征，主要包括会话本身具有主观性或交互主观性、会话双方道义权威具有不对称性、引导命题具有被拒的高风险性。"要不"的各种功能都拥有指使性的语力，但无论是正向功能还是负向功能，均存在被拒的高风险性，主要原因在于这些功能的言语行为具有面向未来性、命题具有非优选性、话语表达具有威胁性。由于表达请求、要求和不满的话语功能都由表达建议衍生而来，从目前的使用现状来看，这些功能中，表达建议仍是主要用法，其他功能尚处于发展之中。而且，在实际话语中，就某些具体语句来看，有时存在建议功能和其他功能兼而有之或彼此两可的情况，这也说明其他三种功能还没完全发展成熟。

"要不"从表达建议到表达请求、要求和不满等话语功能的扩展，说明这些功能之间具有一定的相通性。从其他语言的材料来看，也存在类似的关联和演变现象。比如，前面所引 Couper-Kuhlen（2014）对建议、提议、提供和请求四种言语行为的区分就是基于它们之间的相通性。Kim（2018）从面子威胁的角度将韩语的建议标记"tunci"的功能扩展概括为两大类：表达建议＞表达提议/请求/提供；表达建议＞表达威胁/批评。Xiang（2018）则指出，英语中的句法结构"let's-"在语义上实现了［对行动的建议］，根据会话行为的事实，形成了"建议""提议""请求"等表达。可见，在不同语言中，不同的表达建议的语言单位，常常与请求、要求、不满、批评等话语功能相关联，容易从建议功能扩展为相关的其他功能。但具体到某一语言表达建议的某一语言单位时，到底关联几个话语功能和存在哪些演变路径，可能会同中有异。本书指出的现象，一方面可以提升到跨语言的高度来进行观察，从类型学角度对其进行合理解释；另一方面也为相关研究提供了一个汉语实例，充实了可资比较的语言材料。